Bienvenue en F

GW01458304

Second Edition, Revised

JUNIOR CERTIFICATE FRENCH COURSE

Bienvenue en France !

JOSEPH DUNNE M.A., H.D.E.

Folens

Editor: Margaret Burns
Typesetting: Sheila Gartlan
Layout: Keystrokes
Illustrations: Lynne Reece-Loftus
Cover design: Melanie Gradtke

© 2003 Folens Publishers
Hibernian Industrial Estate
Tallaght
Dublin 24

ISBN 1 84131 572 9

Table des matières

Acknowledgements

The author is grateful to the many people without whose expert assistance the production of *Bienvenue en France 2* would not have been possible.

In particular, a special word of appreciation and thanks is extended to the following:

- Sheila Gartlan for the typesetting;
- Paul Doolan for working so patiently and skilfully on the layout and design;
- Eamonn Murphy, Tony Kenny and Frank Kearney of Keystrokes for the pre-press;
- Lynne Reece-Loftus for the many illustrations;
- Margaret Burns, Managing Editor, Folens Publishers;
- John O'Connor, Managing Director, Folens Publishers;
- Louise Clarke and Joe Thuillier for helping to source some visual material;
- Mary Kettle, Trend Recording Studios;
- Elizabeth O'Hegarty and Noel Canty for assistance with the recording sessions;
- The native French speakers (over 40 in total) who took part in the recording sessions.

The author would like to express his gratitude to his own family – Margaret, Niall, Eoghan and Killian – for their patience, support and encouragement during the period that it took to bring this work to completion.

The author and publishers wish to acknowledge and thank Imagefile and Getty Images for permission to reproduce photographs and colour transparencies in this book.

Introduction

Welcome to *Bienvenue En France 2*.

This book has been written for the student who is studying French in the second and third years of secondary school. It will provide a complete and thorough preparation for the Junior Certificate Examination in French.

Learning a new language should be an exciting experience. *Bienvenue en France 2* has been designed in the same friendly and attractive way as *Bienvenue en France 1* (the first year course book) in order to continue to make the student's study of French an enjoyable one.

Bienvenue en France 2 is divided into 21 chapters. Each chapter introduces vocabulary and essential grammatical structures. The progression is gradual and logical.

Emphasis has been placed throughout the book on developing the skills of listening, speaking, reading and writing. Over a wide variety of topics, the student's mastery of these skills will be developed by means of many and varied exercises.

Bienvenue en France 2 will help the student to understand France and the French people: the geographical features of the country, the way of life, leisure-time activities, educational system, as well as transport, holidays, employment and cinema.

The introduction of the euro currency is featured in this revised edition of *Bienvenue en France 2*. Recent changes in communication, with increased use of mobile phones, emails, text messages and the internet are also reflected in the text. Many pages of additional exercises are included to facilitate work in the classroom and at home. There is also a student's CD, in addition to three cassettes (featuring the voices of over 40 native French speakers, adults and teenagers).

It is always interesting to find out more about another country. With increasing travel opportunities, it will only be a matter of time before the student finds a very practical use for the knowledge and skills learned in French class.

Hopefully, with the help of *Bienvenue en France 2*, the student's study of French will be a useful and enjoyable one.

J. Dunne

Je me présente

In this section, you will...
- see how French people describe themselves
- learn how to describe yourself
- state your leisure-time activities
- fill in a personal-profile card
- look at findings from the 1999 census in France
- answer questions about yourself
- learn commands given in the classroom

In grammar, you will...
- revise the Present Tense of verbs
- learn how to form the Imperative Mood
- look at important question-words
- study agreement of the Interrogative Adjective (**quel ?**)

Tu aimes les portraits ?
Ils sont toujours très intéressants.
Il y a des gens qui sont petits ou grands, jeunes ou vieux, sportifs ou paresseux.

Moi-même

Salut ! Je m'appelle Fabienne. J'ai 14 ans. Je suis assez grande. J'ai les yeux bleus et les cheveux bruns. Je suis sympa.

J'aime bien le sport. En été, je joue au tennis avec mes copains et mes copines. En hiver, je vais à la piscine pour nager.

Je suis optimiste. J'adore les animaux et les garçons de mon âge !

Salut ! Je m'appelle Pierre. J'habite à Nice avec mes parents et ma petite sœur. J'ai 15 ans.

Comme vous le voyez, je suis très grand pour mon âge. J'ai les yeux verts et les cheveux blonds.

Je n'aime pas le sport mais j'adore les jeux vidéo. Je suis paresseux ! J'ai un téléphone portable. Il est très pratique !

Bonjour ! Je m'appelle Sophie Renaud. J'ai 30 ans. J'habite à Paris avec ma famille : mon mari, ma fille et mon fils. Nous avons aussi un chien. Notre appartement est confortable.

Je suis assez grande. J'ai les yeux marron et les cheveux longs et raides.

J'aime le cyclisme et la lecture. Je n'aime pas la télévision. Je préfère le cinéma.

Nous avons un ordinateur à la maison. Pour moi, il est très important. J'aime surfer sur Internet.

Des détails personnels

Je m'appelle ....

J'ai .... ans
Mon anniversaire est le ....

J'ai les yeux	bleus
	marron ✓
	verts
	gris

J'ai les cheveux	bruns ✓
	châtains
	blonds
	roux
	longs ✓
	courts
	bouclés
	raides

Je suis	très	grand(e)
	assez	petit(e) ✓
		beau (belle)
		intelligent(e) ✓
		sportif(-ve)
		paresseux(-se)

J'aime	le sport
	la lecture ✓
	le cinéma
	la natation ✓
	les boums
	les voyages
	les animaux ✓

Je joue	au football
	au basket
	au hockey
	au tennis
	du piano
	de la guitare ✓

Je fais	du ski
	du vélo
	de l'athlétisme
	du jogging
	de la natation ✓
	de l'équitation

Regarde les détails ci-dessus.
Réponds à ces questions.

1. Comment tu t'appelles ?
2. Quel âge as-tu ?
3. Quelle est la date de ton anniversaire ?
4. Est-ce que tu es grand(e) ou petit(e) ?
5. De quelle couleur sont tes yeux ?
6. De quelle couleur sont tes cheveux ?
7. Tu aimes le sport ?
8. Quels sont tes passe-temps ?

Trois portraits

Ecoute la cassette. Remplis les blancs.

Salut ! Ça va ? Je m'appelle _____. J'habite à Rouen, en
Normandie, avec mes parents. J'ai une sœur : elle s'appelle
_____.

Moi, j'ai _____ ans. J'ai les yeux bleus et les
cheveux _____.

Je suis très sportif. Je joue au _____ pour mon
équipe à l'école. Le week-end, je fais du _____.
Je n'aime pas les _____.

Bonjour ! Ça va ? Je m' _____ Nathalie. Je suis assez
petite. J'ai _____ ans et j'habite à _____
avec mes parents, mon frère et ma sœur.

J'ai les yeux verts et les cheveux _____. J'ai deux
passe-temps : le cinéma et la _____. Le soir, je joue
de la guitare. Le week-end, je vais au cinéma avec mon
amie, _____. Je n'aime pas le sport.

Salut ! Moi, je m'appelle _____. J'habite à
Strasbourg, en Alsace.

J'ai _____ ans. Mon anniversaire est le 10
mai. J'ai les yeux gris et les cheveux _____.

J'aime bien le sport. En hiver, je fais du _____
à la montagne. En été, quand il fait beau, je fais du
vélo à la campagne. J'adore le _____.

Exercices

Ecris tes réponses dans les blancs.

1. J'ai 20 _____ et j'habite à Cannes.
2. J'ai les _____ bleus et les _____ roux.
3. J'aime _____ cinéma et _____ boums.
4. Mon père joue _____ foot. Ma mère joue _____ piano.
5. J'habite en France avec mon père, _____ mère et _____ deux frères.
6. Il joue _____ tennis en été. Il _____ du ski en hiver.
7. Ma sœur est très sportive. Elle adore _____ ski et _____ athlétisme.
8. J' _____ 15 ans. Mon _____ est le 10 juin.
9. Il a _____ yeux marron et les _____ blonds. Il est beau !
10. Elle a les _____ bleus et _____ cheveux châtains. Elle est très _____ !
11. Mon grand-père aime bien _____ lecture. Il _____ intelligent.
12. Elle n'aime _____ le sport. Elle préfère _____ voyages.
13. J'adore le cyclisme. Je fais _____ vélo quand il _____ beau.
14. Je fais du sport _____ été. Je regarde la télévision _____ hiver.

Deux jeunes Français se présentent.
Ecoute ton CD. Réponds à ces questions en anglais.

1. What age is Jean and what is the date of his birthday?
2. In which French city does he live?
3. What colour eyes and hair does he have?
4. What is his favourite pastime?
5. How does he spend his free time during the winter?
6. What age is Françoise and what is the date of her birthday?
7. How many brothers and sisters does she have?
8. How does she describe her personality?
9. What does she like to collect?
10. What job would she like to have?

Alain se présente

Ecoute la cassette et regarde la fiche.
Listen to Alain's description of himself on cassette.
Then look at how he has entered his personal details on the form below.

FICHE

DÉTAILS PERSONNELS

surname
Nom de famille : Fleuric

Prénom : Alain

Age : 14 ans

Anniversaire : le 16 avril

Adresse : 5, ave. Claude Monet, Bordeaux

eyes
Yeux : verts

hair
Cheveux : courts, noirs

Sports préférés : le cyclisme, la natation

Musique préférée : la musique pop

Autres passe-temps : le cinéma, les boums

Frère(s) : Simon (16) — paresseux

Sœur(s) : Carole (15) — très sportive

Vrai ou faux? Coche (✔) les cases.

	VRAI	FAUX
1. Alain a treize ans et il est le cadet de sa famille.	☐	☐
2. Il a les cheveux longs.	☐	☐
3. Il y a trois enfants dans sa famille.	☐	☐
4. Alain n'a pas de sœur mais il a un frère.	☐	☐
5. Il est sportif. Il aime faire du vélo et nager.	☐	☐
6. Son frère aime le sport.	☐	☐
7. Sa sœur a seize ans et elle s'intéresse au sport.	☐	☐

Et maintenant ... ta fiche !

1. Remplis tes détails personnels.

MA FICHE

Nom de famille : *Pound*

Prénom : *Christine*

Age : *13 ans*

Anniversaire : *le 3 Mars*

Adresse : *Caheragh, Drimdeague, Cork*

Yeux : *marron*

Cheveux : *bruns et longs*

Sports préférés : *La natation, le tennis*

Musique préférée : *la muisque pop*

Autres passe-temps : *La lecture, les animaux*

Frère(s) : *Michael (10) - paresseux*

Sœur(s) :

Téléphone portable : oui ☑ non ☐

PHOTO ICI

2. Moi-même

Commence avec ces mots: «*Moi, je m'appelle...*»

Write a description of yourself, using the details that
you have entered on the form above.

*Moi,
je m'appelle...*

Grammaire : les verbes

The Present Tense of verbs

In *Bienvenue en France 1* you studied the Present
Tense of verbs. This tense is very important. So study
it well. It will help you to form other tenses and forms
of the verb. . . as you will soon see.

*C'est moi, Chico !
Tu te souviens de moi ? Je révise
les verbes. Ils sont très importants.
Fais comme moi !*

The two most important verbs: être and avoir.

être *(to be)*	avoir *(to have)*
Je suis	J'ai
Tu es	Tu as
Il ⎫	Il ⎫
Elle ⎬ est	Elle ⎬ a
Nous sommes	Nous avons
Vous êtes	Vous avez
Ils ⎫	Ils ⎫
Elles ⎬ sont	Elles ⎬ ont

The three groups of regular verbs.
Study the endings well.

-ER verbs (e.g. **donner**)	-IR verbs (e.g. **finir**)	-RE verbs (e.g. **vendre**)
Je donne	Je finis	Je vends
Tu donnes	Tu finis	Tu vends
Il ⎫	Il ⎫	Il ⎫
Elle ⎬ donne	Elle ⎬ finit	Elle ⎬ vend
Nous donnons	Nous finissons	Nous vendons
Vous donnez	Vous finissez	Vous vendez
Ils ⎫	Ils ⎫	Ils ⎫
Elles ⎬ donnent	Elles ⎬ finissent	Elles ⎬ vendent

Mets les verbes entre parenthèses au présent.

1. Nous ____avons____ une voiture.
   (avoir)

2. Ils ____sont____ à Paris.
   (être)

3. Tu ____chantes____ très bien.
   (chanter)

4. Nous ____punissons____ le chien.
   (punir)

5. Elle ____perd____ son argent.
   (perdre)

6. Vous ____êtes____ sportifs.
   (être)

7. Elle ____a____ un frère.
   (avoir)

8. Je ____choisis____ un livre.
   (choisir)

9. Elles ____cherchent____ l'enfant.
   (chercher)

10. Ils ____attendent____ l'autobus.
    (attendre)

Irregular verbs

Study each verb carefully. You will need to return to this page quite often.

Aller *(to go)*

Je vais
Tu vas
Il
Elle } va
Nous allons
Vous allez
Ils
Elles } vont

Faire *(to make/do)*

Je fais
Tu fais
Il
Elle } fait
Nous faisons
Vous faites
Ils
Elles } font

Voir *(to see)*

Je vois
Tu vois
Il
Elle } voit
Nous voyons
Vous voyez
Ils
Elles } voient

Savoir *(to know)*

Je sais
Tu sais
Il
Elle } sait
Nous savons
Vous savez
Ils
Elles } savent

Venir *(to come)*

Je viens
Tu viens
Il
Elle } vient
Nous venons
Vous venez
Ils
Elles } viennent

Sortir *(to go out)*

Je sors
Tu sors
Il
Elle } sort
Nous sortons
Vous sortez
Ils
Elles } sortent

Boire *(to drink)*

Je bois
Tu bois
Il
Elle } boit
Nous buvons
Vous buvez
Ils
Elles } boivent

Lire *(to read)*

Je lis
Tu lis
Il
Elle } lit
Nous lisons
Vous lisez
Ils
Elles } lisent

Pouvoir *(to be able)*

Je peux   *or can*
Tu peux
Il
Elle } peut
Nous pouvons
Vous pouvez
Ils
Elles } peuvent

Vouloir *(to wish) want*

Je veux
Tu veux
Il
Elle } veut
Nous voulons
Vous voulez
Ils
Elles } veulent

Prendre *(to take)*

Je prends
Tu prends
Il
Elle } prend
Nous prenons
Vous prenez
Ils
Elles } prennent

Mettre *(to put)*

Je mets
Tu mets
Il
Elle } met
Nous mettons
Vous mettez
Ils
Elles } mettent

Mets les verbes entre parenthèses au présent.

1. Nous _____. *(faire)*

2. Ils _____. *(aller)*

3. Nous _____. *(voir)*

4. Je _____. *(pouvoir)*

5. Ils _____. *(prendre)*

6. Tu _____. *(lire)*

7. Vous _____. *(boire)*

8. Elle _____. *(venir)*

9. Nous _____. *(savoir)*

10. Elle _____. *(vouloir)*

11. Ils _____. *(sortir)*

12. Tu _____. *(venir)*

13. Nous _____. *(mettre)*

14. Vous _____. *(faire)*

15. Ils _____. *(pouvoir)*

Les Français

Ecoute la cassette. Remplis les blancs.

D'après le recensement de mars 1999, il y a à peu près 60 millions d'habitants en _____.
Les Françaises représentent un peu plus de 51% de la _____.

En France, on s'intéresse beaucoup à son apparence physique :

- On va chez le coiffeur, en moyenne, _____ fois par an.
- On dépense 600 € par personne et par _____ en vêtements.
- 24 millions de Français portent des lunettes.

Les adolescents

28% de Français ont moins de 20 ans. Neuf sur dix habitent toujours chez leurs _____.

Ils se lèvent à 6h50 et ils se couchent à 22h40. Ils ont, en moyenne, 10 € d'argent de poche _____ semaine.

- Six adolescents sur _____ ont un baladeur (pour écouter de la musique).
- Huit adolescents sur dix ont un téléphone portable.
- 81% pensent que la société est violente.
- 71% pensent que la _____ est raciste.
- Ils aiment parler des vacances et des week-ends, des _____ et des sorties.

Les loisirs

Le passe-temps préféré des Français est la télévision. Ils aiment bien aussi la
_____, le cinéma et la lecture.

- Un Français sur deux lit le journal tous les jours.
- Trois sur dix lisent un _____ tous les mois.
- Huit sur dix _____ un magazine chaque semaine.

Les Français aiment le sport : un Français sur deux pratique un sport.

- 35% des Français pratiquent un sport individuel (le ski, la gymnastique, le
  _____, la natation, le tennis, l'équitation, le _____).
- 7% seulement pratiquent un sport collectif (le football, le rugby, le
  _____, le hockey).

Les vacances

- En été, les Français préfèrent passer leurs vacances à la mer (43%), à la
  campagne (28%), à la montagne (19%), et à la _____ (8%).
- En hiver, ils passent leurs vacances dans les pays chauds (35%). Ils vont
  aussi à la _____ pour faire du ski (40%).

Grammaire : l'impératif

To tell someone to do something, you use the Imperative Form of the verb. You form this in French from the **tu**, **nous** and **vous** forms of the Present Tense. It is very simple: you leave out the words *tu*, *nous* and *vous*, and you have the Imperative.

-ER verbs	tu donnes	→	**donne !***	give!
	nous donnons	→	**donnons !**	let's give!
	vous donnez	→	**donnez !**	give!
-IR verbs	tu finis	→	**finis !**	finish!
	nous finissons	→	**finissons !**	let's finish!
	vous finissez	→	**finissez !**	finish!
-RE verbs	tu vends	→	**vends !**	sell!
	nous vendons	→	**vendons !**	let's sell!
	vous vendez	→	**vendez !**	sell!

*-ER verbs drop 's' from the tu form

Mange ton dîner !

Here are the imperatives formed from some of the irregular verbs listed on page 15.

faire :   fais, faisons, faites
venir :   viens, venons, venez
boire :   bois, buvons, buvez
lire :   lis, lisons, lisez
prendre :   prends, prenons, prenez
aller :   va*, allons, allez (*drops 's')

Allez ! FRANCE !

To make a command negative: *ne* donne *pas* !
                                       ne bois *pas* !
                                       *n'*allez *pas* à *l'école* !

Sois sage !

Three irregular imperatives:
être :   sois, soyons, soyez
avoir :   aie, ayons, ayez
savoir :   sache, sachons, sachez

Write out the Imperative Form of all the irregular verbs on page 15.

Devoirs

Fais tes devoirs !

1. Mets les phrases suivantes à l'impératif.

1. Tu fais tes devoirs. ➜ _____

2. Vous travaillez bien. ➜ _____

3. Nous allons au cinéma. ➜ _____

4. Tu chantes bien. ➜ _____

5. Tu es sage. ➜ _____

6. Nous finissons ce travail. ➜ _____

7. Vous venez à l'école. ➜ _____

8. Vous avez de la patience. ➜ _____

9. Tu bois du lait. ➜ _____

10. Nous lisons un roman. ➜ _____

11. Tu vas chez moi. ➜ _____

12. Vous téléphonez à la police. ➜ _____

13. Tu donnes des cadeaux. ➜ _____

14. Nous mettons nos manteaux. ➜ _____

2. Ecris au négatif.

1. Fais ton lit ! _____

2. Buvez le lait ! _____

3. Viens chez moi ! _____

4. Sois sage ! _____

5. Ayez peur ! _____

6. Lisons le journal ! _____

7. Donne ce cadeau ! _____

8. Allez à l'école ! _____

9. Finis ce devoir ! _____

10. Entrez ! _____

On parle à l'impératif.
Ecoute ton CD. Ecris une liste des ordres.

People are giving orders in French. In your copybook, write a list of 10 commands given in these conversations. Some may be in the negative.

Le professeur parle

«Je suis professeur. Je travaille dans cette petite école depuis vingt ans.

En général, les élèves sont sages : ils travaillent bien, ils ne crient pas, ils sont polis, ils ne font pas de bêtises.

Mais, de temps en temps, je donne des ordres à mes élèves.»

When talking to one pupil, the teacher will use the singular command. When talking to the class, the teacher will use the plural command.

Examine these commands to see whether the teacher is talking to an individual or to the class.

1. Ferme la porte !

2. Ouvrez vos livres !

3. Ouvre la fenêtre !

4. Distribue les cahiers !

5. Faites attention !

6. Faites moins de bruit !

7. Ne mange pas en classe !

8. Levez la main !

Ne bougez pas !

Pierre a six ans. Il n'est pas toujours sage. Il ne travaille pas. Il fait des bêtises en classe.

Of course, if a pupil gives a command to a teacher, he/she would use the plural form of the verb – like Pierre does!

Tu veux poser une question ?

As well as giving commands, you will want to ask questions in French. Or, if you are asked a question, you will need to know the question-word. **Study the following question-words carefully.** You will meet them frequently.

Quelques mots pour poser des questions :

Qui ?
Who?

Qui est-ce ?

C'est Pierre.

Que ?
What? (with inversion)

Que fais-tu le soir ?

Je joue de la guitare.

Qu'est-ce que ?
What? (without inversion)

Qu'est-ce que tu fais le week-end ?

Je fais du vélo.

Comment ?
What?

Comment tu t'appelles ?

Je m'appelle Jean.

Combien ?
How many?

Combien de frères as-tu ?

J'ai un frère.

Où ?
Where?

Où habites-tu ?

J'habite à Paris.

Quand ?
When?

Quand sors-tu ?

Je sors à huit heures.

Pourquoi ?
Why?

Pourquoi aimes-tu la télévision ?

Parce que je suis paresseux !

Quel ?
Which/What?

Quel sport préfères-tu ?

Je préfère le basket.

Quel **is an adjective – so it must agree with the noun.**

Singular		Plural	
Masc.	Fem.	Masc.	Fem.
Quel	**Quelle**	**Quels**	**Quelles**
Quel homme ?	Quelle femme ?	Quels hommes ?	Quelles femmes ?

Associations : relie les deux parties

1. Bonjour ! Je m'appelle...
2. J'habite...
3. J'ai...
4. J'ai les cheveux...
5. J'ai les yeux...
6. J'aime le sport,...
7. Vendredi soir, je vais...
8. J'ai une sœur...
9. Mon passe-temps préféré,...
10. Je suis...

- seize ans.
- châtains.
- surtout la natation.
- Pascale.
- c'est le cinéma.
- à Nantes.
- verts.
- très intelligente !
- à une boum chez Carole.
- mais je n'ai pas de frère.

Cécile se présente. Ecoute la cassette.
Remplis ses détails personnels dans la fiche.
Fill in the form, taking the details from Cécile's
description of herself on cassette.

Prénom : *Cécile*

Nom de famille :

Age :

Ville :

Yeux :

Cheveux :

Passe-temps préféré :

Sports préférés :

Couleur préférée :

Révisions

Questions et réponses
Ecris tes réponses à ces questions.

1. Comment tu t'appelles ?

   Je _____

2. Quel âge as-tu ?

   J'ai _____

3. Où habites-tu ?

   J'habite _____

4. Quelle est la date de ton anniversaire ?

   Mon anniversaire _____

5. De quelle couleur sont tes yeux ?

   J'ai _____

6. De quelle couleur sont tes cheveux ?

   J'ai _____

7. Que fais-tu comme sport ?

   Je fais _____

8. Tu aimes les sports d'équipes ?

   Oui. Je joue _____

9. Tu as un passe-temps ?

   Oui. J'aime bien _____

10. Qu'est-ce que tu n'aimes pas faire ?

    Je déteste _____

11. Où vas-tu le week-end ?

    Le week-end, je vais _____

12. Tu as des frères et des sœurs ?

    Oui. J'ai _____

Travail à deux : parle avec un(e) autre élève en classe.
One student asks the questions – another gives the answers.

Ecoute Sophie, une jeune Française. Elle répond à des questions.
Having listened to the cassette, write a description of Sophie, in English.

Les régions de France

2

In this section, you will...
- look at the regions of France
- learn the capital of each region
- study two contrasting regions
- find out about some French products
- write a postcard
- find out how postcards developed in France

In grammar, you will...
- revise the agreement of adjectives
- study irregular feminine adjectives
- study the position of adjectives
- learn the irregular verb **écrire** (to write)
- study some irregular -ER verbs

La France est un très grand pays.
C'est un pays de contrastes.
Les 22 régions sont très diversifiées.

La carte de la France

La France est divisée en 22 régions et en 95 départements.

Regardez bien cette carte. Elle indique les 22 régions et la ville qui est la capitale de chaque région.

Par exemple, il y a 4 départements en Bourgogne, et Dijon est la capitale de cette région.

Les régions et les capitales

Nord
Ouest — Est
Sud

Identify the location of each region.
Use the list below to help you.

Les capitales des régions
Ecoute la cassette. Ecris le nom de chaque capitale.

1. Nord-Pas-de-Calais _Lille_ ✓
2. Basse-Normandie _Caen_ ✓
3. Haute-Normandie _Rouen_ ✓
4. Picardie _Amiens_ ✓
5. Ile-de-France _Paris_ ✓
6. Champagne-Ardennes _Châlons-s/Marne_ ✓
7. Lorraine _Metz_ ✓
8. Alsace _Strasbourg_ ✓
9. Bretagne _Rennes_ ✓
10. Pays de la Loire _Nantes_ ✓
11. Centre _Orléans_ ✓
12. Bourgogne _Dijon_ ✓
13. Franche-Comté _Besançon_ ✓
14. Poitou-Charentes _Poitiers_ ✓
15. Limousin _Limoges_ ✓
16. Auvergne _Clermont-Ferrand._ ✓
17. Rhône-Alpes _Lyon_ ✓
18. Aquitaine _Bordeaux_ ✓
19. Midi-Pyrénées _Toulouse_ ✓
20. Languedoc-Roussillon _Montpellier_ ✓
21. Provence-Alpes-Côte d'Azur _Marseille_ ✓
22. Corse _Ajaccio_ ✓

Quelques produits de France

Le camembert est un fromage qui vient de Normandie.

La Champagne est une région. Le champagne est une boisson qui vient de la région Champagne.

Bordeaux est une grande ville en Aquitaine. Le bordeaux est un vin qui vient de Bordeaux.

A Clermont-Ferrand, en Auvergne, on fabrique des pneus.

Le parfum vient de Provence, une jolie région dans le sud-est du pays.

PEUGEOT

CHANEL

LACOSTE

CITROËN

Dior

AIR FRANCE

RENAULT

Allons visiter deux régions !
Je suis votre guide.

La Bretagne

Nous voici en Bretagne !
C'est un vieux pays celtique.
La Bretagne est une très jolie région avec son beau paysage, son climat doux, son folklore, ses plages de sable fin. La pêche et l'agriculture sont importantes en Bretagne.

LA BRETAGNE – LE PARADIS POUR LE TOURISTE

une ferme bretonne

Vous aimez la pêche ?
Partez en mer avec les pêcheurs bretons.

Vous aimez la nature ?
Admirez le beau paysage : les champs verts, les pommiers, les forêts.

Vous vous intéressez à la culture ?
Assistez à un spectacle de danse folklorique.

Vous appréciez la gastronomie ?
Goûtez les crêpes et les fruits de mer.

Vous aimez l'histoire ?
Prenez le temps de visiter les Menhirs près de Carnac.

les Menhirs

Write down 4 reasons why Brittany deserves the title "Paradise for the tourist!"

Le jour de la fête – un Pardon – on peut admirer les costumes traditionnels. Il y a des gens qui parlent encore le breton. La tradition bretonne se voit dans la langue, les costumes, les danses, les chansons. Le folklore de cette région est très riche.

Visitez la Bretagne

UNE ABONDANCE D'ACTIVITÉS
- Pêche en mer
- 130 écoles de voile
- Planche à voile
- Ski nautique

DES VACANCES FAMILIALES
- Visite de ferme
- Spectacles d'enfants
- 200 plages de sable fin

DES VACANCES CULTURELLES
- Spectacles son et lumière
- Fêtes folkloriques
- Monuments historiques

Pour votre santé et votre plaisir

1. Which *one* of the following is not mentioned in this brochure?

   (a) scuba-diving

   (b) sailing

   (c) sea-fishing

   (d) water-skiing [a]

2. What two reasons are given, at the end of the brochure, for visiting Brittany?

   Visting forms
   children shows

Ecoute une interview avec un jeune Breton. Vrai ou faux?

	VRAI	FAUX
1. La Bretagne se trouve à 300 km de Paris.	☐	☐
2. L'agriculture est très importante en Bretagne.	☐	☐
3. Les pêcheurs n'aiment pas les fruits de mer.	☐	☐
4. Les crêpes sont délicieuses.	☐	☐
5. Les jeunes enfants adorent le ski nautique.	☐	☐

Grammaire : l'adjectif

une souris blanche

Position of adjectives

In English, adjectives are placed before the noun:
the important town; the red wine.

In French, most adjectives are placed after the noun:
la ville importante ; le vin rouge.

Remember it like this: in French, all adjectives of colour are placed **after the noun** – and so are almost all other adjectives.

une fille intelligente.

un vélo bleu

des robes vertes

However, there are a few adjectives which are placed before the noun in French.
As these are frequently used, study them well.

**grand, petit, bon, mauvais,
beau, joli, jeune, gentil,
nouveau, vieux, long, excellent,
meilleur, gros, vilain, même** *(same)*

un mauvais jour

un petit oiseau

un jeune homme

un bon vin

une grande ville

un beau garçon

la meilleure élève

une jolie fille

Agreement of adjectives

An adjective must agree in French, in gender and in number, with the noun it describes.

1. **An adjective is normally made feminine by adding 'e'.**
   petit ➔ petite

2. **When an adjective already ends in 'e' it does not change.**
   jeune (masc. and fem.)

3. **An adjective that ends in 'x' changes to 'se'.**
   dangereux ➔ dangereuse

4. **An adjective that ends in 'f' changes to 've'.**
   sportif ➔ sportive

5. **An adjective that ends in 'er' changes to 'ère'.**
   cher ➔ chère

x	➔	se
f	➔	ve
er	➔	ère

Study the following **irregular feminines** carefully:

ancien	➔	**ancienne**	*old*
bas	➔	**basse**	*low*
•beau	➔	**belle**	*beautiful*
blanc	➔	**blanche**	*white*
•bon	➔	**bonne**	*good*
doux	➔	**douce**	*sweet*
épais	➔	**épaisse**	*thick*
faux	➔	**fausse**	*false*
favori	➔	**favorite**	*favourite*
fou	➔	**folle**	*mad, silly*
frais	➔	**fraîche**	*fresh*
•gentil	➔	**gentille**	*nice*
•gros	➔	**grosse**	*fat*
•long	➔	**longue**	*long*
•nouveau	➔	**nouvelle**	*new*
public	➔	**publique**	*public*
sec	➔	**sèche**	*dry*
secret	➔	**secrète**	*secret*
•vieux	➔	**vieille**	*old*

une nouvelle voiture

une vieille maison

Exercices

1. Ecris ces adjectifs au féminin.

1. grand ➜ *grande*
2. mauvais – mauvaise ✓
3. bon – bonne ✓
4. timide timide. ✓
5. vert verte ✓
6. rouge rouge. ✓
7. long longue ✓
8. beau belle ✓
9. blanc blanche ✓
10. doux douce ✓
11. délicieux délicieuse ✓
12. actif active ✓
13. gentil gentille ✓
14. favori favorite. ✓
15. joli jolie ✓
16. premier première ✓
17. nouveau nouvelle ✓
18. ancien ancienne ✓
19. courageux courageuse, ✓
20. dernier dernière ✓

2. Ecris au pluriel.

1. Je suis ➜ *Nous sommes*
2. Je donne _____
3. Il a _____
4. Tu finis _____
5. Je vends _____
6. Tu vas _____
7. Il voit _____
8. Elle lit _____
9. Je fais _____
10. Tu mets _____
11. J'ai un chien _____
12. Tu as une auto _____
13. Il prend la lettre _____
14. Je lis le livre _____
15. Il fait une erreur _____
16. Tu sais la réponse ? _____
17. Je suis sportif _____
18. Elle est timide _____
19. Il va à Paris _____
20. Je vois le vélo _____

3.

Alain et Monique passent leurs vacances en France.
Ecoute ton CD. Ecris les réponses dans ton cahier.

1. In which French region did Alain spend his holidays?
2. How many nights did the family spend in the campsite?
3. What was the weather like?
4. How did Alain usually spend the afternoon?
5. What amusing incident happened on the last day?
6. In which French region did Monique spend her holidays?
7. Who accompanied her?
8. Where did they find accommodation?
9. How did they spend the afternoons?
10. Whom did they meet on the last day?

L'Alsace

Nous voici en Alsace ! C'est la plus petite région de France. Les montagnes en Alsace s'appellent les Vosges. En été, il fait chaud – mais en hiver il fait très froid et il neige beaucoup. C'est bien pour le ski. Il y a beaucoup de choses à faire et à voir dans cette jolie région.

L'ALSACE

Strasbourg

Colmar

Mulhouse

VENEZ EN ALSACE !

La gastronomie

On mange bien en Alsace. La spécialité de la région s'appelle «la choucroute». Elle est faite avec du chou blanc, des saucisses et du vin blanc. Ce plat traditionnel est servi avec des pommes de terre.

L'agriculture

Les fermiers en Alsace cultivent des céréales. On cultive aussi la vigne. Les vins de la région sont très bons. Ce sont surtout des vins blancs.

DES CONSEILS POUR LE TOURISTE EN ALSACE

— **Faites des promenades à pied dans les Vosges.**

— **Visitez les grands châteaux de la région.**

— **Admirez les maisons traditionnelles à colombage.**

— **Goûtez la choucroute.**

— **Allez voir le Parlement Européen à Strasbourg.**

Strasbourg

Strasbourg est la capitale de l'Alsace... et de l'Europe. C'est une ville située sur le Rhin, dans le nord-est du pays. Elle est près de la frontière entre la France et l'Allemagne. Strasbourg est le siège du Parlement Européen.

Le Parlement Européen

Venez en Alsace !

LE PARADIS DES GOURMETS
- Vins renommés
- Spécialités gastronomiques

LE PARADIS DES SPORTIFS
- Ski dans les Vosges
- Randonnées à pied

LE PARADIS DES AMATEURS DE CULTURE
- Musée alsacien
- Châteaux

Alsace – pour toute la famille !

Complète ces phrases.

1. Les montagnes en Alsace s'appellent _____.

2. Le fleuve à Strasbourg s'appelle _____.

3. Pour faire du vin, il faut cultiver _____.

4. Le plat régional en Alsace s'appelle _____.

5. Il neige beaucoup dans les Vosges en _____.

6. Quand vous êtes en Alsace, n'oubliez pas de visiter _____.

7. Les touristes dans les Vosges font des promenades _____.

Grammaire : des verbes irréguliers

On page 14 you revised how to form the Present Tense of regular -ER verbs. Now study the following -ER verbs carefully. They are all **slightly irregular**.

Appeler *(to call)*
J'appelle
Tu appelles
Il
Elle } appelle
Nous appelons
Vous appelez
Ils
Elles } appellent

Mener *(to lead)*
Je mène
Tu mènes
Il
Elle } mène
Nous menons
Vous menez
Ils
Elles } mènent

Nettoyer *(to clean)*
Je nettoie
Tu nettoies
Il
Elle } nettoie
Nous nettoyons
Vous nettoyez
Ils
Elles } nettoient

Jeter *(to throw)*
Je jette
Tu jettes
Il
Elle } jette
Nous jetons
Vous jetez
Ils
Elles } jettent

Verbs treated in a similar manner to *mener* are:
  se promener (to go for a walk)
  acheter (to buy)
  lever (to raise)
  se lever (to get up)

Verbs which end in -yer in the infinitive are treated in the same way as *nettoyer*:
  essayer (to try)
  essuyer (to wipe)
  envoyer (to send)

Write out in full the Present Tense of the following verbs: *lever, envoyer, acheter, jeter.*

Où habitent-ils ?

Ecoute ces quatre Français.

PIERRE

«Moi, j'habite Cabourg, un joli port de pêche en Normandie. La pêche est très importante chez nous. Mais la vie est très difficile pour les pêcheurs, surtout en hiver. Pendant l'été, je pratique la voile et la planche à voile. J'adore la mer quand il fait beau.»

JULIE

«Moi, j'habite un petit village à la campagne en Bourgogne, à 30 km de Dijon. Mon père est agriculteur. J'aime bien la vie à la ferme : les vaches, les poules, les petits agneaux au printemps... et les escargots ! La Bourgogne est renommée pour ses escargots.»

JEANNE

«Moi, j'habite Chamonix, une jolie ville à la montagne, dans les Alpes près du Mont Blanc. On fait du ski ici pendant tout l'hiver. Il y a beaucoup de monde sur les pistes et dans les rues. Mais, en été, il y a très peu de touristes. C'est trop calme !»

LUC

«Moi, j'habite Antibes, une ville touristique au bord de la mer sur la Côte d'Azur. J'adore l'été : la plage, la natation, le soleil... et les jolies filles ! L'hiver pour moi, c'est trop calme. Je reste à la maison et je passe mon temps à lire ou à regarder la télévision.»

Compréhension : réponds à ces questions.

1. Qui n'aime pas l'été ? _Jeanne._ ✓

2. Qui aime les sports aquatiques ? _Pierre._ ✓

3. Qui préfère l'été ? _Luc_ ✓

4. Qui s'intéresse aux animaux ? _Sult Julie._ ✓

Exercices

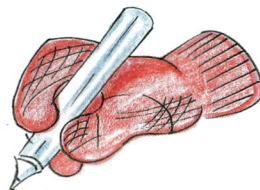

1. Fais accorder les adjectifs.

1. une _____ bonne _____ idée
   (bon)
2. une fille _____ active _____
   (actif)
3. la _____ meilleure _____ élève
   (meilleur)
4. une _____ vieille _____ maison
   (vieux)
5. une journée _____ fraîche _____
   (frais)

6. des garçons _____ intelligents _____
   (intelligent)
7. des femmes _____ sportives _____
   (sportif)
8. des voitures _____ blanches _____
   (blanc)
9. des vélos _____ rouges _____
   (rouge)
10. des montagnes _____ dangereuses _____
   (dangereux)

2. Ecris au présent.

1. tu ___ es ___ *(être)*
2. il ___ a ___ *(avoir)*
3. nous ___ finissons ___ *(finir)*
4. ils ___ vendent ___ *(vendre)*
5. elle _____ *(jeter)*
6. je _____ *(mener)*
7. vous ___ allez ___ *(aller)*
8. il ___ fait ___ *(faire)*
9. tu ___ prends ___ *(prendre)*
10. elles _____ *(nettoyer)*

11. je ___ saisis ___ *(saisir)*
12. il ___ prend ___ *(prendre)*
13. nous ___ buvons ___ *(boire)*
14. ils ___ peuvent ___ *(pouvoir)*
15. elle ___ veulent ___ *(vouloir)*
16. tu ___ sors ___ *(sortir)*
17. ils ___ voient ___ *(voir)*
18. je ___ sais. ___ *(savoir)*
19. tu _____ *(jeter)*
20. elle _____ *(lever)*

4 **Où vont-ils en vacances ?**
Ecoute ton CD. Ecris les détails dans la grille.

Listen to some conversations in which people talk about spending holidays in contrasting French regions. Fill in the details in the grid.

	Region	Weather	2 activities	1 complaint
Nicole				
Paul				
Marie				
Simon				

Collectionnez les cartes postales

Si vous venez à Paris, visitez le Musée des Arts et Traditions Populaires où il y a 120 000 cartes postales et plusieurs grandes collections.

En France, beaucoup de personnes collectionnent les cartes postales. Ils cherchent et ils gardent les plus belles cartes postales – françaises et étrangères.

Les collectionneurs s'intéressent aux cartes postales pour plusieurs raisons :
- pour le nom de l'artiste photographe ;
- pour le sujet (fleurs, bateaux, paysages, etc.).

Les cartes postales les plus recherchées aujourd'hui datent de «l'âge d'or» de 1900 à 1925.

Naissance de la carte postale

- **1870**

  On vend la première carte postale – sans image – pendant la guerre de 1870 entre la France et l'Allemagne.

- **1874**

  On commence à envoyer des cartes postales illustrées. D'un côté, il y a seulement l'adresse. De l'autre côté, il y a une image. On écrit sur l'image !

- **1903** On n'écrit plus du côté de l'image. On écrit de l'autre côté sur la moitié gauche. On écrit l'adresse à droite sur l'autre moitié.

- **1905** Une maison de Nancy fabrique 90 millions de cartes postales dans l'année. C'est beaucoup, n'est-ce pas ?

On écrit une carte postale

Nice, le 2 août

Salut !
Me voici à Nice. Je passe une semaine chez mon correspondant.
Il fait très chaud. Je m'amuse bien. Le soleil, la plage, les sorties – c'est formidable !
Nice est une très jolie ville.
A bientôt !
Sylvie

M. Paul Gosset

10, place du Marché

86000 Poitiers

Chamonix, le 3 janvier

Salut !
Me voici à Chamonix dans les Alpes. Je passe les vacances chez mon ami.
Il fait très froid mais le ski est excellent.
Je m'amuse bien !
A bientôt !
Marc

Mme Anne Dufour

2, rue Marie Curie

44300 Nantes

Verbe irrégulier

Ecrire (to write)
J'écris
Tu écris
Il ⎫
Elle ⎭ écrit
Nous écrivons
Vous écrivez
Ils ⎫
Elles ⎭ écrivent

L'impératif
Ecris!
Ecrivons!
Ecrivez!

Tu es en France !
Ecris une carte postale à ton ami(e).

– Say where you are.
– Say where you are staying.
– Comment on the weather.
– Comment on the town.
– Say that you are having a good time.

Révisions

Ecris ton nom !

1. Remplace les briques !

écrire

J' écris

écris

Il

écrit

Nous

écrivez

Ils

écrivent

2. Fais accorder les adjectifs.

1. Une *(bon)* bouteille → *Une bonne bouteille* _____
2. Une *(beau)* fille → _____
3. Une souris *(blanc)* → _____
4. Une *(long)* leçon → _____
5. Une *(mauvais)* odeur → _____
6. Une place *(public)* → _____
7. Une femme *(sportif)* → _____
8. Une *(vieux)* chanson → _____
9. Une journée *(sec)* → _____
10. Une *(nouveau)* amie → _____
11. Une *(grand)* voiture → _____
12. Une fille *(actif)* → _____
13. Une ville *(ancien)* → _____
14. Une *(gentil)* femme → _____
15. Une boisson *(doux)* → _____

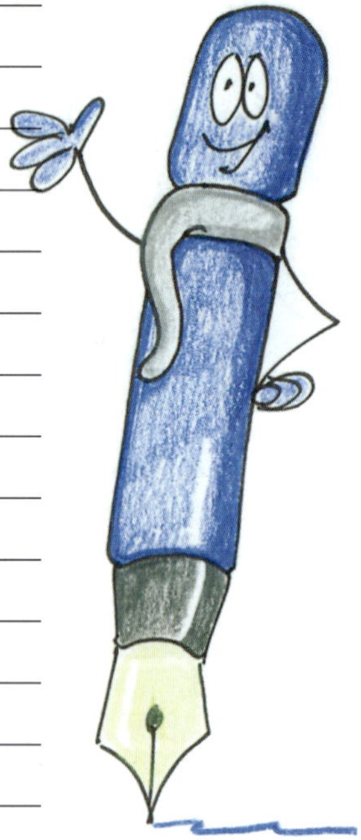

Associations : relie les deux parties

1. Il y a 22 régions...   •   •   de la Bourgogne.
2. Dijon est la capitale...   •   •   sur le Rhin.
3. La pêche est importante...   •   •   en France.
4. Strasbourg se trouve...   •   •   à Clermont-Ferrand.
5. Lille est...   •   •   s'appelle Poitiers.
6. On fabrique des pneus...   •   •   en Bretagne.
7. La capitale du Poitou-Charentes...   •   •   un fromage.
8. Le camembert est...   •   •   dans le nord du pays.

1. Entrevue avec Sophie
Ecoute cette entrevue. Réponds à ces questions.

1. In what region does Sophie live? _____

2. What two industries does she mention?

   (i) _____

   (ii) _____

3. Name 3 aspects of the local culture:

   (i) _____

   (ii) _____

   (iii) _____

2. Roussillon en Provence. Ecoute cette description de Roussillon.
Mets des adjectifs dans les blancs.

Il y a un _____ village en Provence
qui s'appelle Roussillon. C'est un très
_____ village, très populaire avec les
touristes. Ils aiment surtout la _____
église. Il y a un _____ restaurant tout
près de la place_____.

Le marché

3

In this section, you will…

- visit a French market
- learn the names of fruit and vegetables
- ask how much something costs
- revise numbers
- take part in role-play situations

In grammar, you will…

- study the comparative of adjectives
- study the superlative of adjectives
- learn the word **tout** *(all)* and its agreement

Le marché est très important dans la vie des Français.

Il y a un marché dans tous les villages et dans toutes les villes.

AU MARCHÉ

Ecoute la cassette.

Aujourd'hui, c'est jeudi. C'est le jour du marché dans ce petit village en Auvergne. Le marché commence très tôt le matin – vers sept heures.

On y vend des fruits, des légumes, des fleurs, du poisson. Il y a des étalages partout. Les marchands et les marchandes connaissent tous les clients.

Une liste à la main, Luc arrive au marché. Il fait les courses pour ses parents.

Il s'arrête devant un étalage. Il regarde les légumes et les fruits. L'odeur des fruits frais est agréable.

Il veut acheter des pommes et des cerises. Il parle à la marchande.

– Bonjour, Madame. Donnez-moi un kilo de pommes, s'il vous plaît.
– Bon. Et avec ça ?
– Avez-vous des cerises ?
– Oui. Elles sont délicieuses.
– Alors, je prends 250 grammes de cerises.
– Voilà. C'est tout ?
– Oui. Ça fait combien ?
– Ça fait 5,30 €.
– Voilà dix euros, Madame.
– Merci, et votre monnaie.

Des Fruits

un abricot   des cerises(f)   un ananas   une banane

un citron   des fraises(f)   des framboises(f)   un melon

une orange   un pamplemousse   une pêche   une poire

une pomme   des raisins(m)   une tomate

Monsieur Morel travaille au marché.
Il vend des fruits.
Ecoute la liste des fruits qu'il vend.

Des Légumes

l'ail(m)   un artichaut   une betterave   une carotte

un champignon   un chou   un chou-fleur   un concombre

des haricots(m)   une laitue   un oignon   des petits pois(m)

un poivron   une pomme de terre   un radis

Madame Morel travaille au marché.
Elle vend des légumes.
Ecoute la liste des légumes qu'elle vend.

1. Qui est-ce ?

(a) C'est un marchand.
(b) C'est une marchande.
(c) C'est un client.
(d) C'est une cliente. a ✓

2. Qu'est-ce que c'est ?

(a) C'est un citron.
(b) C'est une pomme.
(c) C'est une fraise.
(d) C'est un abricot. c ✓

3. Qu'est-ce qu'elle fait ?

(a) Elle vend des framboises.
(b) Elle achète des framboises.
(c) Elle vend des cerises.
(d) Elle achète des cerises. c ✓

4. C'est un ananas ?

(a) Non, c'est un citron.
(b) Oui, c'est un ananas.
(c) Non, c'est un abricot.
(d) Non, c'est une pêche. b ✓

5. Qu'est-ce que c'est ?

(a) C'est un oignon.
(b) C'est une betterave.
(c) C'est un champignon.
(d) C'est un radis. c ✓

6. Est-ce un artichaut ?

(a) Non, c'est un chou.
(b) Non, c'est un chou-fleur.
(c) Non, c'est un haricot.
(d) Oui, c'est un artichaut. d ✓

7. Comme légumes, je préfère...

(a) les petits pois.
(b) les pommes de terre.
(c) l'ail.
(d) les haricots. a ✓

On fait des courses

Aujourd'hui, c'est mardi. C'est le
jour du marché à Yerville. Claudine
sort faire les courses. Elle veut
acheter des fruits et des légumes.
Elle a une liste et un panier.
Regarde bien sa liste.

1 kilo de poires

un chou

3 pommes

500g de cerises

un citron

250g de champignons

**1. Ecris ces
deux listes,
suivant
l'exemple
ci-dessus.**

des 2 oranges./
des bananes.
3
un chou-fleur. ✓
1 Kg.
1 kilo de oignons
½ Kg.
½ kilo de tomates.

un citron ✓
2 Kg.
2 kilos de carottes ✓
un ananas ✓
des raisins ✓
L'ail. ✓

2. Claudine arrive au marché. Qu'est-ce qu'elle dit au marchand ?

→ «Donnez-moi un kilo de bananes, s'il vous plaît.»

→ «Avez-vous un petit panier de ...tomates... ✓ ?»

→ «Donnez-moi ✓ 500g. de ...raisins... ✓ »

→ «...Avez-vous... un kilo de ...haricots... ✓ ?»

→ «...Donnez-moi... ✓ une botte de ...radis.. ✗ »

→ «..Avez-vous un petit panier des cerises.. ✓ ?»

Exercices

1. C'est quel genre ?
Ecris l'article indéfini (un, une ou des) devant le nom.

1. _une_ pomme
2. _une_ banane
3. _un_ melon
4. _des_ framboises
5. _des une_ cerise

6. _un_ chou
7. _des_ petits pois
8. _une_ laitue
9. _un_ abricot
10. _une_ tomate

11. _une_ pêche
12. _des_ framboises
13. _un_ ananas
14. _un_ champignon
15. _un_ pamplemousse

2. Fais accorder les adjectifs, suivant l'exemple.

1. Le pamplemousse est grand ; la carotte est _grande_ aussi.
2. Le citron est petit ; l'orange est _petite_ aussi.
3. Les champignons sont bons ; les tomates sont _bonnes_ aussi.
4. Les abricots sont mauvais ; les laitues sont _mauvaises_ aussi.
5. L'oignon est énorme ; la pomme de terre est _énormes_ aussi.
6. Les abricots sont délicieux ; les fraises sont _délicieuses_ aussi.
7. Les haricots sont frais ; les betteraves sont _fraîches_ aussi.
8. L'ananas est excellent ; la banane est _excellente_ aussi.
9. L'artichaut est vert ; la pomme est _verte_ aussi.
10. Le concombre est long ; les carottes sont _longues_ aussi.

5 On va au marché.
Ecoute ton CD. Qu'est-ce qu'on achète au marché ?
Remplis les détails dans la grille.

	Fruit bought	Vegetables bought	Total cost
Michel			
Anne			
Patrick			
Karine			

C'est combien ?

1. **Ecoute les dialogues. Regarde les prix.**

C'est combien, les pommes ?

2 euros le kilo.

apples.
carots.
apricots.

3 €   **2,10 €**   **6,50 €**

banana
5,30 €   corn   **4 €**
10 €   **8,60 €**
potatoes. l

2. **Ecoute la cassette.**
Regarde les dessins et écris les prix.

2.40 €

2.50 €

4.30 €
3

2 €   3.30 €   2.20 €

Vous êtes au marché.
Make up some conversations like the ones you heard on tape.
Choose items and prices from the illustrations above.

Les nombres	
1	un
2	deux
3	trois
4	quatre
5	cinq
6	six
7	sept
8	huit
9	neuf
10	**dix**
11	onze
12	douze
13	treize
14	quatorze
15	quinze
16	seize
17	dix-sept
18	dix-huit
19	dix-neuf
20	**vingt**
21	vingt et un
22	vingt-deux
30	**trente**
31	trente et un
40	**quarante**
41	quarante et un
50	**cinquante**
51	cinquante et un
60	**soixante**
61	soixante et un
70	**soixante-dix**
71	soixante et onze
80	**quatre-vingts**
81	quatre-vingt-un
82	quatre-vingt-deux
90	**quatre-vingt-dix**
91	quatre-vingt-onze
100	**cent**
500	cinq cents
550	cinq cent cinquante
1000	**mille**
5000	cinq mille

Dialogues au marché

Le client/La cliente

Le marchand/La marchande

Donnez-moi...
Vous avez... ?
Un kilo de..., s'il vous plaît.
Cinq cents grammes de...
Deux cent cinquante grammes de...
Ils sont bons, les melons ?
Elles sont bonnes, les fraises ?
Puis-je goûter les... ?
Bon, alors...
C'est combien, les... ?
Ça fait combien ?
Voilà vingt euros, M_____.
Merci, M_____. Au revoir.

Vous désirez ?
Et avec ça ?
C'est... euros le kilo.
Voilà, un kilo de...
Très bons, oui/Très bonnes, oui.
Les abricots sont délicieux.
Les pommes sont délicieuses.
Voilà, c'est tout ?
Ça fait... euros.
Merci, et votre monnaie.
Merci, M_____. Au revoir.

Ecoute les dialogues.

Listen to two more dialogues.
Fill in the details in the grid.

– Bonjour, Madame. Vous désirez ?
– Donnez-moi un kilo de pêches, s'il vous plaît.
– Voilà, un kilo de pêches. Et avec ça ?
– Vous avez des cerises ?
– Oui. Les cerises sont délicieuses.
– Alors, 500 grammes de cerises.
– Voilà, c'est tout ?
– Oui. Ça fait combien ?
– Ça fait 6,30 €, Madame.
– Voilà 20 euros, Monsieur.
– Merci, Madame. Et votre monnaie.
– Merci, Monsieur. Au revoir.

	Items bought	Amount paid
1		
2		

8 €

6,50 €

Regarde ces paniers.
Ecris les dialogues.

Exercices

1. Ecris au pluriel.

1. Il achète une carotte. _____*Ils achètent des carottes.*_____

2. Elle vend un concombre. _____

3. Je mange une pomme. _____

4. Tu as un panier. _____

5. As-tu une liste ? _____

6. Le marchand prend une cerise. _____

7. Mon frère va au marché. _____

8. Le client goûte la fraise. _____

9. Je veux acheter un fruit. _____

10. Tu peux acheter un ananas. _____

2. Ecris au présent la forme correcte du verbe.

1. Tu _____(chanter)

2. Il _____(saisir)

3. Elle _____(vendre)

4. Nous _____(lire)

5. Ils _____(prendre)

6. Vous _____(venir)

7. Ils _____(avoir)

8. Je _____(boire)

9. Tu _____(lever)

10. Elles _____(faire)

Quel est ton chiffre porte-bonheur ?
What is your lucky number?
Ecoute cet horoscope pour cette semaine sur ton CD.
Remplis les détails dans la grille.

	Lucky number	Lucky colour	Other predictions
Taurus			
Cancer			
Scorpio			
Capricorn			

Grammaire : le comparatif

Marc est plus grand que Luc.

Henri est aussi grand que Paul.

Anne est moins grande que Marie.

In French, adjectives can be compared in three ways:

plus...que +   moins...que –   aussi...que =

1. Remember to make the adjective agree:

Ma mère est plus petite que mon père.
Les filles sont moins fortes que les garçons.
Les garçons sont aussi intelligents que les filles.

2. There are two irregular comparisons:

bon ➔ meilleur (better); mauvais ➔ pire (or plus mauvais) (worse)

Mets les adjectifs au comparatif.

1. Marie est *plus* _____Pierre.   (intelligent +)
2. Roger est *moins* _____Luc.   (intelligent –)
3. Les chiens sont *aussi* _____les chats.   (important =)
4. Les enfants sont _____les adultes.   (content +)
5. La femme est _____sa fille.   (joli –)
6. Le fils est _____son père.   (beau =)
7. Nicole est _____Martine.   (grand –)
8. Les oiseaux sont _____les animaux.   (grand –)
9. Les filles sont _____les garçons.   (bon +)
10. Cette rue est _____l'autre.   (long =)

Grammaire : le superlatif

La girafe est le plus grand animal du zoo.

Marie est l'élève la plus intelligente de la classe.

To form the superlative, add le, la or les to the comparative.

plus petit			le plus petit		
plus petite	}	smaller →	la plus petite	}	the smallest
plus petits			les plus petits		
plus petites			les plus petites		

de + le → du

1. Note that *in* is translated by *de* after a superlative.

C'est la plus jolie maison de la rue.
Pierre est le plus petit garçon du collège.

2. When the adjective follows the noun, the article must be repeated.

Le mouton est l'animal le plus stupide de la ferme.

3. There are two irregular superlatives.

bon → meilleur → le meilleur.
mauvais → pire (*or* plus mauvais) → le pire (*or* le plus mauvais).
Voici les meilleures montres du magasin.

Remplis les blancs dans ces phrases.

1. Marc est _____ plus beau garçon du collège.
2. Provence est _____ plus belle région de France.
3. Voilà _____ plus petits enfants de la classe.
4. La Tour Eiffel est _____ bâtiment _____ plus important de Paris.
5. C'est _____ maison _____ plus intéressante _____ région.
6. Mont Blanc est la montagne _____ plus dangereuse _____ Alpes.
7. Je suis _____ meilleur élève _____ école !
8. Jean est mauvais mais Luc est _____ !

Des scènes au marché

Tout le monde est très occupé aujourd'hui : c'est le jour du marché. Tous les marchands et toutes les marchandes vendent leurs produits. Dans toute la ville, il y a beaucoup de circulation : des voitures, des camions, des camionnettes.

Tout le monde parle. Numérote les dessins.
Number the pictures to show what is being said at the market.

1 «J'aime courir !»

2 «Mon chou !»

3 «Pourquoi pleures-tu ?»

4 «Allez les Verts !»

5 «Tu n'aimes pas l'ail ?»

6 «C'est un presse-citron.»

7 «J'adore la pêche !»

Singular		Plural	
Masc.	Fem.	Masc.	Fem.
tout le monde*	toute la famille	tous les fruits	toutes les pommes
everybody	all the family	all the fruit	all the apples

*Tout le monde takes the singular of the verb.

   Tout le monde est heureux. Everybody is happy.

Un marché de province

Monsieur Alain Duparc est un marchand de fruits et de légumes à Dax, une jolie ville de province dans le sud-ouest de la France. Tous les vendredis, il y a un marché sur la place de cette ville. Tout le monde arrive au marché pour acheter des légumes, des fruits et des fleurs.

Monsieur Duparc s'installe sur la place vers sept heures du matin. Il est prêt quand les premiers clients arrivent. Tous ses fruits et légumes sont frais. C'est pourquoi il est le marchand le plus populaire du marché. «Mes fruits et légumes sont les meilleurs», dit-il à ses clients.

Sa femme, Monique, est aussi populaire que son mari. Elle donne des cerises à tous les garçons et à toutes les filles. Alain n'est pas content ! «Ne sois pas si généreuse», dit-il à sa femme. «Tu gâtes ces enfants.» Mais Monique n'écoute pas les conseils de son mari.

Compréhension : vrai ou faux ?

	VRAI	FAUX
1. Dax se trouve tout près de Paris.	☐	☐
2. Il y a un marché à Dax une fois par semaine.	☐	☐
3. Les premiers clients arrivent à sept heures.	☐	☐
4. Les fruits de M. Duparc sont aussi frais que ses légumes.	☐	☐
5. Monique donne des légumes aux enfants.	☐	☐
6. Alain est aussi généreux que sa femme.	☐	☐
7. Monique écoute toujours les conseils de son mari.	☐	☐

1. Ecoute cette liste de fruits.
Numérote les dessins : 1 à 10

2. Ecoute les dialogues entre les marchands et les clients.
Ecris le prix des légumes : c'est combien le kilo ?

2 €

2.30 €

3.20 €

3.60 €

Role-play : vous êtes au marché en France.
Vous faites les courses.

Students take turns to take part in dialogues.

– Bonjour, M _____.
– Bonjour, M _____.
– Vous désirez ?
– Un kilo de _____, s'il vous plaît.
– Bon. Voilà, un kilo de _____. C'est tout ?
– Oui. Ça fait combien ?
– Ça fait _____ euros, M_____.
– Merci, M_____. Au revoir.

Révisions

✎ **1. Qu'est-ce que c'est ?**

1. C'est _une pomme_
2. C'est _une pêche_
3. C'est _un champignon_
4. C'est _un pamplemousse_

5. Ce sont _des poires._
6. Ce sont _des fraises_
7. Ce sont _des cerises._
8. Ce sont _des oignons._

2. Ecris la forme correcte de tout.

1. Les garçons mangent _tout_ le gâteau.
2. Je n'aime pas _toute_ la classe.
3. _Tout_ le monde adore les fraises.
4. _Toutes_ les filles sont jolies.
5. Il va au cinéma avec _toute_ la famille.
6. Elle va à l'école _tous_ les jours.
7. _Toutes_ les femmes aiment la mode.
8. _Toute_ la France est très belle.

3. Fais des comparaisons. Complète les phrases.

1. Roger est plus grand que _____
2. Marie est _____
3. Simone est _____
4. Les pommes sont _____
5. Les citrons sont _____

L'amour.

Au syndicat d'initiative

In this section, you will...

- visit a Tourist Office in France
- ask for maps, brochures and other items
- look at the attractions of a French town
- read some holiday ads and brochures
- read a story about a boy who wasn't a donkey!

In grammar, you will...

- form the Present Participle of verbs
- study the pronouns **y** and **en**
- learn the verbs **suivre** *(to follow)* and **rire** *(to laugh)*

OFFICE MUNICIPAL
DU TOURISME
EAUX-BONNES GOURETTE

Quand vous êtes en vacances en France, n'oubliez pas d'aller chercher des renseignements dans un Syndicat d'Initiative.

On l'appelle aussi un «Office du Tourisme». C'est plus simple comme ça pour les touristes !

Résultats d'un sondage récent :

34 millions de Français (57% de la population) partent en vacances tous les ans. En plus, la France est le pays européen le plus souvent visité par les touristes étrangers (30 millions de touristes).

56% des vacanciers en France viennent chercher des renseignements dans les Syndicats d'Initiative.

Bienvenue à Avignon

– le palais des Papes
– le musée
– les vieilles rues
– le train touristique
– les monuments célèbres
– le pont d'Avignon

Pour tous renseignements renseignez-vous au Syndicat d'Initiative

**Vous visitez Avignon. Travaillez avec un partenaire.
Demandez des renseignements au Syndicat d'Initiative.**

Où est le Syndicat d'Initiative ?

Tick the signs which indicate a tourist office.

SYNDICAT d'INITIATIVE

CIRCUIT TOURISTIQUE →

RENSEIGNEMENTS TOURISTIQUES

i OFFICE du TOURISME

CAVE TOURISTIQUE ▶

CAVES ROUTE du VIN

CENTRE VIEILLE VILLE

ACCUEIL de FRANCE

Est-ce que je peux avoir... ?

PLAN de VILLE

– Vous avez un plan de la ville, s'il vous plaît ?
– Oui, voilà.
– C'est combien ?
– C'est gratuit.
– Merci, Madame.
– Je vous en prie, Monsieur. Au revoir.

– Bonjour, Monsieur. Je suis en vacances ici.
– Que puis-je faire pour vous, Madame ?
– Avez-vous un horaire des trains, s'il vous plaît ?
– Oui, voilà. C'est gratuit, Madame.
– Merci, Monsieur.
– Je vous en prie, Madame. Au revoir.

HORAIRE

Je cherche un plan de la ville, une liste des hôtels, un horaire des trains, une brochure sur les monuments, un...

Mais oui, Monsieur ! Voilà... et... Bon séjour !

Questions et réponses : phrases utiles

Vous avez

un plan de la ville ?
une carte de la région ?

Vous avez une liste

des hôtels ?
des campings ?
des musées ?
des gîtes ?

Vous avez un horaire

des trains ?
des autobus ?

Vous avez

un dépliant sur
une brochure sur

les monuments ?
les excursions ?
les auberges de jeunesse ?
les distractions de la région ?

Où est

le musée,
le cinéma,

s'il vous plaît ?

S'il vous plaît, M_____, je cherche

un camping.
un bon hôtel.
une auberge de jeunesse.

Il y a

une piscine
un musée

près d'ici ?
dans la ville ?
dans la région ?

Qu'est-ce qu'il y a

à voir
à faire

dans la ville ?
dans la région ?

Oui, voilà.
Voilà un dépliant sur la ville/la région.
Voilà une liste des hôtels.
C'est gratuit.
Le château est à dix minutes d'ici.
Le musée est au bout de la rue.
Au revoir, M_____. Et... Bonnes Vacances !

Conversations à l'Office du Tourisme

Ecoute les conversations.
Numérote les dépliants de façon à montrer l'ordre des conversations.

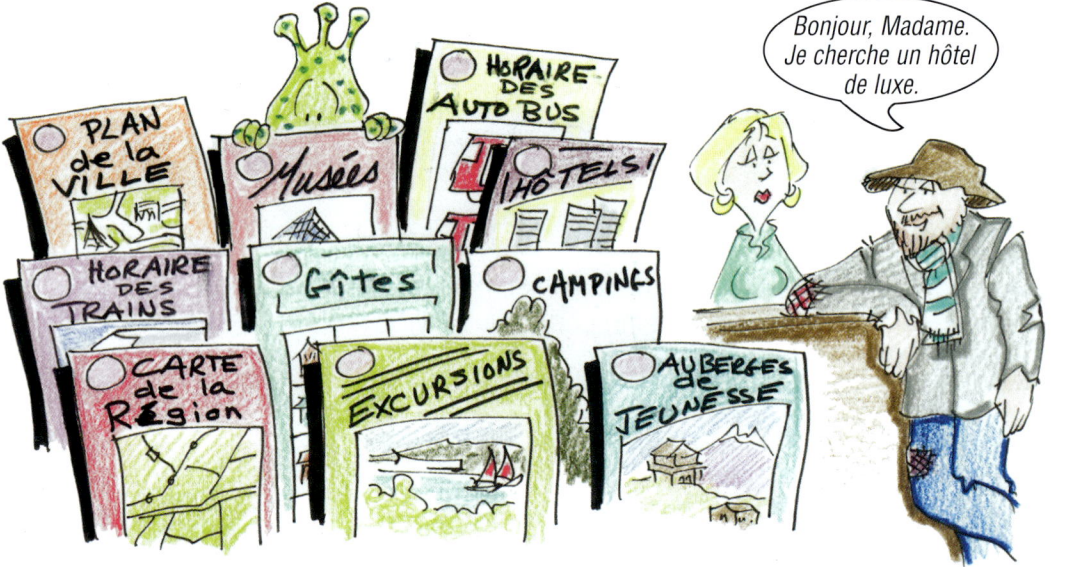

Bonjour, Madame. Je cherche un hôtel de luxe.

Role-play : regarde les dessins ci-dessus.
Parle avec un partenaire.

Students take part in role-play conversations, using the illustration above as a starting point.

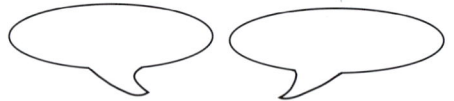

Complète ces phrases.

1. Vous avez un _____ ?

2. Vous avez une _____ ?

3. Où est le _____ ?

4. Où se trouve la _____ ?

5. Il y a un _____ ?

6. Il y a une _____ ?

7. Qu'est-ce qu'il y a _____ ?

Exercices

1. Ecris l'article indéfini (un, une ou des) devant le nom.

1. _un_ plan
2. _une_ ville
3. _un_ dépliant
4. _des_ excursions
5. _un_ région

6. _un_ musée
7. _une_ cave
8. _des_ châteaux
9. _un_ gîte
10. _une_ piscine

11. _des_ auberges
12. _un_ horaire
13. _une_ carte
14. _une_ liste
15. _des_ monuments

à + le → au
à + les → aux

2. Ecris à, au, à la, à l' ou aux dans le blanc.

1. Je vais _à_ Paris.
2. Il va _à la_ ville.
3. On va _au_ musée.
4. Je donne la liste _au_ Paul.
5. Elle donne les dépliants _aux_ garçons.
6. Nous arrivons _à l'_ hôtel.
7. Tu arrives _à l'_ auberge.
8. Vous arrivez _au_ monument.

9. J'envoie le plan _à la_ Marie.
10. Je donne la brochure _au_ touriste.
11. Allez-vous _au_ gîte ?
12. Ils vont _aux_ magasins.
13. On donne les cartes _aux_ visiteurs.
14. Tu vas _à la_ plage ?
15. Luc et André vont _au_ cinéma.
16. Vous allez _à l'_ église.

Conversations au syndicat d'initiative
Ecoute trois conversations. Réponds aux questions en anglais.

1. What does the first tourist ask for?
2. How much does it cost?
3. What public building will he pass on the way to the museum?
4. The second tourist asks about opening hours. For which building?
5. On which two days is it closed?
6. How many metres after the church is this building situated?
7. What question does the third tourist ask about the castle?
8. When are there guided tours of the castle?
9. How far from the tourist office is the castle?

Grammaire : le participe présent

The English present participle ends in -ing. **The French present participle ends in _–ant_. It is formed from the 1st person plural of the Present Tense – by removing _–ons_ and adding _–ant_ to the stem.**

donner :	nous donnons	→	donnant
finir :	nous finissons	→	finissant
vendre :	nous vendons	→	vendant
prendre :	nous prenons	→	prenant
voir :	nous voyons	→	voyant
faire :	nous faisons	→	faisant

(Revise present tense of verbs, pages 14–15)

Three verbs have an irregular stem in the present participle:

avoir :	nous avons	→	ayant
être :	nous sommes	→	étant
savoir :	nous savons	→	sachant

Write the present participle of these verbs, by going through the present tense.

1. chanter : nous _____ → _____
2. choisir : nous _____ → _____
3. attendre : nous _____ → _____
4. mettre : nous _____ → _____
5. aller : nous _____ → _____
6. lire : nous _____ → _____
7. écrire : nous _____ → _____

Je regarde la télé en finissant mes devoirs.

En + present participle: what does it mean?
This means one of 3 things:
1. While: Il prend un sandwich, en lisant le journal.
2. By: Il gagne de l'argent, en faisant les courses.
3. On: Il s'arrête, en voyant son ami.

Allons visiter une ville en France !

Saint-Amand-les-Eaux est une ville charmante de 16 364 habitants. Elle est située dans le nord de la France, dans la région Nord-Pas-de-Calais, entre Lille et Valenciennes. Elle est à 200 km de Paris.

Saint Amand

La Tour Abbatiale est une abbaye du XVIIe siècle. Le touriste aime son carillon – composé de 48 cloches. Il y a des concerts tous les jours de 12h à 12h30.

Le musée a une collection exceptionnelle de faïences du XVIIIe siècle.

Le Parc Naturel Régional est une grande forêt. Le touriste peut y goûter le calme et le repos. C'est excellent pour les randonnées et les pique-niques.

La ville est très célèbre pour ses eaux – d'où vient le nom de la ville. Dans la Station Thermale on traite des maladies rhumatismales et respiratoires.

> *Bonjour, Madame. Vous avez un dépliant sur la ville ?*

Si vous aimez l'histoire, le paysage et le repos :
Visitez Saint-Amand-les-Eaux

DISTRACTIONS

- Cinéma
- Festival de danse
- Carillon (48 cloches)
- Gastronomie

SPORT

- Piscine
- Chasse dans la région
- Complexe sportif
- Pêche (rivière et canal)

MUSÉE

Situé sous la Tour Abbatiale, une célèbre abbaye du XVIIe siècle.
On y trouve une collection exceptionnelle de faïences amandinoises.
Ouvert tous les jours de 10h à 17h.

PARC NATUREL RÉGIONAL

Une vaste forêt de 4 600 hectares
- Réserve ornithologique
- Réserves botaniques
- Sentiers de randonnées

ETABLISSEMENT THERMAL

Situé à 4 km du centre. On y traite les rhumatismes et quelques maladies respiratoires. Ouvert de mars à mi-décembre.

OFFICE DU TOURISME
91, GRAND-PLACE

OUVERT TOUTE L'ANNÉE

Compréhension : réponds en anglais.

1. Why would a tourist visit this town?
2. Name 3 sporting activities of the town or district?
3. What would you see in the museum?
4. Why would you visit the Regional Park?
5. When are the Mineral Springs open?

BIENVENUE À SAINT-AMAND-LES-EAUX

L'Office du Tourisme est heureux de vous accueillir à Saint-Amand-les-Eaux. Nous restons à votre disposition pour tous renseignements concernant la ville et la région. Voulez-vous remplir ce questionnaire ? Vos réponses sont nécessaires pour le développement du tourisme chez nous.

Votre nom : *Henri Picard*

1. D'où venez-vous ?
   pays : *France*
   région ou département : *Val de Loire*

2. Combien de temps restez-vous ici ?

un jour	☐	une semaine	☐
2/3 jours	☐	une quinzaine	☑
un week-end	☐	un mois	☐

3. Pourquoi choisissez-vous cette ville/région ?

musées	☑	excursions	☐
circuits touristiques	☐	pêche	☑
gastronomie	☑	distractions	☐

4. Quel est votre choix d'hébergement ici ?

| hôtel | ☐ | auberge de jeunesse | ☐ |
| camping | ☐ | gîte rural | ☑ |

5. Etes-vous satisfait de votre séjour ici ?

	OUI	NON
hébergement	☐	☑
distractions	☑	☐
ambiance	☑	☐

Merci de votre aide et... Bon séjour !

Compréhension : réponds aux questions en anglais.

1. What is the purpose of this questionnaire?_____
2. How long did Henri Picard stay in the town? _____
3. Why did he choose to come here? _____
4. Where did he stay?_____
5. What was he not satisfied with?_____

En regardant un dépliant...

En entrant dans le Syndicat d'Initiative, un touriste demande un dépliant sur Saint-Amand-les-Eaux. En lisant le dépliant, il y trouve ces symboles :

Regarde les symboles ci-dessus et les mots ci-dessous.

Can you match the symbols above with the words below?

1. Téléphone & Courrier	e	
2. Restaurant	h	
3. Forêt	k	
4. Renseignements touristiques	a	
5. Jeux pour enfants	f	
6. Eglise	r	
7. Pêche	n	
8. Piscine	l	
9. Chiens interdits	i	

10. Terrain de camping	c
11. Gare SNCF	q
12. Equitation	g
13. Magasin	o
14. Douches chaudes	d
15. Randonnées à pied	p
16. Tennis	j
17. Sports nautiques	b
18. Château	m

St-Amand, le 13 juillet

Salut !

Me voici à St-Amand. La ville est très jolie.
Il y a une vieille église, une belle piscine et le
château est formidable.
Je fais de l'équitation tous les jours.

A bientôt !

Sylvie

Ecris une carte postale.
Imagine that you are on holiday in Saint-Amand. Write a postcard to a friend.

Exercices

1. **Mets l'adjectif démonstratif (ce, cet, cette ou ces) dans le blanc.**

1. _____ restaurant
2. _____ forêt
3. _____ auberge
4. _____ téléphone
5. _____ jeux

6. _____ dépliants
7. _____ homme
8. _____ gare
9. _____ château
10. _____ piscine

11. _____ région
12. _____ renseignements
13. _____ village
14. _____ année
15. _____ randonnées

2. **Ecris ces phrases au négatif.**

1. Je vais au musée. _____*Je ne vais pas au musée.*_____

2. Il cherche la mairie. _____

3. Nous voyons l'église. _____

4. Tu vas à l'hôtel. _____

5. Nous allons au parc. _____

6. Je veux aller à la gare. _____

7. Nous pouvons aller au stade. _____

8. Il y a un marché dans la ville. _____

9. Il y a un camping près d'ici. _____

10. Il y a une usine dans le village. _____

Pour aller à - - - ?
Des touristes demandent le chemin.
Ecoute les conversations. Remplis les détails dans la grille en anglais.

	Place sought	Building seen on route	Distance
Tourist 1			
Tourist 2			
Tourist 3			

Grammaire : deux pronoms : *y* et *en*

Did you know that a donkey speaks French?
Well, he knows two words anyway! Listen to him.

Y...en.

You may have noticed the word *y* used already
in this chapter. **It means 'to it' or 'there'.**

    Il va *à Paris.*   ➔   Il *y* va.
    Nous allons *à l'école.* ➔   Nous *y* allons.

As you can see here, **the word *y* is placed before the verb** –
except in a positive command.

    Allez-*y* !

In a negative command, *y* would go back before the verb.

    N'*y* allez pas !

En **is the opposite of** *y*. **It can mean 'from it' or 'from there'.**

    Il arrive *de Paris.*   ➔   Il en arrive.
    Elle vient *de l'école.*   ➔   Elle en vient.

But it can also mean: some, any, some of it, some of them.

    Nous achetons *des bonbons.* ➔ Nous en achetons.
    Ils vendent *des fruits.*   ➔ Ils en vendent.

Associations : relie les bonnes paires

Office du Tourisme   •   •   On y prend un repas.
Gîte rural   •   •   On y attrape des poissons.
Restaurant   •   •   On y cherche des renseignements.
Rivière   •   •   On y goûte du vin.
Cave   •   •   On y passe les vacances.

Une histoire amusante

Cette histoire se passe dans une petite école quelque part en France. Le prof est très sévère. Il dit que tous ses élèves – même les filles – sont stupides !

Pierre ne sait pas ses verbes. Il est obligé de se tenir près de la porte, une pancarte à la main. Cette pancarte annonce en grosses lettres :

«Je suis un âne !»

Pierre a honte. Ses amis se moquent de lui !

Mais Pierre est plus intelligent qu'un âne !
Le prof se promène devant la classe, en expliquant le verbe «suivre» aux élèves. Soudain Pierre commence à suivre le prof, tout en tenant la pancarte en haut.
Les autres élèves rient de bon cœur.
Maintenant c'est le prof qui est l'âne !

Tu ne comprends pas cette histoire ?
Alors il faut étudier le verbe «suivre».

Mais qu'est-ce qui se passe ?

Où vont-ils ?
Et qui est l'âne maintenant ?

Rire (to laugh)	**Suivre** (to follow)
Je ris	Je suis
Tu ris	Tu suis
Il / Elle rit	Il / Elle suit
Nous rions	Nous suivons
Vous riez	Vous suivez
Ils / Elles rient	Ils / Elles suivent

Au Syndicat d'Initiative
Qu'est-ce qu'on dit ? Look at the pictures. What would you say in the Tourist Office? *(One sentence for each picture)*

...un plan	...une liste
...une carte	...un dépliant
...un horaire	...des renseignements

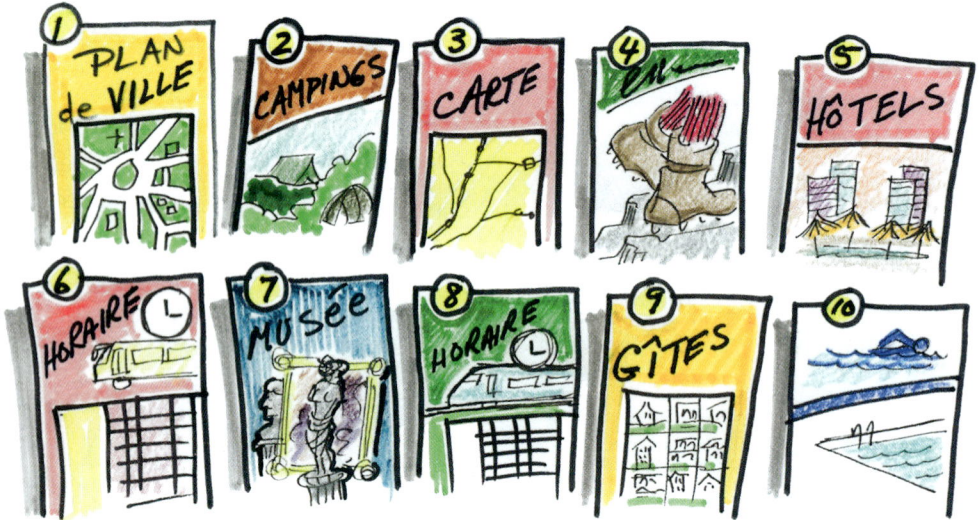

1. PLAN de VILLE
2. CAMPINGS
3. CARTE
4. EN ...
5. HÔTELS
6. HORAIRE
7. MUSÉE
8. HORAIRE
9. GÎTES
10.

Françoise et Alain partent en vacances.
Ecoute les conversations à l'Office de Tourisme. Coche les cases ☑ .
Tick a box if you hear an item mentioned.

NICE
Nom : *Ollier*
Prénom : *Françoise*
- autobus ☐
- trains ☐
- campings ☐
- hôtels ☐
- auberges de jeunesse ☐
- cinéma ☐
- musée ☐
- excursions ☐
- sport ☐
- plan ☐
- carte ☐

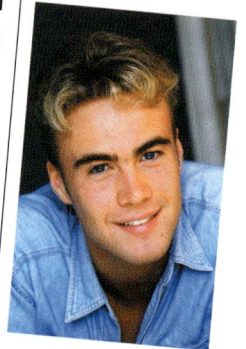

AVIGNON
Nom : *Vautrin*
Prénom : *Alain*
- autobus ☐
- trains ☐
- campings ☐
- hôtels ☐
- auberges de jeunesse ☐
- cinéma ☐
- musée ☐
- excursions ☐
- sport ☐
- plan ☐
- carte ☐

Révisions

**1. Compréhension :
réponds en anglais.**

Mt. St-Michel
Visite guidée
7 jours / 450 €
Hébergement en hôtels ou gîtes.
Le prix comprend :
– les repas
– les visites (châteaux)
– l'hébergement

1. Where would a tourist stay?

hotel

2. What is included in the price?

meals, visits to the castle.

_____

_____

2. Mets le participe présent du verbe dans chaque phrase.

Luc arrive à Paris.

1. Il cherche un Office du Tourisme, en _____ à Paris.
   (arriver)

2. Il voit une employée, en _____ dans l'Office du Tourisme.
   (entrer)

3. Il demande un dépliant, en _____ l'employée.
   (voir)

4. Il sort dans la rue, en _____ ce dépliant.
   (lire)

5. Il voit sa petite amie, en _____ dans la rue.
   (sortir)

Quelle surprise ! Il jette par terre le dépliant !

Associations : relie les bonnes paires

Avez-vous un horaire des trains ?   Il se trouve rue Jeanne d'Arc.

Où est le musée ?   Il y a la vieille église.

Est-ce loin d'ici ?   Oui, voilà.

A quelle heure part l'autocar ?   Tous les jeudis.

Qu'est-ce qu'il y a à voir ici ?   Dix minutes à pied seulement.

Le marché, c'est quel jour ?   Il est énorme.

Le Parc Régional, est-il grand ou petit ?   A midi cinq.

Des amis par lettre

5

In this section, you will...
- write a letter to a penpal
- learn how to lay out a letter
- look at ads for penpals
- find out how to describe your personality
- revise the months of the year
- find out your star sign in French
- learn the names of countries

In grammar, you will...
- learn how to form the Future Tense
  - study ordinal numbers (first, second...)
  - learn the genders of countries

Avez-vous un correspondant en France ? Beaucoup de jeunes ont un correspondant français.

Il est très passionnant d'écrire ou de recevoir une lettre.

Je recherche un(e) correspondant(e)

Grégoire, 14 ans. Je suis sympa et sportif. J'aime bien les sports d'hiver, les boums et les filles. Je recherche une correspondante qui aime le sport... et les garçons!

S.O.S. AMITIÉS

Sandrine, 15 ans. J'ai les cheveux longs et frisés. J'ai un bon sens de l'humour. Un peu paresseuse, je ne m'intéresse pas au sport. Je préfère collectionner des timbres. Je recherche un(e) correspondant(e) qui partage cet intérêt.

Clarisse, 13 ans. J'ai les cheveux blonds et courts. Très bavarde, je suis aussi gentille. J'aime bien la lecture. Je veux correspondre avec une fille de mon âge.

Eric, 16 ans. Je suis très grand et très beau. J'adore le foot, la voile et le cyclisme. Je recherche un garçon ou une fille pour correspondre avec moi. Réponse assurée!

Carine, 17 ans. Un peu timide, je n'aime pas les boums ou les discos. Je préfère le théâtre, la mode et les excursions. Très sincère. Je veux correspondre avec un garçon de mon âge.

Tu veux publier une annonce ?

Nom: _____

Age: _____

Détails personnels (40 mots maximum)

_____

_____

_____

S.O.S. Amitiés

Compréhension : écris les noms.

1. Qui aime lire ? _____
2. Qui est très sportif ? _____
3. Qui aime le ski ? _____
4. Qui s'intéresse aux vêtements ? _____
5. Qui n'a pas les cheveux courts ? _____

Ta petite annonce
Write the ad that you would send to
S.O.S. Amitiés.

Voici une photo de mon correspondant. Il habite en Espagne. Il est gentil, il a l'esprit imaginatif et il est très beau.

Voici une photo de ma correspondante. Elle est jolie ! Elle habite en Irlande. Elle est gentille et très généreuse.

SONDAGE			
Vous êtes à la recherche d'un(e) correspondant(e). Mais pour vous, quelles sont les qualités les plus importantes ?			
	Très important	**Assez important**	**Peu important**
calme			
intelligent			
sportif			✔
amusant			
gentil	✔		
sympa			
optimiste			
ambitieux			
tolérant		✔	
imaginatif			
patient			
travailleur			

On pose à six jeunes personnes la question du sondage. Ecoute leurs réponses.
Listen to six young people reply to the question asked in the survey. Tick the qualities they mention. What is the most frequently mentioned quality?

Pour toi, quelle est la qualité la plus importante ?

Quelques qualités : au masculin et au féminin

Mon correspondant est sérieux

Ma correspondante est sérieuse

Ecris les adjectifs suivants au féminin.

1. intelligent → *intelligente*
2. calme → calme
3. joyeux → joyeuse
4. sportif → sportive
5. ambitieux → ambitieuse
6. amusant → amusante
7. enthousiaste → enthousiaste
8. tolérant → tolérante
9. timide → timide
10. bavard → bavarde

11. optimiste → optimiste
12. imaginatif → imaginative
13. gentil → gentille
14. patient → patient
15. courageux → courageuse
16. sympathique → sympathique
17. compréhensif → compréhensive
18. consciencieux → consciencieuse
19. obstiné → obstinée
20. sérieux → sérieuse

Voici mon correspondant.
Ecoute la cassette. Ecris les qualités de chaque personne.

Jean est _____

Marie est _____

Sophie est _____

Yves est _____

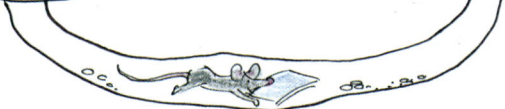

Lettre à un nouveau correspondant

Candice écrit une lettre à son nouveau correspondant, Chico.

Bayeux, le 2 mai

Cher Chico,

Salut ! Ça va ? Je suis bien contente d'être ta nouvelle correspondante. J'ai les yeux verts. J'ai les cheveux longs et frisés. Je suis asez petite – (Je fais 1.40m) – mais je suis très jolie ! J'ai 14 ans. Mon anniversaire est le 22 juillet.

J'habite une belle ville en Normandie avec mes deux parents, mon frère et mon chat. Je n'ai pas de sœur – heureusement !

J'aime bien le sport, la musique et les sorties. De nature, je suis sympa, optimiste et très bavarde !

Et toi ? Quel âge as-tu ? Es-tu grand ou petit ? As-tu des frères ou des sœurs ? Quels sont tes passe-temps ? Tu est gentil, j'espère!

Ecris-moi bientôt.

Amitiés,

Candice

Fiche personnelle

nom :	Chico
âge :	15 ans
ville :	Pont de l'Ane
taille :	1,50m
poids :	55 kilos
yeux :	bleus
cheveux :	blonds, courts
anniversaire :	le 22 août
famille :	parents, sœur, chien
passe-temps :	cinéma, mots croisés
personnalité :	sympa, paresseux

Ecris une lettre de Chico à Candice.

Write a letter that Chico might send to Candice. Use the details on the left to help you.

Tu vas écrire une lettre

Guidelines for writing a letter to your penpal.

1. **Address and date**
   These go in the top right-hand corner.

2. **Beginning**
   Cher Pierre,/Chère Sophie,

3. **Introductory comment**
   Salut ! Ça va ?
   Je suis content(e) d'être ton nouveau correspondant/ta nouvelle correspondante.
   Merci de ta lettre.

4. **Give information about yourself**
   J'aime bien le sport et la musique.
   Je m'intéresse au cinéma et à la natation.

5. **Ask questions**
   Et toi ? Comment es-tu ?
   As-tu des frères et des sœurs ?
   Quels sont tes passe-temps ?

6. **Concluding comment**
   Ecris-moi bientôt.
   A bientôt de te lire.
   En attendant le plaisir de te lire.

7. **Signing off**
   Amitiés
   Bien à toi   } followed by your name.
   Je t'embrasse

Rouen, le 2 mai
Chère Anne,
Merci de ta lettre

Je m'intéresse
au cinéma et à
la lecture. Et toi,
quels sont tes
passetemps ?

Ecris-moi
bientôt.
Amitiés,
Jean

```
Je cherche correspondant(e)
irlandais(e), âge 14-15 ans, aimant le
cinéma, la musique et les sorties. Je
collectionne les timbres.
                    Pierre
```

**Ecris une lettre
à Pierre.**

Tu recherches un(e) correspondant(e) ?

Il faut remplir cette fiche.

Nom de famille .... Age...

Prénom... Pays...

1. **Où est-ce que tu habites ?**
    J'habite
    en ville ☐ en banlieue ☐ à la campagne ☐

2. **Quels animaux domestiques as-tu ?**
    J'ai...
    un chien ☐ un lapin ☐ un poney ☐
    un chat ☐ une tortue ☐ des poissons rouges ☐

3. **Qu'est-ce que tu aimes collectionner ?**
    J'aime collectionner...
    des timbres ☐ des autocollants ☐ des cartes postales ☐
    des posters ☐ des autographes ☐ des pièces de monnaie ☐

4. **Comment est-ce que tu t'amuses ?**
    Je m'intéresse surtout...
    au sport ☐ à la danse ☐ aux voitures ☐
    au cinéma ☐ à la lecture ☐ aux vêtements ☐

5. **Est-ce que tu joues d'un instrument ?**
    Je joue...
    du piano ☐ de la guitare ☐ de l'accordéon ☐

6. **Que fais-tu le week-end ?**
    Le week-end...
    je sors avec mes amis ☐ je reste à la maison ☐

7. **Choisis 3 mots pour décrire ta personnalité :**
    sympa ☐ gentil ☐ sportif ☐ bavard ☐
    patient ☐ amusant ☐ timide ☐ obstiné ☐

Deux correspondants
Ecoute la cassette et coche les cases ci-dessus.
Alain and Julie are penpals. Listen to how they describe themselves. Tick the boxes in the form above.

Deux lettres
Write a letter from Alain to Julie... and the reply.

Exercices

1. Mets l'article défini (le, la, l' ou les) devant le nom.

1. _____ piano

2. _____ guitare

3. _____ timbres

4. _____ copain

5. _____ copine

6. _____ ordinateur

7. _____ cyclisme

8. _____ musique

9. _____ athlétisme

10. _____ violon

11. _____ animaux

12. _____ fiche

13. _____ mode

14. _____ danse

15. _____ dessins animés

2. Ecris le mot qui convient dans le blanc.

1. Où est-ce que tu _____ ? J'habite _____ banlieue.

2. Tu _____ des animaux domestiques ? Oui, j'ai _____ chien.

3. Qu'est-ce que tu _____ collectionner ? J'aime collectionner _____ posters.

4. Que fais-tu _____ t'amuser ? Pour m'amuser, je _____ du sport.

5. Est-ce que _____ joues d'un instrument ? Oui, je joue _____ guitare.

6. _____ fais-tu le week-end ? Le week-end, je _____ avec mes copains.

7. Tu _____ sportif ? Oui, je suis _____ sportif.

8. Comment est-ce _____ tu t'amuses ? Je m'intéresse à la danse.

9. Tu _____ du sport ? Oui, je joue _____ foot.

10. Tu t'intéresses _____ cinéma ? Non, je préfère _____ concerts.

Les copains : Nicole et Christophe décrivent un ami.
Ecoute ton CD. Remplis les détails dans la grille.

	Nicole	Christophe
friend's age		
colour of eyes		
personality		
interests		
father's job		
mother's job		
one fault		

Les Signes du Zodiaque

BÉLIER
21 mars–20 avril

TAUREAU
21 avril–21 mai

GÉMEAUX
22 mai–21 juin

CANCER
22 juin–22 juillet

LION
23 juillet–23 août

VIERGE
24 août–23 septembre

BALANCE
24 septembre
–23 octobre

SCORPION
24 octobre–22 novembre

SAGITTAIRE
23 novembre–21 décembre

CAPRICORNE
22 décembre–20 janvier

VERSEAU
21 janvier–18 février

POISSONS
19 février–20 mars

1. **Dis ton anniversaire et ton signe.** ⟶   *Mon anniversaire est le 7 juin. Je suis Gémeaux.*
   Un exercice pour toute la classe !

Ordinal numbers

To form:
- Add -ième to cardinal numbers
  six ➜ *six*ième
- Cardinals ending in 'e' drop the 'e'
  quatre ➜ *quatr*ième
- 'The first' is *le premier/la première*
- Pay especial attention to 5th and 9th
  *cinq*uième, *neu*vième

janvier est le *premier* mois
février est le *deuxième* mois
mars est le *troisième* mois
avril est le *quatrième* mois
mai est le *cinquième* mois
juin est le *sixième* mois
juillet est le *septième* mois
août est le *huitième* mois
septembre est le *neuvième* mois
octobre est le *dixième* mois
novembre est le *onzième* mois
décembre est le *douzième* mois

2. **Quel est le premier jour de la semaine ?**
   Quel est le deuxième jour… ?
   Continue !

Grammaire : le futur

STEM ENDING

The Future Tense is very simple to form.

STEM   +   ENDING

(infinitive of verb)   (like *avoir* in present, minus *av* in *nous* and *vous* forms)

	ai
	as
donner	a
finir	ons
vendr*	ez
	ont

* Verbs of the -RE group drop the 'e'.

je donnerai	je finirai	je vendrai
tu donneras	tu finiras	tu vendras
il / elle donnera	il / elle finira	il / elle vendra
nous donnerons	nous finirons	nous vendrons
vous donnerez	vous finirez	vous vendrez
ils / elles donneront	ils / elles finiront	ils / elles vendront

Thousands of verbs (including many that are irregular in the present tense) form the future tense as shown above.

- The future stem always ends in 'r'.
- The endings are always the same – so learn them by heart!

boire	:	je boirai
lire	:	je lirai
mettre	:	je mettrai
prendre	:	je prendrai
écrire	:	j'écrirai

J'arriverai demain.

demain	tomorrow
ce soir	this evening
lundi prochain	next Monday
la semaine prochaine	next week
l'année prochaine	next year

Lundi prochain, je prendrai le métro.

Voici Fifi. Demain...

elle partira   elle arrivera   elle parlera   elle écrira

elle sortira   elle attendra   elle mangera   elle dormira

Et voici Fifi et sa sœur jumelle, Loulou. Jeudi prochain...

elles partiront   elles voyageront   elles arriveront   elles regarderont

elles liront   elles riront   elles perdront   elles pleureront

Choisis un verbe qui convient. Mets ce verbe au futur dans la phrase.

1. Demain, tu _écriras_ une lettre.
2. Ce soir, il _lira_ un roman.
3. La semaine prochaine, nous _arriverons_ à Paris.
4. L'année prochaine, elle _partira_ dur à l'école.
5. S'il pleut, je _mettrai_ mon manteau.
6. Si j'ai faim, je _mangerai_ une pomme.
7. Jeudi prochain, vous _travaillerez_ à six heures.
8. Ce week-end, elles _regarderont_ la télévision.
9. Mardi soir, nous ~~travaillerons~~ _prendrons_ le métro.

arriver
mettre
écrire
partir
lire
travailler
prendre
manger
regarder

Un petit mot

Memo

1 A l'attention de : *Maman*
Message : *Papa travaille tard ce soir. Il rentrera vers dix heures. Il téléphonera plus tard.*
Marie

Memo

2 A l'attention de : *Sophie*
Message : *Impossible de venir demain comme prévu – Papa est malade. J'arriverai dimanche à 12h.*
Jean

Memo

3 A l'attention de : *Marie*
Message : *Coup de téléphone de Martine (11h). Elle passera une quinzaine chez nous cet été. Je sors retrouver Marc à la gare. A bientôt.*
Maman

Memo

4 A l'attention de : *Patrick*
Message : *Olivier arrivera chez Jérôme ce soir à 8h. Tu apporteras ton appareil ? La boum finira à minuit. Tu rentreras à pied ! Amuse-toi bien !*
Papa

Compréhension : réponds aux questions en anglais.

1
1. Why will Father be late?
2. When will he 'phone?

2
1. When was Jean expected?
2. When will he arrive?

3
1. How long is Martine coming for?
2. Where has Mother gone?

4
1. Why is Olivier going to Jérôme's?
2. How will Patrick get home?

Present of *aller* + Infinitive = the future

Exemples

Je vais sortir = Je sortirai

Tu vas tomber = Tu tomberas

Il va finir = ——————————

Nous allons vendre = ——————————

Vous allez lire = ——————————

Elles vont rire = ——————————

Exercices

1. Ecris ces verbes au futur.

1. Je _chanterai_ ✓ *(chanter)*
2. Tu _choisiras_ ✓ *(choisir)* to choose
3. Elle _attendra_ ✓ *(attendre)* to wait for
4. Vous _mettrez_ ✓ *(mettre)*
5. Ils _liront_ ✓ *(lire)*
6. Nous _écrirons_ ✓ *(écrire)*
7. Il _aimera_ ✓ *(aimer)*
8. Je _rirai_ ✓ *(rire)*
9. Tu _saisiras_ ✓ *(saisir)*
10. Elle _lira_ ✓ *(lire)*
11. Vous _prendrez_ ✓ *(prendre)* to take
12. Je _sortirai_ ✓ *(sortir)* to go out
13. Il _cherchera_ ✓ *(chercher)* to look for
14. Ils _perdront_ ✓ *(perdre)* to loose
15. Tu _joueras_ ✓ *(jouer)* to play
16. Elle _entendra_ ✓ *(entendre)* to hear

2. Mets au futur.

1. Je cherche _Je chercherai_
2. Il saisit _____
3. Elle vend _____
4. Nous habitons _____
5. Vous buvez _____
6. Ils lisent _____
7. Tu sais _____
8. Je sors _____
9. Elle pense _____
10. Tu punis _____
11. Il attend _____
12. Nous prenons _____
13. Tu oublies _____
14. J'entends _____
15. Vous restez _____
16. Elles sortent _____

Le journal intime de Sylvie
Ecoute ton CD. Sylvie lit quelques extraits de son journal intime.
Réponds aux questions.

1. According to her diary, who goes on holidays with Sylvie?
2. What is the weather like in Cannes?
3. How does she spend Monday morning?
4. What sport does she take part in that afternoon?
5. On Tuesday, she visits a castle. Where is it situated?
6. From which century does the castle date?
7. On Wednesday, at what time does she meet Patrice?
8. What is her feeling at the end of the holiday?

Les pays

Ecoute la cassette : comment est-ce qu'on prononce les pays en français ?

Ecoute la cassette. Remplis les détails qui manquent.

Le pays	Les habitants	La langue
la France	les Français	le français
l'Allemagne	les Allemands	l'allemands
l'Angleterre	les anglais	l'anglais
l'Irlande	les Irlandais	l'irlandais
l'Espagne	les espagnol	l'espagnol
l'Italie	les Italiens	l'italien
le Portugal	les Portugais	le portugais
la Russie	les Russes	le russe
la Suède	les Suédois	le suédois
la Suisse	les Suisses	le français, l'allemand
le Danemark	les Danois	le Danois
la Belgique	les Belges	le français, le flamand

Note that countries and people get capital letters. Languages do not get capital letters. An adjective does not get a capital letter.

un timbre français
une ville française

J'habite au Canada.

J'habite aux Etats-Unis.

J'habite en France.

J'habite en Irlande.

1. If a country ends in 'e', it's feminine: en + country:
en France, en Espagne, en Irlande

2. If a country does not end in 'e', it's masculine: au + country:
au Portugal, au Danemark, au Canada

3. If a country is plural: aux + country:
aux Pays-Bas, aux Etats-Unis

Anne et ses correspondants

Anne habite en France avec ses parents.
Elle est enfant unique. Elle écrit beaucoup
de lettres. En effet, elle a des correspondants
et des correspondantes dans presque tous les
pays du monde : en Allemagne, en
Angleterre, en Italie, en Australie, au
Canada, aux Etats-Unis – partout !

La sacoche du facteur est toujours très
lourde en arrivant chez elle. Tous les soirs,
après son dîner, elle monte dans sa chambre
pour lire les lettres de cette journée. Elle
ouvre les enveloppes, elle en retire les
feuilles et elle commence à lire.

Ses correspondants écrivent en français,
en allemand, en anglais, en italien, en
espagnol. Il faut consulter très souvent les
dictionnaires ! Anne aime regarder les
timbres sur les enveloppes. Elle a trois
albums pleins de timbres. Elle adore ces
beaux tableaux en miniature.

**Ecoute sur la cassette cette histoire.
Compréhension : vrai ou faux ?**

	VRAI	FAUX
1. Anne n'a pas de frère ou de sœur.	☐	☐
2. Tous ses correspondants habitent en Europe.	☐	☐
3. Le facteur ne lit pas les lettres.	☐	☐
4. Elle lit ses lettres au salon.	☐	☐
5. Anne collectionne les timbres.	☐	☐
6. Elle aime les timbres mais elle préfère les tableaux.	☐	☐

1. Mets au futur les verbes entre parenthèses.

1. Je ___donnerai___ un cadeau à mon père lundi prochain.   (donner)
2. Il ___écrira___ une lettre demain.   (écrire)
3. Nous ___prendrons___ le train jeudi prochain.   (prendre)
4. Ils ___partiront___ demain vers deux heures.   (partir)
5. Vous ___dormirez___ bien ce soir.   (dormir)
6. Elle ___finira___ ses devoirs à six heures.   (finir)
7. Tu ___vendras___ des fruits au marché demain matin.   (vendre)
8. Elles ___parleront___ à leurs copines mardi prochain.   (parler)

LE COIN DE L'AMITIÉ

Salut ! Je m'appelle Jean. J'ai 14 ans et je veux correspondre avec des filles de 13–14 ans. J'aime le cinéma, le sport et la danse – surtout les slows ! Photo si possible. Réponds-moi vite !

Moi, c'est Julie. J'ai 15 ans. Je suis gentille et très compréhensive. Je veux correspondre avec un garçon de mon âge : sympa, cool, aimant rire et s'amuser. Réponds-moi vite !

2. Tu recherches un(e) correspondant(e) français(e). Ecris une lettre à Jean ou à Julie.

In your letter, give a description of yourself, say where you live, list your pastimes. Say what you will do next summer.

Le portrait de Marc
Ecoute la cassette et remplis les détails qui manquent dans cette fiche.

Nom : .... *Marc*
Age : ....
Anniversaire : *le 27 janvier*
Signe du zodiaque : ....
Nationalité : ....
Taille : *1.60m*
Poids : *55 kilos*
Cheveux : ....
Yeux : .... *gris*
Passe-temps : ....
Personnalité : ...... *patient et*

C'est quel pays ?
Comment s'appellent les habitants du pays ?
Quelle langue parle-t-on dans ce pays ?

1.

2.

3.

4.

5.

6.

Moi, j'adore les drapeaux.

On fait les courses

In this section, you will...

- learn the names of shops
- find out what you can buy in each shop
- make out a shopping list
- take part in role-play situations
- see what you can buy in a **bureau de tabac**
- go shopping in a supermarket

In grammar, you will...

- study irregular verbs in the Future Tense

Le supermarché a le meilleur choix de provisions. Mais, dans tous les quartiers, vous trouverez aussi un petit magasin pour vos achats quotidiens.

Odile fait les courses

- une baguette
- 1 kilo de farine
- 250 g. de pâté
- 1 kilo de veau
- paquet d'enveloppes
- des roses

Une liste à la main, Odile fait les courses. Elle achète une baguette à la boulangerie. Elle parle à la boulangère.

Elle va à l'épicerie acheter un kilo de farine. L'épicier est gentil.

Pour acheter du pâté, il faut aller à la charcuterie. Odile en achète 250 grammes.

Ensuite elle entre dans la boucherie. «Un kilo de veau, s'il vous plaît», dit-elle au boucher.

La papeterie se trouve au coin de la rue. Odile y achète un paquet d'enveloppes. Elle va écrire à son correspondant.

Enfin, elle va chez la fleuriste. Elle veut acheter un bouquet de roses. Demain, elle donnera ces jolies fleurs à sa mère pour son anniversaire.

Mots-clés

To go shopping:

faire	des courses
	des achats
	des commissions
	des emplettes
	du shopping

l'épicerie

du café
du thé
de la farine
du sucre
des céréales
de la confiture
des chips

la crémerie

du lait
du beurre
du fromage
de la crème
un yaourt
une glace

la charcuterie

du jambon
du pâté
une saucisse
du saucisson
un poulet rôti
des plats cuisinés
une quiche

la boulangerie

du pain
une baguette
une flûte
un petit pain
des croissants

la pâtisserie

un gâteau
une tarte aux pommes
des éclairs

la boucherie

un gigot d'agneau
du bifteck
un rôti de bœuf
du veau
une côtelette de porc

la librairie

la papeterie

du papier à lettres
des enveloppes
de l'encre
un carnet

la confiserie

un livre
un dictionnaire
une revue
un cahier

des bonbons
des chocolats

Ecoute cette liste de magasins et les articles que l'on vend dans chaque magasin.

Combien en voulez-vous ?

1	une bouteille de un litre de un demi-litre de	vin lait Coca-cola bière
2	un pot de	confiture yaourt
3	une boîte de	petits pois sardines chocolats
4	une douzaine d' une demi-douzaine d'	œufs
5	un kilo de une livre de 500 grammes de 250 grammes de 3 tranches de	fromage jambon pâté saucisson
6	un morceau de	quiche pizza
7	un paquet de	biscuits chips bonbons

1. une bouteille de vin

2. un pot de confiture

3. une boîte de petits pois

4. une douzaine d'œufs

5. 1 kilo de fromage

6. 2 morceaux de pizza

7. un paquet de chips

Aide Jean à faire les courses. Regarde les listes.
Name the shop, the item and the amount.

- boeuf
- baguette
- lait
- céréales
- jambon

- yaourt
- chocolats
- petits pois
- quiche
- cahier

Exemple 1 :
A la boucherie,
il achète un
kilo de bœuf.

Exemple 2 :
A la crémerie,
il achète un pot
de yaourt.

Exercices

1. Mets de, du, de la, de l' ou des dans le blanc.

1. un litre _____ lait
2. _____ encre
3. _____ vin
4. _____ œufs
5. _____ farine

6. _____ beurre
7. _____ veau
8. un paquet _____ chips
9. _____ confiture
10. _____ céréales

11. _____ crème
12. _____ fromage
13. _____ enveloppes
14. _____ pâté
15. un kilo _____ bifteck

2. Fais accorder l'adjectif.

1. Les gâteaux sont _____ .
   (bon)

2. La farine est _____ .
   (blanc)

3. La bière est _____ .
   (excellent)

4. Les bonbons sont _____ .
   (délicieux)

5. La crème est _____ .
   (mauvais)

6. Cet épicier est _____ .
   (sympa)

7. Cette fleuriste est _____ .
   (gentil)

8. Ces glaces sont _____ .
   (délicieux)

9. Ce pâté est _____ .
   (bon)

10. Cette crème est _____ .
    (frais)

On fait du shopping.
Ecoute ton CD. Remplis les détails dans la grille.

	Type of shop	Items bought
1		1. 2.
2		1. 2.
3		1. 2.
4		1. 2.
5		1. 2.

Les magasins et les commerçants

LA BOUCHERIE
le boucher
la bouchère

LA BOULANGERIE
le boulanger
la boulangère

L'ÉPICERIE
l'épicier
l'épicière

LA CHARCUTERIE
le charcutier
la charcutière

LA CRÉMERIE
le crémier
la crémière

LA LIBRAIRIE
le libraire
la libraire

Complète ces phrases.

1. Chez le boulanger, on achète ___*des baguettes*___ et _____.

2. A la boucherie, _____ un gigot d'agneau.

3. Chez la crémière, on achète un pot de _____.

4. _____, on vend des livres.

5. Chez le _____, on achète un saucisson de 250 grammes.

6. _____ pâtisserie, on achète une _____.

7. A la confiserie, on vend _____.

8. A l'épicerie, on achète un _____ de chips.

9. Chez l'épicier, on achète une livre de _____.

10. A la _____, on vend des enveloppes et _____.

11. _____ crémerie, on vend du lait et _____.

12. Chez le patissier, _____.

Toi, tu fais les courses

Avez-vous .... ?

«Vous désirez ?»

Ecris la liste pour chaque magasin.

6 croissants
1 kg de farine
250g de pâté
un rôti de bœuf
confiture d'oranges
un poulet rôti
2 baguettes
chips (3 paquets)
2 côtelettes d'agneau
500g de veau
une flûte

Epicerie
Boulangerie
Boucherie
Charcuterie

Moi, je préfère le supermarché. Je peux acheter tout sous le même toit. C'est moins fatigant !

Cherche l'intrus !

Quel est le mot qui ne va pas avec les autres ?

1. du fromage, du lait, de la confiture, un yaourt
2. la boulangère, la boucherie, l'épicerie, la librairie
3. des enveloppes, des bonbons, de l'encre, un carnet
4. de la farine, du sucre, des chips, du bifteck
5. du vin, du lait, de la bière, des petits pois
6. le libraire, le charcutier, le cahier, l'épicier

Conversations aux magasins

🦻 **1. Ecoute ces conversations.**

A l'épicerie :	A la boulangerie :
– Bonjour, Monsieur. Vous désirez ?	– Oui, Madame ? Vous désirez ?
– Une bouteille de vin rouge, s'il vous plaît.	– Donnez-moi 2 baguettes, s'il vous plaît.
– Voilà. Et avec ça ?	– Voilà, Madame. C'est tout ?
– Un kilo de sucre.	– Vous avez une tarte aux pommes ?
– Voilà, Monsieur. Ça fait 8 euros.	– Oui, voilà.
– Merci, Madame. Au revoir.	– Ça fait combien en tout ?
	– Ça fait 5 euros, Madame.
A la boucherie :	**A la crémerie :**
– Oui, Monsieur ?	– Bonjour, Madame. Vous désirez ?
– Deux gigots d'agneau, s'il vous plaît.	– Trois litres de lait, s'il vous plaît ?
– Je regrette, Monsieur. Je n'ai pas d'agneau.	– Voilà. Et avec ça ?
– Donnez-moi alors 2 côtelettes de porc.	– Un kilo de beurre.
– Bon. Deux côtelettes de porc. Ça fait 4 euros, Monsieur.	– Voilà. C'est tout, Madame ?
	– Oui, Monsieur. Ça fait combien ?
	– Neuf euros, Madame.

2. Anne et Luc font les courses.
Ecoute leurs conversations. Complète les détails qui manquent.

Chez l'épicier
1 kg. de _sucre_
une boîte de _sardines_
2 paquets de _shio_ *crisps*
un pot de _confiture_
Total: €7.

Chez le crémier
3 litres de _lait_
1 kg. de _bur_
500 g. de _fromage_
un demi-litre de _crème_
Total: €11.56

Au bureau de tabac

Vous voulez acheter des timbres ? Cherchez la «carotte» rouge. Regardez cette enseigne rouge. C'est l'enseigne d'un bureau de tabac. On trouvera ce magasin partout en France – dans tous les villages et dans toutes les villes.

Au bureau de tabac, on achète du tabac et des cigarettes. On y achète aussi des timbres, des cartes postales, des journaux, des revues et des télécartes (pour le téléphone). Les touristes aiment y acheter des pipes et des briquets comme souvenirs.

Monsieur Legrand est le propriétaire de ce bureau de tabac. Il est buraliste. Un homme entre dans son magasin.
– Vous désirez, Monsieur ?
– Un paquet de Gauloises et des allumettes, s'il vous plaît.
– Voilà, Monsieur. C'est tout ?
– Oui. Ça fait combien ?
– 4,50 €, s'il vous plaît.

Une touriste examine les cartes postales. Elle en choisit une.
– Quel timbre met-on pour l'Irlande ?
– Pour l'Irlande, un timbre à 46 centimes.
– Bon. Un timbre à 46 centimes et cette carte postale.
– Ça fait 1,46 €, Madame.
– Merci, Monsieur. Au revoir.

Grammaire : le futur – les verbes irréguliers

In *Chapitre 5* you learned how the Future Tense of most verbs in French can be formed.

The following verbs have an **irregular future stem.**

être	to be	je serai	**venir**	to come	je viendrai
avoir	to have	j'aurai	**tenir**	to hold	je tiendrai
aller	to go	j'irai	**mourir**	to die	je mourrai*
envoyer	to send	j'enverrai*	**faire**	to make/to do	je ferai
appeler	to call	j'appellerai	**savoir**	to know	je saurai
jeter	to throw	je jetterai	**pouvoir**	to be able	je pourrai*
mener	to lead	je mènerai	**voir**	to see	je verrai*
lever	to lift	je lèverai	**vouloir**	to wish	je voudrai
acheter	to buy	j'achèterai	**recevoir**	to receive	je recevrai
nettoyer	to clean	je nettoierai	**devoir**	to have to	je devrai
essuyer	to wipe	j'essuierai	**pleuvoir**	to rain	il pleuvra
courir	to run	je courrai*	**s'asseoir**	to sit down	je m'assiérai

Note 1   The endings of all verbs in the future tense are:
   -ai, -as, -a, -ons, -ez, -ont

Note 2   Every future stem ends in **-r**.

Note 3   Five verbs have **-rr** in the stem (marked * above).

Demain matin, j'irai à l'école.

A quatre heures, j'achèterai une glace.

Après le dîner, je ferai les courses.

Je recevrai beaucoup d'argent !

Exercices

1. Ecris au futur.

1. Je _Chanterai_ ✓ *(chanter)*
2. Tu _finiras_ ✓ *(finir)*
3. Elle _vendra_ ✓ *(vendre)*
4. Nous _serons_ ✓ *(être)*
5. Ils _auront_ ✓ *(avoir)*
6. Vous _ferez_ ✓ *(faire)*
7. Il _verra_ ✓ *(voir)*
8. J' _irai_ ✓ *(aller)*

9. Tu _____ *(jeter)*
10. Je _____ *(mener)*
11. Elles _enverront_ ✓ *(envoyer)*
12. Il _viendra_ ✓ *(venir)*
13. Nous _pourrons_ ✓ *(pouvoir)*
14. Elle _____ *(appeler)*
15. Vous _voudrez_ ✓ *(vouloir)*
16. Il _pleuvra_ ✓ *(pleuvoir)*

2. Ecris ces phrases au pluriel.

1. Il mange un œuf ➜ _____*Ils mangent des œufs.*_
2. Elle a un panier ➜ _____
3. Je vois le magasin ➜ _____
4. Il parle au boulanger ➜ _____
5. Ce supermarché est grand ➜ _____
6. Il donnera une glace au garçon ➜ _____
7. Tu écriras une lettre ➜ _____
8. Elle achètera un pot de confiture ➜ _____

Madame Lafitte fait les courses.
Ecoute ton CD. Réponds aux questions en anglais.

1. At what time does Madame Lafitte set out?
2. Why does she prefer the local grocer's shop?
3. What age is the grocer?
4. Write down two items that she buys?
5. What does she not manage to buy?
6. Where does she go next?
7. Whom does she meet there?
8. At what time does she return home?

1. Mets au futur les verbes entre parenthèses.

1. Demain matin, je ___serai___ à la gare. *(être)*
2. Jeudi prochain, je ___verrai___ mon copain. *(voir)*
3. L'année prochaine, il ___partira___ en Espagne. *(partir)*
4. Cet été, nous ___ferons___ une excursion à la campagne. *(faire)*
5. Ce soir, ils ___pourront___ sortir. *(pouvoir)*
6. Demain, vous ___aurez___ de la chance ! *(avoir)*
7. Demain après-midi, elle ___ira___ au magasin. *(aller)*

2. Ecris les phrases suivantes au futur.

1. Aujourd'hui, je fais des courses.
   Demain, je ferai des courses.

2. Aujourd'hui, je vais à la plage.
   Demain, __il ira__

3. Aujourd'hui, elle va à l'école en courant.
   Demain, ...

4. Aujourd'hui, nous voyons nos amis.
   Demain, ...

5. Aujourd'hui, il peut aller au cinéma.
   Demain, ...

6. Aujourd'hui, il pleut.
   Demain, ...

7. Aujourd'hui, je vais à l'école à vélo.
   Demain, ...

8. Aujourd'hui, ils sont contents.
   Demain, ...

C'est Chico !

Qu'est-ce qu'il fera demain ? Ecoute la cassette.

«Demain matin je me lèverai à huit heures. Je ferai ma toilette dans la salle de bains.

Puis je prendrai mon . A huit heures et demie, je quitterai la

maison. J'irai à l'école à vélo. Je jouerai avec mes .

Vers cinq heures de l'après-midi, je rentrerai chez moi. J'aurai faim. Je mangerai

un . Après ça, je ferai les courses. D'abord, j'irai à l'épicerie. J'achèterai

un kilo de farine et un . Puis, j'irai chez le boucher et j'y

achèterai de la viande.

En rentrant chez moi, je verrai ma , Anne. Je parlerai un peu

avec elle. J'arriverai chez moi à six heures.

Je ferai mes et, après, je regarderai la télévision. Je lirai

peut-être une revue. Je me coucherai vers dix heures.»

**Demain matin, Chico se lèvera à huit heures.
Il fera sa toilette... Continue cette histoire !**

1. A la boucherie, on achète...

(a) de la viande.
(b) des gâteaux.
(c) des légumes.
(d) des cadeaux. ❏

2. A la crémerie, on achète...

(a) des bonbons.
(b) des plats cuisinés.
(c) des produits laitiers.
(d) des saucisses. ❏

3. Voici l'épicière. Elle vend...

(a) des jouets.
(b) du veau.
(c) de l'encre.
(d) des produits alimentaires. ❏

4. Pour acheter des timbres, il faut aller...

(a) au bureau de tabac.
(b) à la confiserie.
(c) chez le pâtissier.
(d) à la papeterie. ❏

5. Voici Chantal. Demain, ...

(a) elle fera ses devoirs.
(b) elle fera le ménage.
(c) elle fera la vaisselle.
(d) elle fera des achats. ❏

6. Demain soir, j'achèterai des chips...

(a) au restaurant.
(b) chez l'épicier.
(c) à la confiserie.
(d) au marché. ❏

7. Jean dit: «J'irai chez le libraire...

(a) acheter un dictionnaire.»
(b) acheter de l'encre.»
(c) acheter des souvenirs.»
(d) acheter une flûte.» ❏

Au supermarché

Vous sortez faire les courses. Vous avez besoin de beaucoup de choses : de la viande, des légumes frais, du pain, des boîtes de conserves. Que faire ? Vous allez au supermarché ou à l'hypermarché, bien sûr ! Là, vous pourrez acheter tout sous le même toit.

Au supermarché ou à l'hypermarché, c'est moins cher et il y a plus de choix que dans les petits magasins. Au rez-de-chaussée, vous trouverez le rayon d'alimentation : mettez les provisions dans un chariot. Si vous montez au premier étage, vous y trouverez les rayons des chaussures et des vêtements. Au sous-sol, vous trouverez le rayon des meubles.

– PRISUNIC –

le Grand Magasin qui équipe toute la maison

2e étage	Meubles, Chaussures
1er étage	Mode Femmes et Hommes, Jouets
Rez-de-chaussée	Alimentation
Sous-sol	Loisirs, Bricolage Electroménager

Ouvert tous les jours même le dimanche

Compréhension :
vous faites des achats à Prisunic.

1. Where would you find the grocery department?
2. Where would you buy a fridge?
3. Where would you buy a table?
4. Where would you buy a hammer?
5. Where would you buy a coat?
6. How many days of the week is Prisunic open?

Les rayons

> Pour acheter une paire de chaussures ?

> Il faut aller au rayon des chaussures.

C'est quel rayon ?
Parle avec un partenaire.

Où faut-il aller pour acheter...?

– un tapis *carpet*
– un pantalon *pants*
– un jouet *toy*
– un roman *novel*
– un parfum *parfume*
– des sandales
– une raquette de tennis *racket*
– une valise *suitcase*
– une boîte de sardines
– une chaise *chair*
– un jeu *a game*
– un marteau *hammer*

DISQUES	CD
PARFUMS	
JOUETS	toys
VETEMENTS	cloths
TAPIS	carpets
ALIMENTATION	food
LIVRES	book
JEUX	games
CHAUSSURES	shoes
SPORT	
BRICOLAGE	DIY
MEUBLES	furniture
BAGAGES	Bags

Numérote les affiches.
1. Trolleys
2. Basement
3. Washing powders
4. Shoe repairs
5. Special offer
6. Sale on
7. Poultry
8. Grocery department
9. Wine cellar
10. Self-service
11. Exit
12. Checkout

LESSIVES *till*
Alimentation *exit*
CAISSE
SORTIE
SOLDES *sales*
Volailles *poultry*
SOUS-SOL *Basement*
Réparation Chaussures *shoe repair*
PROMOTION *special offer promotion*
LIBRE SERVICE *self service*
CHARIOTS *trolleys*
CAVE

**Role-play : tu fais les courses.
Travaille avec un partenaire.**

Vous désirez, M_____ ?

SUCRE

VIN ROUGE

LAIT

NOIX

Et avec ça ?

C'est tout ?

CONFI

FARINE 1Kg.

Ça fait combien ?

Merci, M_____. Au revoir.

Associations : relie les bonnes paires

Chez le boucher, j'achète...	une baguette.
Chez le boulanger, j'achète...	une boîte de chocolats.
Chez le charcutier, j'achète...	un kilo de bœuf.
Chez le confiseur, j'achète...	un litre de lait.
Chez le crémier, j'achète...	un pot de confiture.
Chez l'épicier, j'achète...	cinq tranches de jambon.
Chez le libraire, j'achète...	une tarte aux pommes.
Chez le papetier, j'achète...	une livre de saumon.
Chez le pâtissier, j'achète...	un roman.
Chez le poissonnier, j'achète...	un paquet d'enveloppes.

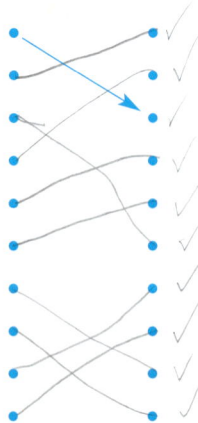

Révisions

Ecris au futur.

1. Je _____ donnerai _____ ✓ (donner)
2. Tu _____ finiras _____ ✓ (finir)
3. Elle _____ vendra _____ ✓ (vendre)
4. Nous _____ travaillerons _____ ✓ (travailler)
5. Vous _____ mettrez _____ ✓ (mettre)
6. Ils _____ boiront _____ ✓ (boire)
7. Je _____ serai _____ ✓ (être)
8. Il _____ aura _____ ✓ (avoir)
9. Tu _____ verras _____ ✓ (voir)
10. Nous _____ ferons _____ ✓ (faire)

11. Elle _____ oubliera _____ ✓ (oublier) *to forget*
12. Vous _____ choisirez _____ ✓ (choisir)
13. Elles _____ attendront _____ ✓ (attendre)
14. Tu _____ iras _____ ✓ (aller)
15. Je _____ pourrai _____ ✓ (pouvoir)
16. Ils _____ viendront _____ ✓ (venir)
17. Nous _____ courrons _____ ✓ (courir)
18. Elle _____ (mourir)
19. Vous _____ (jeter)
20. Il _____ pleuvra _____ ✓ (pleuvoir)

On fait les achats. Ecoute la cassette.
Name the shop, the item(s) bought and the price.

Shop: _____

Item(s): _____

Price: _____

Jean

Shop: _____

Item(s): _____

Price: _____

Marie

Shop: _____

Item(s): _____

Price: _____

André

Shop: _____

Item(s): _____

Price: _____

Jeanne

Shop: _____

Item(s): _____

Price: _____

Philippe

Shop: _____

Item(s): _____

Price: _____

Françoise

On prend le train

7

In this section, you will...

- find out about the French railway system
- listen to people who prefer to travel by train
- look at signs at a railway station
- study the 24-hour clock
- book a ticket for a train journey
- visit the Metro

In grammar, you will...

- learn how to form adverbs
- study the *Direct Object Pronoun* (**me, te,...**)

Beaucoup de voyageurs préfèrent prendre le train.
    C'est le moyen de transport le plus rapide, le plus économique et le plus confortable.
    Maintenant on peut faire le voyage de Londres à Paris en train en trois heures !

En France, on peut voyager par le train – dirigé par la SNCF (La Société Nationale de Chemins de Fer Français).

Les trains français sont excellents. Ils sont rapides et propres. Chaque année ils transportent plus de 650 millions de voyageurs.

«Moi, je prends le train. C'est le moyen de transport le plus rapide. Il arrive toujours à l'heure.»

«Je préfère le train. C'est plus économique que l'auto. Je lis le journal pendant le voyage.»

«J'aime bien le train. C'est plus confortable que l'autobus et moins dangereux que la voiture.»

«C'est le moyen de transport le plus écologique. Avec le train, il y a très peu de pollution.»

Pour les longs voyages, on peut prendre le TGV – le «train à grand vitesse». Il existe depuis 1981. C'est le train le plus célèbre de France… et le plus rapide du monde.

Il roule à 260 km à l'heure. Le voyage de Paris à Lyon (distance 475 km) prend deux heures tout juste.

Les chemins de fer français

Voici une carte de la France. Sur la carte vous voyez les grandes lignes de chemin de fer.

Vous voyez aussi que Paris est le centre du réseau de chemin de fer français.

Toutes les lignes partent de Paris.

Elles relient la capitale et les autres grandes villes de la France.

LES TRAINS

un express ....an express train
un rapide ....a fast train
un omnibus ....a slow train which stops at every station

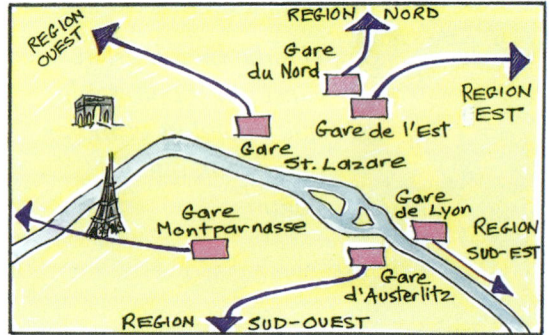

La France se divise en cinq réseaux (ou régions) pour les chemins de fer.

A Paris, il y a six gares.
Région Est : Gare de l'Est
Région Nord : Gare du Nord
Région Ouest : Gare Montparnasse et Gare St-Lazare
Région Sud-Ouest : Gare d'Austerlitz
Région Sud-Est : Gare de Lyon

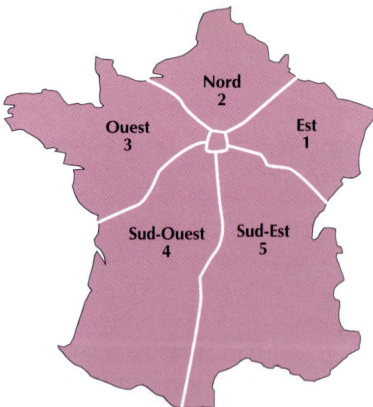

Gares et destinations

**Ecoute la question et la réponse.
Remplis les détails qui manquent.**

Pour aller à Nice, c'est quelle gare ?

C'est la Gare de Lyon.

DÉPARTS	
Destination	**Gare**
Strasbourg	Gare de l'Est............
Lille........................	....
Le Havre	....
Bretagne.................	....
....	Gare de Lyon ....
....	Gare d'Austerlitz ......
....	Gare du Nord..........
Toulouse.................	....
....	Gare St-Lazare ....

**Maintenant à toi !
C'est quelle gare ? Parle avec un partenaire.**

BREST   NANCY   MARSEILLE

BOULOGNE   LYON   LIMOGES

ROUEN   NICE

Compréhension : complète ces phrases.

1. La SNCF, c'est la Société _____

2. Les trains français sont propres et _____

3. Le train est le moyen de transport le plus _____

4. Le TGV, c'est le «train à _____»

5. Beaucoup de voyageurs prennent le TGV pour les longs _____

6. Le train est moins dangereux que_____

7. On voit les cinq grandes lignes des chemins de fer sur une _____

8. Il y a six grandes gares _____

9. Pour aller de Paris à Bordeaux, on part de la Gare _____

A la gare

Si vous voulez voyager par le train, vous allez à la gare. En y arrivant, vous cherchez le guichet pour acheter un billet.

Au guichet, il faut dire à l'employé si vous voulez un billet aller simple ou un billet aller retour, première ou deuxième classe.

En attendant le départ de votre train, vous pouvez prendre un repas au buffet de la gare. Vous pouvez laisser vos bagages à la consigne. Après le repas, vous compostez votre billet dans une machine automatique. Vous cherchez le quai et vous montez dans votre train. Bon voyage !

A la gare, vous verrez ces symboles :

Symboles et légendes : numérote les symboles.
Can you match the symbols above with the captions below?

1. Téléphone
2. Buffet
3. Fumeurs
4. Bureau de change
5. Consigne
6. Sortie

7. Salle d'attente *waiting room*
8. Toilettes
9. Guichet des billets
10. Entrée
11. Non-fumeurs
12. Consigne automatique

13. Facilités pour handicapés *handicapped facilities*
14. Bureau des objets trouvés *lost and found office*
15. Train auto-couchettes *sleeping carriages*
16. Chariots porte-bagages *luggage trolley*
17. Renseignements
18. Location de voiture

Exercices

1. Ecris au pluriel.

1. un train _____

2. une région _____

3. un autobus parisien _____

4. une carte française _____

5. la gare _____

6. le buffet _____

7. le journal _____

8. le grand animal _____

9. ce voyageur _____

10. cette place _____

11. cet homme _____

12. mon ticket _____

13. ma valise _____

14. ton chapeau _____

15. son départ _____

16. sa destination _____

2. Ecris à l'interrogatif.

1. Je vais ➜ _____

2. Tu finis ➜ _____

3. Il travaille ➜ _____

4. Ils vendent ➜ _____

5. Je boirai ➜ _____

6. Elle choisira ➜ _____

7. Nous irons ➜ _____

8. Elles feront ➜ _____

Un séjour en Normandie
Ecoute ton CD. Réponds aux questions en anglais.

1. At what time did the train leave Paris?

2. What did Jean do on arrival in Le Havre?

3. What did he do on Tuesday?

4. What was the weather like on Wednesday?

5. What did Jean see in Bayeux?

6. Which French city did he visit on Friday?

7. What did he do there?

8. At what time did Jean return home on Saturday?

Vous êtes au guichet... Phrases utiles

La réservation

Un aller simple
Un aller retour } pour Nice, s'il vous plaît.

Est-ce qu'il y a un train vers trois heures ?

Une place dans le compartiment { fumeurs.
non-fumeurs.

Le train

Est-ce que c'est { un rapide ?
un express ?
un omnibus ?

Est-ce qu'il y a { une voiture-lit ?
une voiture-restaurant ?

Est-ce que le train est direct ?
Est-ce qu'il faut changer de train ?
Est-ce qu'il y a une correspondance* ?

*a connecting train

Le départ

Le train pour Bordeaux part { à quelle heure ?
dans combien de minutes ?

Le prochain train { part
arrive } à quelle heure ?

Avez-vous un horaire des trains ?
Pour aller à Marseille, c'est quel quai ?

Dans le train

Est-ce que cette place est { occupée ?
libre ?

Le train en provenance de Nice arrive au quai numéro trois.

Le train à destination de Nice part du quai numéro cinq.

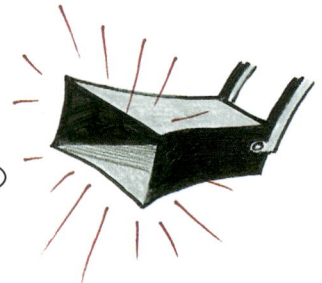

On fait des réservations

Un aller simple.

Ecoute ces dialogues.

– Vous désirez, Monsieur ?
– Un aller simple pour Avignon, en deuxième classe.
– Voilà, Monsieur. 30 euros, s'il vous plaît.
– Le prochain train part à quelle heure ?
– Dans dix minutes, à trois heures et demie.
– Il part de quel quai ?
– Du quai numéro six.

Un aller retour.

– Oui, Madame. Vous désirez ?
– Un aller retour pour Nîmes, s'il vous plaît.
– Quelle classe ?
– Première classe.
– Ça fait 35 €.
– Est-ce qu'il faut changer de train ?
– Non, Madame, c'est direct.

C'est quel quai ?

– Vous désirez, Monsieur ?
– Un aller simple pour Calais, en deuxième classe.
– Voilà. Ça fait 18 €.
– Pour aller à Calais, c'est quel quai ?
– Quai numéro sept, départ à onze heures dix.
– C'est direct ?
– Non, Monsieur. Vous changez à Amiens.

C'est direct ?

– Oui, Mademoiselle. Vous désirez ?
– Un aller retour, deuxième classe, pour Biarritz.
– Voilà, Mademoiselle. Ça fait 25 €.
– Le prochain train part à quelle heure ?
– A midi et demi.
– C'est direct ?
– Non. Il y a une correspondance à Bordeaux.

1.00 p.m. ➔ 13h (treize heures)
2.00 p.m. ➔ 14h (quatorze heures)
3.00 p.m. ➔ 15h (quinze heures)
4.00 p.m. ➔ 16h (seize heures)
5.00 p.m. ➔ 17h (dix-sept heures)
6.00 p.m. ➔ 18h (dix-huit heures)
7.00 p.m. ➔ 19h (dix-neuf heures)
8.00 p.m. ➔ 20h (vingt heures)
9.00 p.m. ➔ 21h (vingt et une heures)
10.00 p.m. ➔ 22h (vingt-deux heures)
11.00 p.m. ➔ 23h (vingt-trois heures)

Quelle heure est-il ?
Write the time by the 24-hour clock.

1. 6.10 a.m. ➔ *six heures dix*
2. 1.15 p.m. ➔ *treize heures quinze*
3. 8.20 a.m. ➔ _____
4. 10.05 p.m. ➔ _____
5. 9.30 p.m. ➔ _____
6. 3.25 p.m. ➔ _____
7. 10.40 a.m. ➔ _____
8. 11.50 p.m. ➔ _____
9. 6.10 p.m. ➔ _____

Dialogues au guichet.
Ecoute les dialogues. Remplis les détails qui manquent.

1. Quai 3
Destination: Lyon
Prix 20 €
Départ 10h15
Arrivée 12:20

2. Quai 8
Destination: Nancy
Prix 30 €
Départ 08:10 / 9:10
Arrivée 11:05

3. Quai 6
Destination: Caen
Prix 20 / 26 €
Départ 8:30
Arrivée 12:30 / 10:40

4. Quai 10
Destination: Nantes
Prix 35 €
Départ 20:00
Arrivée 22:10

5. Quai 12
Destination: Toulouse
Prix 52 / 53 €
Départ 7:30 / 12:00
Arrivée 20:00

6. Quai 9
Destination: Bordeaux
Prix 52 / 43 €
Départ 12:00
Arrivée 20:40

Ecris des dialogues.
Use the details of the answer-grids above to write dialogues similar to the ones on page 117.

Parle avec un partenaire.
Use your written dialogues for role-play situations.

Un horaire

		14 Rapide	20 Express	27 Rapide
Paris (Gare de Lyon)	D	08.00	09.30	11.04
Lyon	A	13.04	14.15	16.08
	D	13.10	14.20	16.12
Marseille	A	15.25	16.50	18.29
	D	15.30	16.56	18.34
Nice	A	18.30	18.48	21.25

A = Arrivée   D = Départ

Avez-vous un horaire des trains ?

Les trains pour Nice partent de la Gare de Lyon à Paris.
Le Rapide 14 part de Paris à 8h.
Il arrive à Lyon à 13h04 et part à 13h10.
Il arrive à Marseille à 15h25 et part à 15h30.
Il arrive à Nice à 18h30.

Départ des Trains

1. **L'Express 20 part de Paris à ....**
Le Rapide 27 part de Paris à ...... } **Continue, suivant l'exemple ci-dessus.**

Nice, le 2 juin

Chère Marie,
Je suis très content de lire
que tu passeras une semaine chez
nous cet été.
Quand est-ce que tu arriveras ?
Tu pourras prendre un train
direct pour Nice.
A bientôt !
Ton ami,
Jacques

Paris, le 16 juin
Cher Jacques,
J'arriverai à Nice jeudi 5 juillet
à 18h30. Je prendrai le rapide.
Je porterai un veston rouge, un
béret blanc et un blue-jean.
J'aurai une valise et un sac à dos.
Tu viendras me chercher à la gare ?
A bientôt !
Ton amie,
Marie

2. **Ecris une lettre à Marie ou à Jacques.**
Tu vas arriver à Paris ou à Nice.
Say when you will arrive, at what time, and what you will be wearing.

Grammaire : les adverbes

Le TGV roule rapidement

«Rapidement» is an adverb, telling us more about the verb. An adverb usually ends in *-ly* in English and *-ment* in French. An adverb is formed from an adjective.

1. If an adjective ends in a vowel: Add *-ment* to the masculine.

| poli | → | poliment | *politely* |
| absolu | → | absolument | *absolutely* |

2. If an adjective ends in a consonant: Add *-ment* to the feminine.

| courageux | → | courageusement | *courageously* |
| dernier | → | dernièrement | *lastly/lately* |

3. If an adjective ends in -ent or -ant: Change to *-emment* or *-amment*.

| évident | → | évidemment | *evidently* |
| constant | → | constamment | *constantly* |

Ce garçon parle poliment.

Ce garçon parle constamment.

Form adverbs from the following adjectives.
(N.B. Revise feminine of adjectives on page 31)

1. heureux	→	_____
2. vrai	→	_____
3. patient	→	_____
4. rapide	→	_____
5. doux	→	_____
6. long	→	_____
7. sec	→	_____
8. intelligent	→	_____
9. frais	→	_____
10. complet	→	_____

Irregular adverbs

bon	→	bien	*well*	lent	→	lentement	*slowly*
mauvais	→	mal	*badly*	petit	→	peu	*little*
meilleur	→	mieux	*better*	gentil	→	gentiment	*kindly*
vite	→	vite	*quickly*				

Exercices

1. Mets l'adverbe dans le blanc.

1. Il répond _____ au professeur. *(poli)*
2. Elle parle _____ en classe. *(doux)*
3. Nous attendons _____ le train. *(patient)*
4. Le vieil homme se promène _____. *(lent)*
5. Le bon athlète court très _____. *(vite)*
6. Le mauvais élève travaille _____. *(mauvais)*
7. Le bon élève étudie _____. *(bon)*
8. Ce petit garçon regarde _____ la télé. *(constant)*
9. _____, il n'est pas là. *(évident)*
10. _____, tu arrives à l'heure. *(heureux)*

2. Ecris au pluriel.

1. Je chante _____
2. Il finit _____
3. Tu vas _____
4. Elle voit _____
5. Je fais _____

6. Tu mets _____
7. Il boira _____
8. Je ferai _____
9. Elle sera _____
10. J'aurai _____

A bientôt !
Ecoute ton CD.
People are meeting this evening. Fill in the details.

	Where they're going	Where they will meet	Time of meeting
1.			
2.			
3.			

Le Métro

Vous trouverez le métro dans quatre grandes villes en France : Paris, Lyon, Marseille et Lille.

Le Métro à Paris date de 1900. Le Métro à Lille est très moderne. C'est le premier métro automatique du monde : il n'y a pas de conducteur !

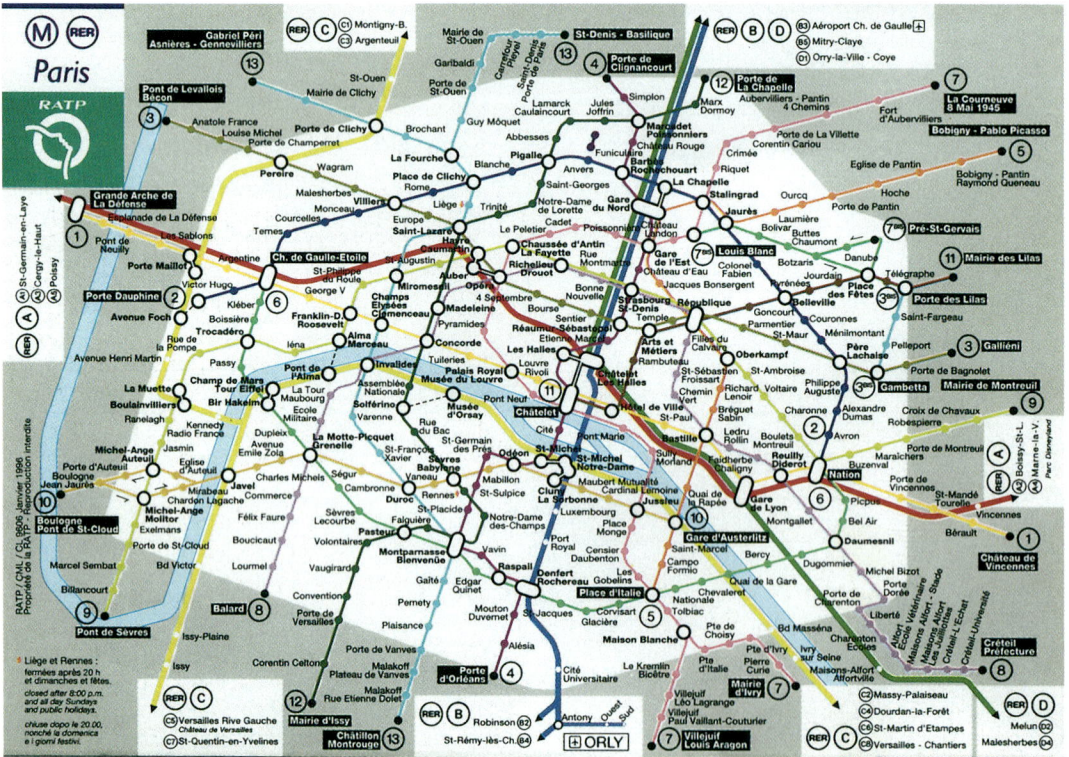

Pour voyager rapidement à Paris, on prend le Métro. C'est le moyen de transport le plus pratique. Il y a 16 lignes qui vont dans toutes les directions.

A huit heures du matin, à midi et à six heures du soir, le Métro parisien est bondé de voyageurs. Chaque jour, quatre millions de voyageurs prennent le Métro à Paris.

On achète un ticket au Métro

On parle d'une **gare** SNCF, mais d'une **station** de métro.

En arrivant à la station, il faut chercher le guichet pour acheter un ticket.

Les tickets sont bon marché. Mais c'est encore moins cher si on achète un carnet de 10 tickets.

A Paris, les tickets de métro et d'autobus sont les mêmes – puisque les deux sont dirigés par la RATP (Régie Autonome des Transports Parisiens).

On peut passer toute la journée dans le Métro pour le prix d'un seul ticket. Mais on voit très peu de Paris – puisque le Métro est un chemin de fer souterrain.

Un carnet de tickets, s'il vous plaît.

Compostez votre ticket ici

CARNET de TICKETS RATP

DIRECTION PORTE de la CHAPELLE

CORRESPONDANCE

◄SORTIE

Accès aux Quais

Oui. Il faut changer à Jaurès.

CORRESPONDANCE JAURÈS

Il faut changer de train ?

Travelling on the Métro, which of the signs above would you look out for, if you were leaving the station?

Marie prend le Métro

Elle voyage de St-Lazare à La Chapelle.

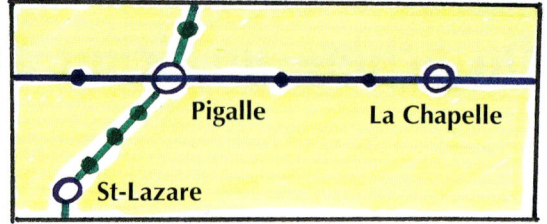

Pigalle   La Chapelle

St-Lazare

GUICHET

Marie arrive à la station St-Lazare à Paris. Comme elle voyage beaucoup, elle veut acheter un carnet de dix tickets. Elle va au guichet.

– Oui, Mademoiselle. Vous désirez ?
– Un carnet de tickets, s'il vous plaît.
– Voilà. Ça fait 10 €.
– Merci, Monsieur. Au revoir.

CORRESPONDANCE

Elle composte un ticket. Elle descend lentement l'escalier roulant pour prendre le métro.

Elle arrive au quai juste au moment où une rame quitte la station. Elle consulte l'horaire. Il faut attendre sept minutes. Elle va au kiosque.

KIOSQUE

– Oui, Mademoiselle ?
– Un paquet de chips et un Coca.
– Voilà. Ça fait 2,30 €.
– Merci, Monsieur.

Quelques minutes plus tard, la rame arrive. Elle y monte rapidement. Il faut qu'elle change de rame à Pigalle. Elle arrivera à La Chapelle à midi.

Marie : qu'est-ce qu'elle fera la semaine prochaine ?

Ecris les phrases à gauche au futur.

La semaine prochaine

1. Elle prend le Métro. → *Elle prendra le Métro*
2. Elle arrive à la station. → _____
3. Elle va au guichet. → _____
4. Elle achète un ticket. → _____
5. Elle dit «merci» à l'employé. → _____
6. Elle composte son ticket. → _____
7. Elle descend l'escalier. → _____
8. Elle voit la rame partir. → _____
9. Elle regarde l'horaire. → _____
10. Elle mange des bonbons. → _____
11. Elle attend cinq minutes. → _____
12. Elle monte dans le métro. → _____
13. Elle arrive à sa destination. → _____

Le voyage de Marie
Ecoute cette histoire racontée au futur.
Réponds à ces questions en anglais.

1. At what time will Marie arrive at St-Lazare next Monday? _____
2. How much will her ticket cost? _____
3. What will she buy at the kiosk? _____
4. How long will she have to wait? _____
5. At what time will she arrive at La Chapelle? _____

Grammaire : des pronoms

Je t'aime !

Direct object pronouns	
me	me
te	you
le, la	him, her, it
nous	us
vous	you
les	them

Position

The Direct Object Pronoun is placed before the verb in French, except in a positive command.

Jean prend le train. ➔ Jean **le** prend. *Jean takes it.*

Jean porte la valise. ➔ Jean **la** porte. *Jean carries it.*

Jean achète les billets. ➔ Jean **les** achète. *Jean buys them.*

(Note: **le** and **la** become **l'** before a vowel. *Jean l'achète.*)

In a positive command, the Imperative, the Direct Object Pronoun is placed after the verb, and is joined to the verb by a hyphen.

Aide-le !	*Help him!*
Regardez-nous !	*Look at us!*
Achète-les !	*Buy them!*

Note 1: **me** becomes **moi** and **te** becomes **toi** when placed after the verb.

Regarde-moi !   *Look at me!*

Note 2: **In a negative command**, the Direct Object Pronoun is placed before the verb.

Ne me regardez pas !   *Don't look at me!*
Ne les achète pas !   *Don't buy them!*

Ces gens prennent **le Métro**.

Ils **le** prennent tous les jours.

Cette femme regarde **la télévision**.

Elle **la** regarde tous les soirs.

1. Remplace les mots en italiques par des pronoms.

1. Les parents aiment *les enfants*.
2. La jeune fille met *la fleur* dans le vase.
3. Le petit garçon regarde *le chien*.
4. Nous achetons *les œufs* au marché.
5. Vous entendez *la voix*.
6. Ecoute *le professeur* !
7. Ne brûlez pas *la chemise* !
8. Il met *l'argent* dans sa poche.

2. Ecris au négatif.

1. Regardez-les !
2. Mange-le !
3. Prenons-la !
4. Cherche-moi !
5. Ecoute-le !
6. Buvez-la !

CHEMIN DE FER DU VIVARAIS

Circulation d'avril
à septembre

TOURNON - LAMASTRE (Ardèche)

403

Role-play : conversations au guichet.
Parle avec un partenaire.

– Oui, Monsieur/Mademoiselle. Vous désirez ?
– Un aller simple pour Lyon, s'il vous plaît.
– Quelle classe ?
– Deuxième classe.
– Ça fait 30 euros, Monsieur/Mademoiselle.
– Merci, Monsieur/Madame. Au revoir.

Look at these tickets and hold similar role-play conversations.

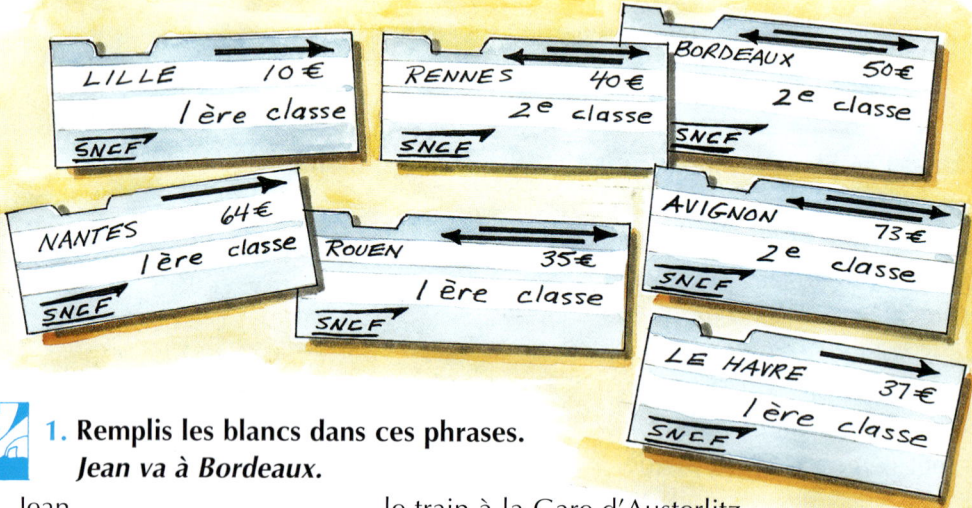

LILLE   10 €
1ère classe
SNCF

RENNES   40 €
2e classe
SNCF

BORDEAUX   50€
2e classe
SNCF

NANTES   64€
1ère classe
SNCF

ROUEN   35€
1ère classe
SNCF

AVIGNON   73€
2e classe
SNCF

LE HAVRE   37 €
1ère classe
SNCF

1. Remplis les blancs dans ces phrases.
Jean va à Bordeaux.

1. Jean _____ le train à la Gare d'Austerlitz.
2. Pour prendre son billet, il va au _____.
3. Il demande un aller _____ pour Bordeaux.
4. Il _____ son billet dans la machine.
5. Comme son sac à dos est lourd, il cherche _____ chariot.
6. Il va au _____ numéro huit pour monter dans le train.

2. Remplis chaque blanc par un adverbe.

1. Pierre est poli. Il écoute _____.
2. Marc est intelligent. Il travaille _____.
3. Ce train est rapide. Il roule _____.
4. Le soldat est courageux. Il se bat _____.
5. Cette voiture est lent. Elle roule _____.

1. Dialogues au guichet

Ecoute les dialogues. Coche (✔) la grille.

	Single	Return	1st Class	2nd Class
1				
2				
3				
4				

2. Jean et Sophie prennent le train. Où vont-ils ?

Remplis les détails.

Départ : *Paris*

Destination : ....

Prix : .... €

Quai : ....

Arrivée : *18h30*

Départ : *Lyon*

Destination : ....

Prix : .... €

Quai : ....

Arrivée : ....

Associations : relie les bonnes paires

C'est là qu'on prend le train.   •   • L'entrée

C'est là qu'on entre dans la gare.   •   • Le bureau de renseignements

C'est là qu'on réserve une place.   •   • La consigne

C'est là qu'on demande un horaire des trains.   •   • La gare

C'est là qu'on dîne en attendant le train.   •   • Le quai

C'est là qu'on laisse ses bagages.   •   • Le guichet

C'est là qu'on achète un magazine.   •   • Le buffet

C'est là qu'on monte dans le train.   •   • La sortie

C'est là qu'on sort de la gare.   •   • Le magasin

On fait du camping

8

In this section, you will...

- find out about French campsites
- look at the **Guide Michelin** for camping
- study the vocabulary of camping
- fill in a booking form
- take part in role-play conversations
- read accounts of camping holidays
- find out about some amazing campsite records

In grammar, you will...

- learn how to form the **Passé Composé** (Perfect Tense) of three groups of regular verbs

Plus de 8 millions de Français choisissent le camping comme forme de vacances.

Les terrains de camping en France sont excellents. Et le camping, c'est bien pour les vacances en famille.

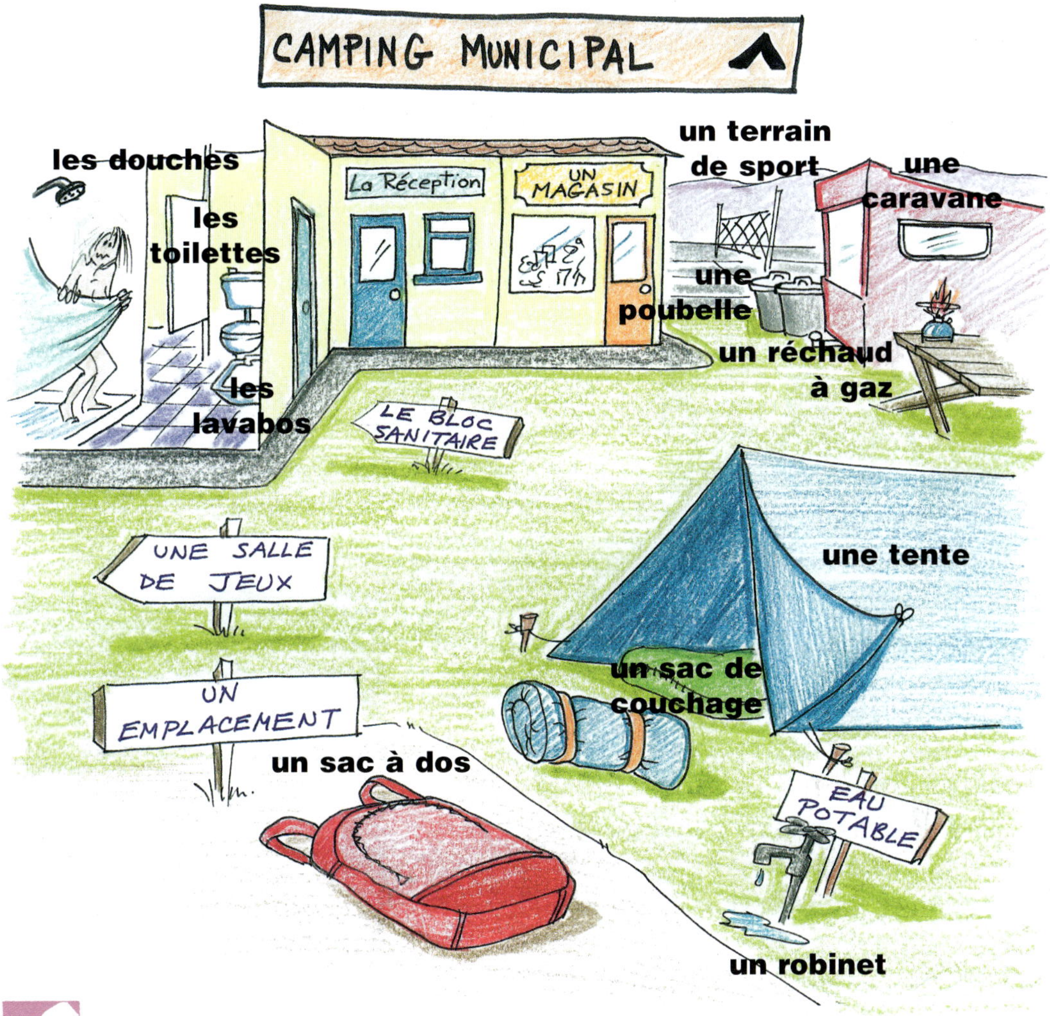

CAMPING MUNICIPAL

les douches

les toilettes

La Réception

UN MAGASIN

un terrain de sport

une caravane

une poubelle

un réchaud à gaz

les lavabos

LE BLOC SANITAIRE

UNE SALLE DE JEUX

une tente

un sac de couchage

UN EMPLACEMENT

un sac à dos

EAU POTABLE

un robinet

Regarde le dessin : vrai ou faux ?

	VRAI	FAUX
1. Le magasin est près de la réception.	✓	
2. La poubelle est devant la caravane.		✓
3. Les douches sont entre les lavabos et les toilettes.		✓
4. Le terrain de sport est loin du magasin.	✓	
5. Le robinet est derrière la tente.		✓
6. Le sac de couchage n'est pas dans la tente.		✓
7. Le réchaud à gaz est sous la table.	✓	
8. Le sac à dos est près du bloc sanitaire.		✓

Deux terrains de camping

Ecoute la description de ces deux terrains de camping.

La Cigale * * *

Ce terrain de camping se trouve dans la Vallée de la Loire. Il a trois étoiles.

C'est un camping tout confort. Il y a une réception, un bloc sanitaire, une salle de jeux, un magasin d'alimentation et un petit restaurant.

Pour les sportifs, il y a le tennis et le golf miniature.

Ce camping est assez grand : il a une superficie de trois hectares. Il y a 80 emplacements pour les tentes et les caravanes.

Le Parc du Soleil * *

Ce terrain de camping se trouve sur la Côte d'Azur. Il a deux étoiles.

C'est un terrain confortable. Il y a un bloc sanitaire avec douches chaudes et lavabos. Il y a aussi des machines à laver.

Pour s'amuser, il y a un terrain de jeux et une piscine. La mer est tout près.

Il y a un restaurant sur place. Tout près de la réception il y a un magasin – pour acheter des aliments, des glaces et du gaz butane.

Moi, je préfère le camping sauvage.

Un dépliant

Camping Le Beaupré * *
Vannes

Ouvert toute l'année – Site agréable

70 emplacements pour tentes et caravanes

- Douches chaudes
- Tennis
- Salle de jeux

- Mini-golf
- Salle-télé
- Terrain de boules

- Alimentation
- Piscine
- Location de vélos

Chaque emplacement possède l'eau et l'électricité. Vous trouverez sur place des plats cuisinés à emporter.

A proximité, équitation et sports nautiques.

TARIFS :

Adulte	Enfant	Emplac.	Voiture	Caravane	Animaux
5 €	3,50 €	4 €	4,50 €	8 €	–

Compréhension : réponds en anglais.

1. When is this campsite open? _all year_ ✓
2. Which one of these is not mentioned?
   (a) Gamesroom
   (b) Grocery shop
   (c) Bakery
   (d) Showers   C ✓
3. What sports are available in the campsite? _Swimming, water sports._ ✓
4. What does each site have? _water and electricity_ ✓
5. What recreational facilities are available nearby? _pool._ ✗
6. How much will a family (two adults, two children), with a car and caravan, pay for one night? _5 +5 + 3.50 +3.50 + 4.50 + 8 = €29.50_ ✓

Exercices

1. Mets ce, cet, cette ou ces dans le blanc.

1. _cette_ ✓ salle de jeux
2. _ce_ ✓ terrain de camping
3. _cette_ ✓ piscine
4. _cet_ ✓ emplacement
5. _ces_ ✓ enfants
6. _cette_ ✗ restaurant
7. _ces_ ✓ lavabos
8. _ce_ ✓ bloc sanitaire

9. _cette_ ✓ réception
10. _ces_ ✓ douches chaudes
11. _ce_ ✓ robinet
12. _cet_ ✓ arbre
13. _cette_ ✓ allumette
14. _ces_ ✓ plats cuisinés
15. _ce_ ✓ magasin
16. _ce_ ✓ sac de couchage

2. Fais accorder chaque adjectif.

1. La tente est _____ (petit)
2. Le sac de couchage est _____ (grand)
3. La poubelle est _____ (plein)
4. Les magasins sont _____ (mauvais)
5. Les toilettes sont _____ (mauvais)
6. L'emplacement est _____ (bon)
7. Les douches sont _____ (chaud)
8. La machine à laver est _____ (vieux)

9. La réceptionniste est _____ (gentil)
10. La ville est _____ (ancien)
11. La piscine est _____ (beau)
12. Les repas sont _____ (excellent)
13. Sa voix est très _____ (doux)
14. Notre caravane est _____ (blanc)
15. Nos amis sont _____ (sympa)
16. Mon amie est _____ (joli)

15 **Un séjour dans un camping**
Ecoute ton CD. Réponds aux questions.

1. When will Paul and his family set out on holidays?
2. How many places for tents and caravans are in the campsite?
3. What does Paul not hire?
4. How do we know that his young daughter loves the caravan?
5. Mention two sports that the family will take part in.
6. How far from the campsite is the beach?
7. What do they do for meals?
8. When will the family return home?

A la réception

Vous avez de la place ?

C'est pour combien de personnes ?

Nous sommes trois.

C'est pour combien de nuits ?

C'est pour deux nuits.

Des phrases utiles

Vous avez un emplacement pour { une tente ?
une caravane?

Nous avons { une tente.
une caravane.
une voiture.

C'est pour { une nuit.
deux nuits.
une semaine.

C'est pour deux personnes.

Nous sommes quatre –
deux adultes et deux enfants.

Je suis seul(e).

Réceptionniste

C'est pour combien de { nuits ?
personnes ?

Vous êtes combien ?

C'est pour { une tente ?
une caravane ?

Vous avez l'emplacement numéro 40.

Voulez-vous remplir cette fiche ?

Vous avez votre carnet de camping ?*

** A «carnet de camping» is a camping card – a sort of mini passport –
which most campsites will ask you to produce.*

Dialogues à la réception

1. **Ecoute ce dialogue.**

— Bonjour, Madame. Vous avez de la place ?
— Oui, Monsieur. C'est pour combien de nuits ?
— Trois nuits.
— C'est pour une caravane ?
— Non, Madame. Nous avons une tente.
— Vous êtes combien ?
— Nous sommes deux.
— Bon. Vous avez l'emplacement numéro 32. C'est là-bas, près du bloc sanitaire.

2. **Ecoute les dialogues et réponds aux questions.**

	Combien de *people* personnes ?	Combien de *nights* nuits ?	Tente ou caravane ?	Numéro de *site* l'emplacement ?
1		1	tente	26
2	3	5	caravane	15 36
3	4	2	tente	62
4	5	6	caravane	47

***CAMPING DE LA PLAGE**
FICHE DE RÉSERVATION

NOM : Duclos   PRÉNOM : Jean

ADULTES : 2   TENTE   ☐
ENFANTS : 1   CARAVANE   ☑
ANIMAUX : —   VOITURE   ☑
                   MOTO   ☐

NOMBRE DE NUITS : 3
EMPLACEMENT : 57
CARNET DE CAMPING PRODUIT ☑

Regarde cette fiche de réservation.
Imagine et écris la conversation entre le campeur et la réceptionniste.

Des cartes postales

St.-Tropez, le 2 août

Salut Maman et Papa !

Je passe une semaine ici à St.-Tropez. C'est une belle ville : la mer, le soleil et les garçons !

Le camping est formidable. Notre emplacement est tout près de la piscine.

Bons baisers,

Sylvie

Grenoble, le 20 janvier

Chers Parents,

Je passe quelques jours dans les Alpes. C'est chouette ici !

Il y a du soleil. Je m'amuse bien. Il y a une salle de jeux dans le camping.

L'ambiance est formidable !

A bientôt,

François

Expressions of delight.

C'est formidable !

C'est chouette !

C'est génial !

C'est super !

C'est sensass !

«Il fait très beau. Je m'amuse bien. Ici c'est super ! Je prends un bain de soleil tous les jours. Demain, j'irai à la plage...»

Ecris une carte postale. Tu fais un séjour dans un camping en France. Ecris une carte postale à ta famille.

Chico part faire du camping

Ecoute la cassette. Remplis les blancs.

C'est le premier juillet. Chico part faire du camping. Il a une _____ tente. Dans son sac à dos, il a tout le matériel de camping : une tasse, une assiette, un bol, un couteau. Il porte aussi un sac de _____ et un petit réchaud à gaz. Il est accompagné de son chien. Tous les deux sont _____.

C'est génial.

Chico s'arrête pour consulter son **Guide Michelin**. Il choisit un bon camping. Ce camping a _____ étoiles. Il est assez grand, il est ombragé et il a beaucoup de distractions : le tennis, la natation et une salle de _____ pour les enfants.

En arrivant au camping, il va tout de suite à la _____. Mais là il voit l'affiche : «Chiens interdits !» Il est très déçu. Il ne peut pas _____ dans ce camping.

Au nom d'un chien !

CHIENS INTERDITS

Ici c'est chouette !

Il décide de faire du camping sauvage. Au milieu d'une forêt et près d'un ruisseau, il dresse _____ tente. Pour faire ça, il a un marteau et des piquets. Il allume _____ réchaud à gaz et il prépare un repas délicieux. Et pour son chien, il a un os.

Exercices

1. Mets mon, ma ou mes devant le nom.

1. _____ emplacement
2. _____ caravane
3. _____ sac de couchage
4. _____ bols
5. _____ couteau

6. _____ vélo
7. _____ voiture
8. _____ moto
9. _____ réchaud à gaz
10. _____ tasses

11. _____ sac à dos
12. _____ copains
13. _____ tente
14. _____ amie
15. _____ carte postale

2. Ecris au négatif.

un
une   → pas de
des

1. Le camping est près d'ici. ➔ _____

2. Nous aimons le tennis. ➔_____

3. Elle lit son livre. ➔ _____

4. Il aime nager. ➔_____

5. Ils adorent le bricolage. ➔ _____

6. On part vendredi. ➔ _____

7. Nous pouvons aller au cinéma. ➔ _____

8. Il y a un magasin dans le village. ➔ _____

9. Il y a un robinet près de la piscine. ➔ _____

10. Il y a des touristes à la réception. ➔_____

16

Monique travaille comme guide.
Ecoute ton CD. Réponds aux questions.

1. When does Monique work as a guide?
2. In which French region does she work?
3. List three reasons why tourists visit the region:
   (i)   _____
   (ii) _____
   (iii) _____
4. Mention three things that Monique talks to them about:
   (i)   _____
   (ii) _____
   (iii) _____
5. What does Monique particularly like about the tourists? _____

Le guide Michelin

Beaucoup de campeurs en France ont le *Guide Michelin*. Il est très pratique d'avoir ce guide quand on fait du camping.

Etudiez la légende : les signes conventionnels et les abréviations.

La légende

Catégories

⚑⚑⚑⚑	très confortable, parfaitement aménagé
⚑⚑⚑	confortable, très bien aménagé
⚑⚑⚑	bien aménagé, de bon confort
⚑⚑	assez bien aménagé
⚑	simple mais convenable

Ouvertures

juin-septembre	terrain ouvert du début juin à fin septembre
saison	ouverture probable en saison
Permanent	terrain ouvert toute l'année

Agrément et tranquillité

⚑⚑⚑…⚑	particulièrement agréable pour le cadre, la qualité et la variété des services proposés.
🐾 🐾	terrain très tranquille, isolé — tranquille surtout la nuit

Situation et fonctionnement

☎	Téléphone
✉	Adresse postale
N-S-E-O	Direction : Nord – Sud – Est – Ouest (indiquée par rapport au centre de la localité)
⚷	Présence d'un gardien ou d'un responsable pouvant être contacté 24 h sur 24 mais ceci ne signifie pas nécessairement une surveillance effective.
🐕	Accès interdit aux chiens — En l'absence de ce signe, la présentation d'un carnet de vaccination à jour est obligatoire.
Ⓟ	Parking obligatoire pour les voitures en dehors des emplacements
R	Réservation conseillée ou indispensable
R̸	Pas de réservation
GB	Cartes Bancaires acceptées (Eurocard, MasterCard, Visa)
✓	Chèques-vacances acceptés

Caractéristiques générales

3 ha	Superficie en hectares
60 ha/3 campables	Superficie totale (d'un domaine) et superficie du camping proprement dit
(90 empl.)	Capacité d'accueil : en nombre d'emplacements
▭	Emplacements nettement délimités
🌳 🌳🌳 🌳🌳🌳	Ombrage léger — moyen — fort (sous-bois)

Confort

▥	Installations chauffées
♿	Installations sanitaires accessibles aux handicapés physiques
🚿	Installations avec eau chaude : Douches – Lavabos
▥	Lavabos en cabines individuelles (avec ou sans eau chaude)

Services

🚐	Aire de services pour camping-cars
▦	Lave-linge, laverie
🛒 🏪	Supermarché — Magasin d'alimentation
🍷 ✗	Bar (licence III ou IV) — Restauration
🍲	Plats cuisinés à emporter

Loisirs

▱	Salle de réunion, de séjour, de jeux
🎭	Animations diverses (sportives, culturelles, détente)
🕴	Club pour enfants
🏋 🧖	Salle de remise en forme — Sauna
🛝	Jeux pour enfants
🚲 🎯	Location de vélos — Tir à l'arc
✂ ▦	Tennis : de plein air – couvert

Tarifs en €

Redevances journalières :

👤	1,20	par personne
🚗	1	pour le véhicule
⊡	1,50/1,80	pour l'emplacement (tente/caravane)
⚡	1 (4A)	pour l'électricité (nombre d'ampères)

Quel camping faut-il choisir ?

Fréjus se trouve sur la Côte d'Azur dans le sud de la France. C'est une ville de plus de 30 000 habitants.

FRÉJUS

83600 Var 17 – B4 ⑧ G. Côte d'Azur – 46 801 h. alt. 20 Base de loisirs.
🛈 Office du tourisme 325 rue Jean Jaurès ℘ 04 94 51 83 83, Fax 04 94 51 00 26, *frejus.tourisme@wanadoo.fr*.
Paris 875 – Brignoles 65 – Cannes 39 – Draguignan 31 – Hyères 90.

▲▲ **La Baume** 23 mars-28 sept.
℘ 04 94 19 88 88, *reception@labaume-lapalmeraie.com*, Fax 04 94 19 83 50 – N : 4,5 km par D 4, rte de Bagnols-en-Forêt – Places limitées pour le passage ⊶ – **R** indispensable – **GB** ⚡ 26 ha/20 campables (780 empl.) plat et peu incliné, herbeux, pierreux 🏕 ♨♨
🍽 ♿ 🏠 🚿 ⊕ 🍴 – 🛒 🍷 ✕ snack, pizzeria ⚡ – 🛏 🚲 ⛲ 🏌 discothèque, théâtre de plein air 🚴 🏊 🎿

▲▲ **Les Pins Parasols** avril-sept.
℘ 04 94 40 88 43, *lespinsparasols@wanadoo.fr*, Fax 04 94 40 81 99 – N : 4 km par D 4, rte de Bagnols-en-Forêt « Beaux empl. en terrasses au milieu des pins parasol » ⊶ – **R** conseillée – ⚡
4,5 ha (189 empl.) plat et en terrasses, herbeux, pierreux 🏕 ♨♨ (2 ha)
🍽 ♿ 🏠 🚿 ⊕ - 48 empl. avec sanitaires individuels (🚿 ♨ 🚽 wc) ⊛ 🔲 – 🛒 ✕ pizzeria ⚡ – 🛏 🏊 🏊 🎿

▲▲ **Le Colombier** 30 mars-sept.
℘ 04 94 51 56 01, *info@domaine-du-colombier.com*, Fax 04 94 51 55 57 – N : 2 km par D 4, rte de Bagnols-en-Forêt « Agréable cadre vallonné et boisé » ⊶ – **R** indispensable – **GB** ⚡ 10 ha (470 empl.) en terrasses, plat, peu incliné, vallonné, herbeux 🏕 ♨♨
♿ 🏠 🚿 🔲 ⊕ 🍴 🚿 – 🛒 🍷 ✕ snack, pizzeria ⚡ – 🛏 🚲 discothèque 🏊 🏊 🎿

C'est formidable !

✍ Choisis l'un des campings à Fréjus.
Ecris une liste de ses équipements et distractions, en français ou en anglais.

Grammaire : le Passé Composé

The most common Past Tense in French is called the *Passé Composé*. This tense is formed from two parts:

THE PRESENT TENSE OF *AVOIR* + THE PAST PARTICIPLE

Here is how you form the Past Participle of the three regular conjugations:

-ER verbs: er ➔ é   (donner ➔ donné)
-IR verbs: ir ➔ i   (finir ➔ fini)
-RE verbs: re ➔ u   (vendre ➔ vendu)

This is the Passé Composé of these three groups of verbs:

J'ai donné	J'ai fini	J'ai vendu
Tu as donné	Tu as fini	Tu as vendu
Il Elle } a donné	Il Elle } a fini	Il Elle } a vendu
Nous avons donné	Nous avons fini	Nous avons vendu
Vous avez donné	Vous avez fini	Vous avez vendu
Ils Elles } ont donné	Ils Elles } ont fini	Ils Elles } ont vendu

Note: Both English tenses 'I gave' and 'I have given' are translated by the Passé Composé (*J'ai donné*).

Negative: Je n'ai pas donné.
Il n'a pas donné.

Je n'ai pas vendu la voiture.

Interrogative: Ai-je donné ?
A-t-il donné ?

Tu as fini tes devoirs ?

The Interrogative can also be formed using *Est-ce que...*
Est-ce que j'ai donné ?
Est-ce qu'il a donné ?
Est-ce que nous avons donné ?

What is the simple way (often used in conversation) to ask a question?

1. Mets les verbes entre parenthèses au passé composé.

1. Je (travailler)   → _____
2. Tu (écouter)   → _____
3. Elle (choisir)   → _____
4. Vous (attendre)   → _____
5. Ils (chanter)   → _____
6. Elles (pleurer)   → _____
7. Nous (saisir)   → _____
8. Il (entendre)   → _____
9. Je (pousser)   → _____
10. Ils (grandir)   → _____
11. Vous (commencer)   → _____
12. Tu (punir)   → _____

J'ai choisi six numéros.

J'ai attendu une heure.

J'ai gagné à la Loterie Nationale !

2. Ecris les verbes suivants au négatif.

1. J'ai mangé mon dîner.   → _____
2. Tu as payé l'addition.   → _____
3. Marie a fini ses devoirs.   → _____
4. Nous avons loué cette voiture. → _____
5. Ils ont attendu l'autobus.   → _____
6. Vous avez bâti les maisons. → _____
7. Il a puni le chien.   → _____
8. Elles ont rempli la fiche.   → _____
9. Pierre a nagé hier.   → _____
10. Tu as vendu tes livres.   → _____

Les champions du camping !

**Regarde les dessins. Lis la liste des records.
Quel record va avec quel dessin ?**

1. «J'ai mangé 220 saucisses en une heure.»

2. «J'ai jeté un marteau à 50 mètres.»

3. «Nous avons dansé pendant 23 heures.»

4. «J'ai dressé une tente en 50 secondes.»

5. «Nous avons nagé pendant deux heures.»

6. «J'ai vendu 120 glaces en une heure.»

7. «J'ai perdu 10 kilos en une semaine.»

8. «J'ai rempli une fiche en 12 secondes.»

9. «Nous avons bâti le bloc sanitaire en trois jours.»

**Il a .... / Elle a ....
Ils ont .... / Elles ont ....**
Write the records above in the 3rd person (singular/plural).

Un séjour dans un camping

Ecoute la cassette.

L'été dernier, j'ai passé mes vacances dans un camping en Provence. J'ai apporté tout

le matériel dans le coffre de ma .

A la réception du camping, j'ai rempli la fiche. J'ai choisi un emplacement tout près

de la piscine. J'ai dressé la en cinq minutes. Assis au

 , j'ai joué de la guitare.

Vers six heures, j'ai commencé à préparer le repas sur mon .

J'ai mangé du pain et des saucisses. Après quelques minutes de repos, j'ai nagé dans

la .

J'ai cherché la salle de jeux. Là, j'ai invité une jolie Italienne à jouer au

 . C'est elle qui a gagné !

J'ai trouvé dans la poche de mon blue-jean un billet de . J'ai acheté

deux bières au bar. J'ai parlé pendant des heures avec ma nouvelle amie. Le lendemain,

nous avons exploré la .

Ecris cette histoire à la troisième personne :
«L'été dernier, il a passé...»

Révisions

Pose des questions : parle avec un partenaire.

Où est { le ...... ?
la ...... ?

Où sont les ...... ?

Où est la réception ?

Là-bas, près de la piscine.

- réception
- machines à laver
- bloc sanitaire
- douches
- salle de jeux
- plage

- magasin
- poubelles
- salle-télé
- restaurant
- toilettes
- piscine

1.

«Je m'appelle Marc. J'ai passé un week-end dans un camping...»

Associations : relie les bonnes paires

Il a passé un week-end
Il a rempli la fiche
Il a dressé la tente
Il a acheté du gaz butane
Il a préparé son repas
Il a joué au ping-pong
Il a joué au foot
Il a nagé

à l'emplacement numéro 10.
au magasin.
dans la salle de jeux.
dans un camping.
à la plage.
à la réception.
dans la piscine.
devant sa tente.

2. Cherche l'intrus : quel est le mot qui ne vas pas avec les autres ?

1. la piscine	le robinet	les poubelles	les lavabos
2. une fiche	une tente	un marteau	un piquet
3. une voiture	une étoile	une moto	une caravane

Révisions

A la réception
Ecoute deux dialogues. Remplis les détails qui manquent dans ces fiches.

1.
FICHE DE RÉSERVATION

Nom : *Bonnard*
Prénom : *Paul*
Ville : *Lourdes*

Adultes : ....
Enfants : ....

Tente ☐   Caravane ☐
Voiture ☐   Moto ☐

Nombre de jours : ....
Emplacement : ....
Carnet de camping ☑

2.
FICHE DE RÉSERVATION

Nom : *Viricel*
Prénom : *Jeanne*
Ville : *Caen*

Adultes : ....
Enfants : ....

Tente ☐   Caravane ☐
Voiture ☐   Moto ☐

Nombre de jours : ....
Emplacement : ....
Carnet de camping ☑

1. Ecris les verbes au passé composé.

Aujourd'hui... ➜ Hier...

1. Je travaille ➜ _____
2. Tu chantes ➜ _____
3. Il cherche ➜ _____
4. Elle écoute ➜ _____
5. Nous vendons ➜ _____
6. Vous attendez ➜ _____
7. Ils punissent ➜ _____
8. Elles choisissent ➜ _____

2. Un dialogue à la réception
Cette famille arrive à un camping. Il y a deux adultes et un enfant. Ils ont une voiture et une tente. Ils y resteront quatre nuits. **Imagine et écris le dialogue à la réception.**

Bon week-end !

9

In this section, you will...

- find out what people like to do at the weekend
- say how you like to spend the weekend
- fill in a questionnaire form
- learn about a club for young people in France
- read about what can happen when parents go out!
- look at some deceptive words in French
- read a poem written in the **Passé Composé**

In grammar, you will...

- study irregular past participles

Le week-end, on n'est pas pressé. On s'amuse comme on veut : à la maison, au cinéma, à une boum, au centre sportif ou à la discothèque.

Vive le week-end !

Ils s'amusent bien

Ecoute la cassette. Cinq personnes parlent du week-end.

Anne

«Le week-end, je suis libre. Je sors souvent avec mes copines. Comme nous aimons la musique, nous allons à la discothèque. Nous passons des heures à bavarder et à danser.»

Julie

«Le vendredi soir, je ne sors pas. Je reste à la maison. J'aime bien regarder la télé ou écouter mes CDs dans ma chambre. Le week-end, c'est formidable.»

Sophie

«Le dimanche, je me promène à vélo à la campagne. La nature, voilà ce qui m'intéresse le plus. C'est chouette, surtout au printemps et en été. Moi, j'adore le week-end.»

Marc

«Le samedi, je vais au centre sportif. Mes copains et moi, nous passons tout l'après-midi à jouer au basket. Après, nous buvons un coca. Le week-end, c'est super !»

Yves

«Le week-end, je passe très peu de temps à la maison. Moi, j'adore les boums. Le vendredi ou le samedi soir, j'aime bien aller à une boum chez un copain ou une copine. Là, on s'amuse bien.»

Compréhension : écris les noms.

1. Qui s'intéresse au sport ? _Marc_

2. Qui s'amuse seul à la maison ? _Yves✗ Julie_

3. Qui est passionné par la musique ? _Anne_

4. Qui préfère être en plein air ? _Sophie_

5. Qui sort souvent le week-end ? _Anne Yves_

Un sondage

Voici les résultats d'un sondage réalisé parmi les jeunes.

«Comment préférez-vous passer le week-end ?»

15% préfèrent rester seul à la maison.

20% aiment sortir avec un petit ami/une petite amie.

30% aiment sortir avec des copains/copines.

35% préfèrent pratiquer un sport.

«Le week-end, quel est votre passe-temps préféré ?»

12% aiment bien la lecture.

18% aiment bien la musique pop.

32% aiment bien la télévision.

38% aiment bien le sport.

«Quand vous sortez le week-end, où préférez-vous aller ?»

16% aiment beaucoup aller à un concert.

20% aiment beaucoup aller à une discothèque.

28% aiment beaucoup aller à une boum.

36% aiment aller au cinéma.

«Si vous travaillez le week-end, qu'est-ce que vous faites ?»

10% distribuent des journaux.

15% font du jardinage.

30% aident leurs parents (le ménage, les courses).

45% font du baby-sitting pour des voisins.

Tu sors le week-end ?

Je sors
> le vendredi soir.
> le samedi matin.
> le dimanche après-midi.
> souvent.
> de temps en temps.
> très rarement.

Je sors le samedi soir. Je vais à une boum.

Quand je sors le soir, je vais
> à un concert.
> à une boum.
> à une surprise-partie.
> en discothèque.
> chez un(e) ami(e).

Le samedi, je vais en ville.
> Je retrouve mes amis.
> J'achète des vêtements.
> Je prends un coca au café.
> Je fais du lèche-vitrine.

Le week-end, je fais du sport. Je joue
> au foot.
> au hockey.
> au basket.
> au tennis.

Je fais
> du vélo.
> de la voile.
> de la natation.
> de l'athlétisme.

Quand il fait beau,
> je fais un pique-nique.
> je fais une excursion à la campagne.

Si je reste à la maison,
> je fais mes devoirs.
> j'aide mes parents.
> je regarde la télévision.

Moi, je reste à la maison et je regarde la télé.

Réponds à ces questions.

1. Est-ce que tu sors beaucoup le week-end ?
2. Où vas-tu quand tu sors ?
3. Qu'est-ce que tu fais pour t'amuser le week-end ?
4. Tu préfères sortir ou rester à la maison ?
5. Si tu restes à la maison, qu'est-ce que tu y fais ?
6. Quand est-ce que tu fais tes devoirs le week-end ?

Exercices

1. Ecris au pluriel.

1. J'écoute la musique. → *Nous écoutons la musique.*
2. Tu fais du sport. → _____
3. Il prend un coca. → _____
4. Elle va en ville. → _____
5. Je sors le soir. → _____
6. Tu restes à la maison. → _____
7. J'aime danser. → _____
8. Il aide ses parents. → _____
9. Je ferai du jardinage. → _____
10. Elle ira au cinéma. → _____

2. Ecris au futur.

1. Je _____ (sortir)
2. Il _____ (parler)
3. Tu _____ (vendre)
4. Nous _____ (boire)
5. Ils _____ (faire)
6. Elles _____ (être)
7. Vous _____ (avoir)
8. Je _____ (mettre)
9. Tu _____ (venir)
10. Il _____ (courir)
11. Vous _____ (voir)
12. Elle _____ (aller)
13. Je _____ (jeter)
14. Elle _____ (appeler)
15. Ils _____ (mener)
16. On _____ (savoir)

Le week-end, on regarde la télé.
Ecoute ton CD. Réponds à ces questions en anglais.

1. In which French city does Véronique and her family live?
2. When, in particular, at weekends do they watch T.V.?
3. What is her brother's favourite programme?
4. What programmes does her sister prefer?
5. What does her father watch?
6. What type of films does her mother prefer?
7. What programmes does her granny like?
8. And Véronique herself, what does she watch?

Deux interviews

**Ecoute ces interviews.
Coche (✔) la grille.**

Sophie and Jean are being
interviewed about the weekend.
Tick the grid below in the
appropriate section when they
say that they do something.

Le week-end, est-ce que tu aimes... ?	souvent	de temps en temps	très rarement
aller au cinéma		S ✓	
aller à une boum/soirée	S ✓		
sortir avec un(e) ami(e)	S ✓		
jouer au tennis	S ×		S
faire du judo	S ×	S	
faire une promenade à vélo	S ✓		
nager	✓		
lire	×		S
assister à un concert	✓		
faire du lèche-vitrine	S ✓		

Complète ces phrases.

1. Caroline va à la bibliothèque. Elle aime *la lecture.*
2. Frédéric assiste à un concert. Il aime _____
3. Claire va à une boum. Elle aime beaucoup _____
4. Stéphane est dans un café. Il prend _____
5. Isabelle et Anne sortent. Elles vont _____
6. Thomas va au zoo. Il aime beaucoup _____
7. Stéphanie reste à la maison. Elle fait _____
8. Yannick est passionné par les films. Il va _____
9. Jeanne aime danser. Elle va _____
10. Yves sort très rarement. Il préfère _____

«Quand le chat n'est pas là, les souris dansent»

Lis cette histoire. Remplis les blancs.

C'est _____ week-end chez les Rocher. Monsieur et _____ Rocher ont travaillé d'arrache-pied pendant la semaine. Alors ils ont décidé d'aller _____ cinéma.

Comme ils quittent la _____ à sept heures du soir, leur fils, André, dit : «Amusez-vous _____ au cinéma !»

Mais André a invité tous _____ amis à une boum chez lui !

Ils arrivent _____ huit heures. Une fois arrivés, ils commencent à bavarder _____ à chanter. Ils écoutent de la musique et ils dansent.

Ils font tellement de bruit que les voisins _____ furieux.

Vers minuit, les _____ rentrent. En entrant dans _____ salon, ils n'en croient pas leurs yeux : partout il y a des bouteilles vides, des mégots, _____ chaises cassées.

Ils montent l'escalier. _____ dort comme une souche.

Le lendemain matin, il ne fait _____ la grasse matinée. Il passe des heures à nettoyer et à ranger la _____. Ses parents sont toujours en colère contre lui.

La Maison des Jeunes et de la Culture

Il y a plus de 300 Maisons des Jeunes et de la Culture en France. Elles existent dans presque toutes les villes. C'est un centre qui offre aux adolescents un grand choix de loisirs et d'activités.

On y va pour voir un film ou une exposition, pour assister à un concert ou à une pièce de théâtre, pour participer aux activités sportives et culturelles. On y va pour bavarder avec ses amis. On y va surtout le week-end.

Maison des Jeunes
24, RUE J. MONNET, NICE

Animations

- ballet
- jeu de dames
- maquettes
- jeux vidéo
- photographie
- informatique
- cours de danse
- échecs
- bricolage

Gymnase

- judo
- karaté
- volley
- basket
- boxe
- lutte
- aérobic
- gymnastique
- patinage

Activités culturelles

- orchestre
- cuisine
- ciné club
- dessin
- art dramatique
- cours de langues

Restaurant

- glaces et boissons
- baby-foot
- flipper

Ouvert de midi à minuit

Animations
= organised activities

Compréhension : vrai ou faux ?

	VRAI	FAUX
1. Le volley est le seul sport d'équipe pratiqué au gymnase.		✓
2. On peut y apprendre une nouvelle langue.		✓
3. Le restaurant est ouvert très tôt le matin.	✓	
4. On y fait des modèles réduits (avions, bateaux, autos).		✓
5. On y étudie la peinture.		✓

Fifi a un nouveau copain

Il est beau, mon flirt !

Tous les week-ends, Fifi va à la Maison des Jeunes. Elle y bavarde avec ses copines.

Mais ce week-end, elle a un nouveau petit ami. C'est Chico !

Moi, j'ai gagné !

Fifi et Chico passent des heures à jouer au baby-foot. Après, ils ont soif.

Comme elle a de l'argent (elle fait du baby-sitting le week-end), Fifi décide d'acheter deux glaces et deux boissons.

– Deux glaces, s'il vous plaît.
– Quel parfum ?
– Vanille.
– Simple ou double ?
– Double.
– C'est tout ?
– Deux cocas, s'il vous plaît, et un paquet de cacahuètes.

le parfums. flavours

	Glaces	Boissons
• chips	• fraise *straw*	• coca
• cacahuètes *peanuts.*	• café	• jus de fruit
• bonbons *sweets.*	• citron *lemon*	• eau minérale
• chocolat	• cassis *Blackcurrant*	• citron pressé *lemon squash.*
	• vanille	

single

Simple: 1 €   **Double: 1,50 €**

1. Which one of the following flavours is not listed above?
  (a) strawberry
  (b) raspberry
  (c) blackcurrant
  (d) lemon ☐

2. Which one of the following is not listed above?
  (a) peanuts
  (b) crisps
  (c) chips
  (d) lemon squash ☐

Qu'est-ce qu'ils achètent ? Ecoute les dialogues.
Listen to four dialogues. Write down what each person buys.

1 *a packet of* .... and ....
2 .... and ....
3 .... and ....
4 .... and ....

Grammaire : les participes passés irréguliers

In *Chapitre 8*, you learned how to form the Past Participles of the three groups of regular verbs.

The following verbs have irregular past participles:

être	*to be*	**été**	prendre	*to take*	**pris**
avoir	*to have*	**eu**	courir	*to run*	**couru**
boire	*to drink*	**bu**	ouvrir	*to open*	**ouvert**
croire	*to believe*	**cru**	offrir	*to offer*	**offert**
écrire	*to write*	**écrit**	savoir	*to know*	**su**
dire	*to say/tell*	**dit**	suivre	*to follow*	**suivi**
faire	*to make/do*	**fait**	recevoir	*to receive*	**reçu**
lire	*to read*	**lu**	pouvoir	*to be able*	**pu**
rire	*to laugh*	**ri**	vouloir	*to wish*	**voulu**
mettre	*to put (on)*	**mis**	voir	*to see*	**vu**
pleuvoir	*to rain*	**plu**			

To form the *Passé Composé* tense, you put the present tense of *avoir* in front of these past particples.

Hier...

...j'ai bu un coca.

...j'ai lu un roman.

...j'ai couru jusqu' à l'école.

...j'ai fait du baby-sitting.

La semaine dernière...

...il a ri.

...elle a ouvert la porte.

...il a reçu de l'argent.

...elle a écrit une lettre.

Exercices

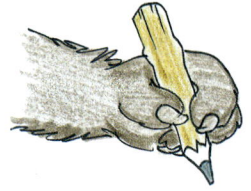

1. Mets le participe passé dans le blanc.

1. J'ai _____ (parler)
2. Elle a _____ (saisir)
3. Tu as _____ (attendre)
4. Ils ont _____ (faire)
5. Il a _____ (mettre)
6. Vous avez _____ (prendre)
7. Elles ont _____ (danser)
8. J'ai _____ (voir)

9. Tu as _____ (entendre)
10. Nous avons _____ (lire)
11. Elle a _____ (finir)
12. Ils ont _____ (rire)
13. Il a _____ (pleuvoir)
14. J'ai _____ (recevoir)
15. Vous avez _____ (suivre)
16. On a _____ (ouvrir)

2. Ecris au passé composé.

1. Je chante _____
2. Tu grandis _____
3. Il vend _____
4. Ils disent _____
5. Nous mettons _____
6. Elle boit _____
7. Vous finissez _____
8. Je fais _____

9. Tu écoutes _____
10. Elles courent _____
11. Nous lisons _____
12. Il voit _____
13. J'attends _____
14. Vous prenez _____
15. Tu dis _____
16. On ouvre _____

18

Un pique-nique à la campagne
Ecoute ton CD. Réponds aux questions en anglais.

1. What three aspects of town life do Pierre's parents dislike?
2. In which season did they set out on a picnic?
3. Which two fruits did they bring?
4. At what time did they set out?
5. At what time did they arrive at the village?
6. Where did they choose to have the picnic?
7. What did Pierre and his brother do later?
8. What did his parents do?

Qu'est-ce que tu as fait... ?

Time phrases	
hier	yesterday
hier soir	yesterday evening
avant-hier	the day before yesterday
lundi dernier	last Monday
le week-end dernier	last weekend
la semaine dernière	last week
il y a un mois	a month ago
il y a un an	a year ago

«Je m'appelle Séverine.

Le week-end dernier, j'ai fait mes devoirs. Après, j'ai parlé à mon copain au téléphone. J'ai mis mon manteau et j'ai pris le Métro pour aller chez lui.

En me voyant, il a ouvert la porte. Nous avons beaucoup parlé. Ensemble, nous avons regardé la télé. Nous avons bu un jus d'orange. Nous avons ri !»

Mets le verbe entre parenthèses au passé composé.

1. Hier, j' _____ mon chapeau. (mettre)
2. Hier soir, tu _____ un café. (boire)
3. Jeudi dernier, il _____ son dîner à 6 heures. (prendre)
4. Samedi dernier, nous _____ notre oncle. (voir)
5. Avant-hier, vous _____ des courses. (faire)
6. La semaine dernière, ils _____ un livre. (lire)
7. Il y a un mois, elle _____ une lettre. (écrire)
8. Il y a une semaine, tu _____ jusqu' à l'école. (courir)
9. Il y a un an, j' _____ beaucoup d'argent. (recevoir)
10. Hier, elles _____ la vérité. (dire)
11. Pendant la nuit, il _____. (pleuvoir)
12. A minuit, ma tante _____ la porte. (ouvrir)
13. Elle a lu l'histoire et elle _____. (rire)

Un poème – au Passé Composé

Ecoute ce poème.

Jacques Prévert
– poète français (1900–1977)

Write a list of all the things the man did in the poem. What did the woman do at the end?

Il est très triste, ce poème.

Déjeuner du Matin
Il a mis le café
Dans la tasse
Il a mis le sucre
Dans le café au lait
Avec la petite cuiller
Il a tourné
Il a bu le café au lait
Et il a reposé la tasse
Sans me parler
Il a allumé
Une cigarette
Il a fait des ronds
Avec la fumée
Il a mis les cendres
Dans le cendrier
Sans me parler
Sans me regarder
Il s'est levé
Il a mis
Son chapeau sur sa tête
Il a mis
Son manteau de pluie
Parce qu'il pleuvait
Et il est parti
Sous la pluie
Sans une parole
Sans me regarder
Et moi j'ai pris
Ma tête dans ma main
Et j'ai pleuré.

– Jacques Prévert

1. Hier soir,...

(a) il a regardé la télé.
(b) il a écouté la radio.
(c) il a parlé à son ami.
(d) il a fait de la musique. ❏

2. Avant-hier,...

(a) elle a fait des courses.
(b) elle a fait la vaisselle.
(c) elle a fait une promenade.
(d) elle a fait un gâteau. ❏

3. Samedi dernier,...

(a) j'ai travaillé à la maison.
(b) j'ai fait la grasse matinée
(c) j'ai fait du bricolage.
(d) j'ai passé une heure à rire. ❏

4. La semaine dernière,...

(a) mon père a dormi comme une souche.
(b) ma mère a voyagé à l'étranger.
(c) mon père a travaillé d'arrache-pied.
(d) ma mère a gagné de l'argent. ❏

5. Il y a deux jours,...

(a) nous avons passé une heure à lire.
(b) nous avons passé une heure à bavarder.
(c) nous avons passé une heure à danser.
(d) nous avons passé une heure à rire. ❏

6. Dimanche dernier,...

(a) vous avez lu un roman.
(b) vous avez bu un verre de lait.
(c) vous avez cru l'histoire.
(d) vous avez couru très vite. ❏

7. Vendredi soir,...

(a) elles ont mangé une glace.
(b) elles ont pris une boisson.
(c) elles ont mangé des cacahuètes.
(d) elles ont bu du thé. ❏

Faux amis

Voici Pierre.
Il assiste à
un concert.

Voici Martine.
Elle reste
à la maison.

Il assiste means 'he attends' _____
not 'he assists'.

Elle reste means 'she stays' _____
not 'she rests'.

Such words are known as «*faux amis*», 'false friends'. They can lead you astray!

Here is a list of well-known *faux amis*.

assister à _____	*to be present at*
le car _____	*coach*
la cave _____	*wine cellar*
se dresser _____	*to stand up*
la figure _____	*face*
la journée _____	*day*
la lecture _____	*reading*
la librairie _____	*bookshop*
la location _____	*renting, hiring*
le médecin _____	*doctor*
la monnaie _____	*change (in shop)*
le pétrole _____	*crude oil*
le photographe _____	*photographer*
la place _____	*seat/square*
le record _____	*record (e.g. in sport)*
rester _____	*to stay*
le robinet _____	*tap*
travailler _____	*to work*
la veste _____	*jacket*

Note the correct translation of the English word.

to assist _____	**aider**
car _____	**l'auto, la voiture**
cave _____	**la caverne**
to dress _____	**s'habiller**
figure _____	**la silhouette**
journey _____	**le voyage**
lecture _____	**une conférence**
library _____	**la bibliothèque**
location _____	**la situation**
medicine _____	**le médicament**
money _____	**l'argent**
petrol _____	**l'essence**
photograph _____	**la photographie**
place _____	**l'endroit, le lieu**
record (music) _____	**le disque**
to rest _____	**se reposer**
robin _____	**le rouge-gorge**
to travel _____	**voyager**
vest _____	**le maillot**

QUESTIONNAIRE

Enquête sur le week-end

D'habitude, le week-end, tu aimes...

1.
☐ sortir.
☐ faire tes devoirs.

☐ rester à la maison.
☐ travailler.

Tu préfères sortir...

2.
☐ seul(e).
☐ avec des copains/copines.

☐ avec un copain ou une copine.
☐ en famille.

Tu aimes les boums et les surprise-parties...

3.
☐ un peu.
☐ passionnément.

☐ beaucoup.
☐ pas du tout.

Qu'est-ce que tu préfères comme passe-temps ?

4.
☑ le cinéma
☑ la natation
☐ le bricolage

☑ la musique
☑ la danse
☐ le sport

Quand est-ce que tu fais tes devoirs ?

5.
☐ le vendredi soir
☐ le samedi après-midi ou soir

☐ le samedi matin
☐ le dimanche

Tu profites du week-end pour...

6.
☐ te reposer un peu.
☐ faire la grasse matinée.

☐ donner un coup de main à tes parents.
☐ gagner de l'argent.

Merci de ton aide et... bon week-end !

Une activité pour toute la classe !
Lisez ce questionnaire et cochez (✔) les cases. Examinez les réponses de la classe.

C'est le week-end. Qu'est-ce qu'on aime faire ?
Ecoute la cassette. Numérote les dessins.

1. Ecris *au*, *à la*, *à l'* ou *aux* dans le blanc.

à + le → au
à + les → aux

1. Il va _____ boum.

2. Nous allons _____ cinéma.

3. Elle va _____ école.

4. Ils vont _____ café.

5. Vous allez _____ magasins ?

6. Je vais _____ Maison des Jeunes.

7. Tu vas _____ gymnase.

8. Elles vont _____ épicerie.

9. Il va _____ concert.

10. Nous allons _____ église.

2. Ecris le participe passé du verbe entre parenthèses.

1. Hier soir, elle a _____ une lettre à son copain. *(écrire)*

2. Samedi dernier, j'ai _____ un verre de vin. *(boire)*

3. Avant-hier, il a _____ des courses. *(faire)*

4. A sept heures hier, elle a _____ la porte. *(ouvrir)*

5. En entendant l'histoire, nous avons _____. *(rire)*

6. Au cinéma hier, j'ai _____ un très bon film. *(voir)*

7. Pendant la nuit, il a _____. *(pleuvoir)*

8. Avant de sortir, elle a _____ son manteau. *(mettre)*

Révisions

1. Faites une phrase. Une activité pour toute la classe !

Make up a sentence. Read it aloud to the class. Choose one item from each part of the jigsaw.

Samedi dernier	j'ai	passé une heure chez Pierre.
Dimanche matin	tu as	lu un très bon roman.
Vendredi soir	il a	regardé la télé.
Samedi matin	elle a	quitté la maison.
Le week-end dernier	nous avons	fait des courses.
Dimanche soir	vous avez	vu un film au cinéma.
Samedi après-midi	ils ont	fait la grasse matinée.
Hier	elles ont	dormi comme une souche.

2. Qu'est-ce qu'il a fait hier ?
Qu'est-ce qu'elle a fait hier ?

Hier, il a... *Hier, elle a...*

faire du ski   boire un coca   courir très vite   regarder la télé

jouer au basket   écouter la radio   lire un magazine   attendre l'autobus

Associations : relie les bonnes paires

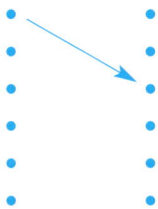

Quel parfum ?   Il fait la grasse matinée.
Elle a soif.   Elle fait du baby-sitting.
Il est fatigué.   Vanille, s'il vous plaît.
Elle aime les enfants.   Il va à une boum.
Il adore danser.   Elle veut faire du lèche-vitrine.
Elle va en ville.   Elle boit de l'eau.

165

Des invitations

10

In this section, you will…

- look at some invitation cards
- learn how to issue an invitation
- learn how to accept or reject an invitation
- write a letter of invitation
- read about an invitation to visit the zoo
- find out the names of animals in the zoo

In grammar, you will...

- study the disjunctive (strong) pronoun: **moi, toi...**
- revise the plurals of nouns
- learn the 'helper' verb, **devoir** *(must/have to)*

j'aimerais te revoir:

PLUS SOUVENT

DE TEMPS EN TEMPS

MOINS SOUVENT

...DE SUITE...vite, ça urge !...

Tout le monde aime recevoir une invitation. Mais de temps en temps il faut inviter un(e) ami(e) à une soirée.

Cartes d'invitation

Anniversaire chez
Carine

Je t'invite
le *21 mars* à *20 heures*
pour fêter
mes *18* ans

R.S.V.P.

Invitation

Anne et Marc Portier
sont heureux de vous
inviter à dîner
jeudi, 15 janvier
à 21 heures
pour fêter la naissance
de leur fille, Nadine

R.S.V.P.

Invitation

Noces d'argent
de
Marie et Luc Didier
le 17 juin
Repas au Restaurant
Le Mirabeau à 18 heures

R.S.V.P.

Cher/chère *Alain*
Je t'invite à venir chez moi *samedi*
30 novembre
à *sept heures*
à l'occasion de mon
14e anniversaire.

Adresse : *Chez moi!*
Signature : *Adeline*
Tel : *04 68 24 01 92*

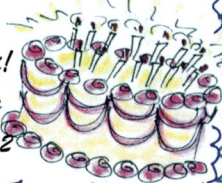

Invitation

Monsieur et Madame Tardy
ont le plaisir de vous inviter
à célébrer le mariage
de leur fille Christine avec
Monsieur Luc Dalmas.
La cérémonie aura lieu
le samedi, 7 juin, à 15 heures

R.S.V.P.

1. What is the special occasion for which each invitation is being sent out?
2. When will each one take place?

Fais une carte d'invitation pour ton anniversaire.
Make out a birthday card to send to a friend.

Rendez-vous

Isabelle !
    Rendez-vous au musée demain matin à 10h ?
        Ça va ?
            Patricia

Delphine !
    Rendez-vous jeudi soir à 8h devant le cinéma ?
        Ça va ?
            Julien

Olivier !
    Rendez-vous demain matin devant la banque à 11h ?
        D'accord ?
            Christophe

Rendez-vous...	
au devant le	cinéma theâtre musée zoo restaurant cirque stade
à la devant la	piscine Maison des Jeunes plage patinoire banque discothèque cathédrale rivière

On prend rendez-vous.
Following the examples above, write notes for these meetings.

	Qui ?	Quand ?	Où ?	Avec...
1	Laurence	demain	10:00	Hélène
2	Arnaud	jeudi matin	9:30	Stéphanie
3	Valérie	samedi	8:15	Laure
4	Grégoire	mardi soir	7:45	Candice
5	Nicole	dimanche	11:00	Georges
6	Cédric	mercredi	12:30	Fabrice

Grammaire : pronoms

«**Tu viens chez moi ?**»

The word moi is called a disjunctive (or strong) pronoun.

The full list of these pronouns is:

«**L'Etat, c'est moi !**»

• Louis XIV

moi
toi
lui
elle }
nous
vous
eux
elles }

«**Après moi, le déluge !**»

• Louis XV,
roi de France

«**Après le déluge, moi !**»

• Napoléon
Bonaparte,
empereur

They are used as follows:

1. After a preposition: Tu viens chez moi ?
                             Allez avec lui.
2. After c'est/ce sont*:   C'est moi !
                             Ce sont eux ! (*used with 3rd personal plural)
3. Standing alone: Qui a cassé la fenêtre ? Lui !
4. For emphasis: Moi, je suis intelligent.
5. After que in comparisons: Paul court plus vite que moi.

Allô, Chico ! Tu viens chez moi demain ?

Chez toi ? Pourquoi ?

Moi, je t'invite ! Voilà pourquoi !

Fifi, tu es plus gentille que moi.

Exercices

1. Ecris ces verbes au passé composé.

1. Il _____ (jeter)
2. Nous _____ (casser)
3. Tu _____ (finir)
4. Ils _____ (attendre)
5. J' _____ (mettre)
6. Vous _____ (prendre)
7. Elle _____ (lire)
8. Il _____ (rire)

9. J' _____ (recevoir)
10. Tu _____ (appeler)
11. Vous _____ (demander)
12. Ils _____ (boire)
13. Elle _____ (dire)
14. Elles _____ (faire)
15. Il _____ (pleuvoir)
16. On _____ (saisir)

2. Fais accorder chaque adjectif.

1. une _____ erreur
   (mauvais)
2. une _____ voiture
   (bon)
3. une _____ chanson
   (vieux)
4. une place _____
   (public)
5. une voix _____
   (doux)

6. la maison _____
   (blanc)
7. cette _____ route
   (long)
8. ma _____ cousine
   (beau)
9. mes _____ amis
   (cher)
10. une femme _____
    (sportif)

1-9

Mon correspondant irlandais
Anne décrit son correspondant irlandais.
Ecoute ton CD. Réponds à ces questions.

1. What age is Anne's penpal?
2. How does she describe his hair?
3. Why does she say that he's a bit spoilt?
4. What's his mother's occupation?
5. What's his father's occupation?
6. What's his favourite subject in school?
7. What's his hobby?
8. What's his plan for this summer?

On sort ensemble

Ecoute ces conversations au téléphone.

– Allô ?
– Allô, Pierre. Ici Anne. Je vais à la plage demain. Tu veux venir ?
– Oui, je veux bien. On se retrouve où ?
– A l'arrêt d'autobus. Ça va ?
– Oui, ça va. A quelle heure ?
– A dix heures.
– D'accord. A l'arrêt d'autobus à dix heures.
– Oui, c'est ça. Au revoir, Pierre.
– Au revoir, Anne. A demain !

– Allô ?
– Allô, Sophie. Ici Paul. Tu es libre ce soir ?
– Oui, je suis libre.
– Je vais à la disco. Tu veux venir ?
– Oui, je veux bien.
– On se retrouve devant la Mairie. Ça va ?
– Oui, ça va. A quelle heure ?
– A neuf heures.
– D'accord. Alors à 9h devant la Mairie.
– Oui. Au revoir, Sophie.
– Au revoir, Paul. A ce soir !

Expressions/phrases utiles

Je vais au/à la...
Tu veux venir ?
Tu veux aller au/à la... ?
Je sors ce soir. Tu viens ?
Tu es libre ce soir ?
            demain ?
            jeudi soir ?
Devant le cinéma/la banque.
A dix heures. Ça va ?
Bon. Devant le cinéma à 8 heures.

Oui, je veux bien.
Oui, d'accord.
Oui, je suis libre.

On se retrouve où ?
A quelle heure ?
Oui, ça va.
Oui, c'est ça.
Au revoir. A ce soir !
            A demain !
            A samedi !

Tu veux venir ?

Ecoute ces conversations.
Write down the place where they will meet and at what time.

Je vais au cinéma ce soir. Tu veux venir ?

Je vais à la disco samedi. Tu veux venir ?

Salut, Marie ! Tu veux aller à la plage demain ?

Meeting place: _____
Time: _____

Meeting place: _____
Time: _____

Meeting place: _____
Time: _____

Je sors ce soir. Tu viens ?

Tu es libre demain matin ? Je vais au stade.

Tu veux venir à la piscine avec moi mardi ?

Meeting place: _____
Time: _____

Meeting place: _____
Time: _____

Meeting place: _____
Time: _____

Tu parles avec un partenaire.
Invite a friend to go with you to one of these places. Arrange a meeting place and a time to meet.

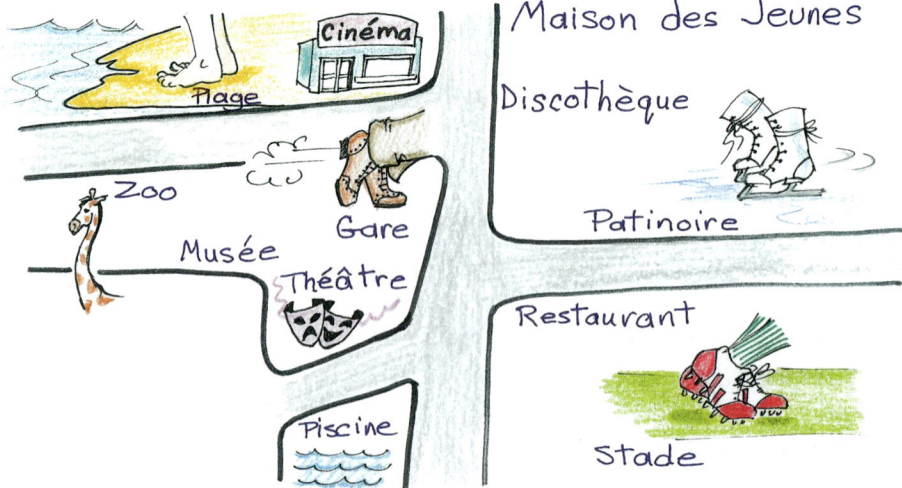

Cinéma

Plage

Maison des Jeunes

Discothèque

Zoo

Gare

Patinoire

Musée

Théâtre

Restaurant

Piscine

Stade

LE ZOO

un chameau

un serpent

un perroquet

un singe

une girafe

un hibou

un éléphant

un rhinocéros

un zèbre

un ours

un kangourou

un gorille

un loup

un pingouin

un lion

un phoque

un paon

Ecoute cette liste d'animaux et d'oiseaux.

Répète la liste.

Au jardin zoologique

Le téléphone a sonné. C'est Monsieur Savoye qui a décroché le combiné.
– Allô ! Ici, c'est Guy. Puis-je parler à Laure ?
– Laure n'est pas là.
En raccrochant, le père a écrit ce petit mot pour sa fille.

Laure !
Guy a téléphoné.
Rendez-vous au zoo demain. Il te retrouvera devant l'entrée à 10h.
Papa

Le lendemain matin, Laure a retrouvé son ami devant l'entrée du zoo. Guy a payé les deux billets.

Au zoo, ils ont vu des éléphants, des chameaux, des girafes et un lion (le roi de animaux).

Laure a indiqué un paon à Guy. «Cet oiseau est très beau mais trop fier», a dit Guy.

A midi, ils ont dîné au restaurant. En sortant, Laure a acheté un paquet de cacahuètes. Ils ont vu les singes. Laure a jeté des cacahuètes dans la cage. Tout près, ils ont remarqué un gorille. «Cet animal est laid», a dit Laure.

Dans une cage, ils ont admiré un perroquet et, dans une autre cage, un hibou.

«Où est le crocodile ?» a demandé Guy. Ils ont commencé à chercher cet animal dangereux. Mais en cherchant, ils ont vu un hippopotame. «Il est très paresseux», a dit Laure. «Il dort comme une souche toute la journée dans l'eau», a ajouté Guy.

A ce moment, un kangourou a bondi devant eux. Il a saisi le sac de Laure et il a disparu. Guy a ri aux éclats !

Ecoute cette histoire sur la cassette.

Grammaire : les noms au pluriel

How to make nouns plural – a reminder!

1. un singe   →   des singes
   un loup   →   des loups   **Most nouns add 's'**
   un serpent   →   des serpents

2. un animal   →   des animaux
   un cheval   →   des chevaux   ***-al* changes to *-aux***

3. un oiseau   →   des oiseaux
   un chameau →   des chameaux   ***-eau* adds 'x'**

4. un hibou   →   des hiboux
   un kangourou → des kangouroux   ***-ou* adds 'x'**

5. un ours   →   des ours
   une noix   →   des noix   **With nouns ending in -s, -x, -z, there is no change.**
   un nez   →   des nez

1. Combien d'animaux y a-t-il ici ?

2. Combien d'oiseaux y a-t-il ici ?

Exercices

1. Ecris au pluriel.

1. un lion _____   9. un ours _____
2. une girafe _____   10. le cheval _____
3. le serpent _____   11. le kangourou _____
4. l'animal _____   12. un gâteau _____
5. un rhinocéros _____   13. le repas _____
6. un loup _____   14. le bijou _____
7. l'éléphant _____   15. l'oiseau _____
8. le paon _____   16. un journal _____

2. Ecris ces phrases au négatif.

un
une → pas de
des

1. Je vois le singe.   → _____
2. J'entends le perroquet.   → _____
3. Ils admirent le paon.   → _____
4. Vous aimez le crocodile ?   → _____
5. Il verra un singe au zoo.   → _____
6. Tu trouveras un lion dans la cage. → _____
7. Il y a un phoque dans l'eau.   → _____
8. Il y aura des animaux dans le parc. → _____

Visite au musée et au zoo
Ecoute ton CD. Des touristes cherchent des renseignements.
Réponds à ces questions.

1. What are the opening hours of the museum?
2. What reduction is available for a child?
3. What is the entrance cost for an adult?
4. How much does this family pay in total?
5. On which day of the week is the zoo closed?
6. What is the entrance cost for an adult? And for a child?
7. What is special about Sunday at the zoo?
8. What is the tourist's final decision?

Musée

ZOO

Lettre d'invitation

La Baule, le 20 avril

Cher Alain,

Salut ! Ça va ? J'espère que tout va bien chez toi. Veux-tu venir passer quelques jours chez moi cet été ? Si tu peux venir en juillet ou en août, je serai en vacances.

Pendant ton séjour ici, nous jouerons au tennis, nous irons à la plage et nous ferons des pique-niques. Ce sera chouette !

Dans ta prochaine lettre, dis-moi si tu acceptes mon invitation.

Amitiés,

Ton amie,

Claire

Rouen, le 27 avril

Chère Claire,

Merci de ta lettre et de ta gentille invitation. Je regrette mais je ne peux pas accepter ton invitation. Je suis à court d'argent en ce moment et je dois travailler pendant l'été pour en gagner un peu. J'ai déjà trouvé un petit boulot dans un supermarché.

Je viendrai chez toi à Noël si tes parents sont d'accord.

Ecris-moi bientôt.

Ton ami,

Alain

Compréhension : réponds aux questions en anglais.

1. What does Claire tell Alain they will do if he comes to stay?
2. Why does Alain not accept Claire's invitation?
3. What alternative suggestion does Alain put forward?

Invitations

Veux-tu venir chez moi
- cet été ?
- pendant les grandes vacances ?
- à Pâques ?
- à Noël ?
- ce week-end ?

Pendant ton séjour ici,

nous jouerons
- au foot.
- au tennis.
- au basket.

nous ferons
- du ski.
- de la natation.
- des excursions.

nous irons
- au cinéma.
- à la plage.
- à la discothèque.

Excuses
Je regrette
Je suis désolé(e)
Je suis très déçu(e)

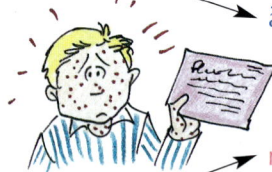

Je ne peux pas accepter ton invitation car

je suis
- malade.
- très occupé(e).
- à court d'argent.

j'ai
- la grippe.
- beaucoup de travail à faire.
- trouvé un emploi.

je dois
- aider mes parents.
- travailler pour l'été.
- étudier pour mes examens.

Verbe irrégulier
Devoir *(must/have to)*
Je dois
Tu dois
Il
Elle } doit
Nous devons
Vous devez
Ils
Elles } doivent

Je dois travailler dur à l'école.

Note: *Devoir* is a 'helper verb': it is followed by the infinitive of another verb, ***e.g. Je dois travailler.***

Lis cette lettre. Remplis les blancs.

Bordeaux, _____ 30 mai

_____ Sophie,
Salut ! Ça va ? J'espère que tout va bien chez _____.
Veux-tu venir passer quelques _____ chez moi cet _____ ? Je serai très
_____ si tu peux venir.
Pendant ton séjour ici, nous _____ à la discothèque, nous _____ au
tennis et nous _____ des excursions à la campagne.
Ecris-moi _____.
Amitiés,
Pierre

**Ecris une lettre à Pierre.
Sophie ne peut pas
accepter l'invitation.**
Imagine that you are Sophie.
Write a letter declining the
invitation.

Des invitations. Ecoute ces conversations.

	When is the invitation for?	Why is it not accepted?
1		
2		
3		
4		
5		

Révisions

1. Remplis les blancs.

1. Je _____dois_____ rentrer chez _____moi_____.
2. Tu _____ rentrer chez _____toi_____.
3. Il _____ rentrer chez _____.
4. Elle _____ rentrer chez _____.
5. Nous ___devons___ rentrer chez _____.
6. Vous _____ rentrer chez _____.
7. Ils _____ rentrer chez _____.
8. Elles _____ rentrer chez _____.

CHEZ MOI
OU
CHEZ TOI ?

2. Remplis les blancs dans la conversation suivante.

– Allô ?
– Allô, Jean. Ici, c'est Louise. Je vais _____
   zoo demain. Tu _____ venir ?
– Oui, je veux bien. On se retrouve _____ ?
– Devant _____ banque. Ça va ?
– Oui, _____. A quelle heure ?
– A onze _____.
– D'accord. _____ la banque à onze heures.
– Oui, c'est ça. Au revoir, Jean.
– Au revoir, _____. A _____ !

Ecoute les mini-dialogues. Numérote les desins.

Dialogues : parle avec un partenaire.

Exemple :

– Je vais au cinéma. Tu veux venir ?
– Oui, je veux bien. On se retrouve où ?
– Devant la gare.
– D'accord. A quelle heure ?
– A sept heures.
– Bon. A ce soir !

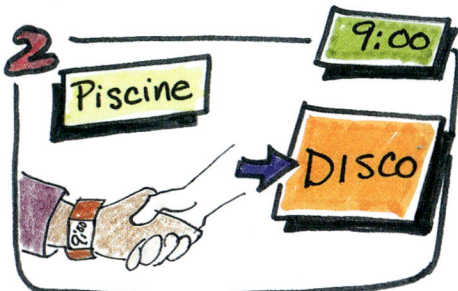

1 7:00 Cinéma Gare

2 9:00 Piscine DISCO

3 11:10 Plage Stade

4 6:45 Eglise Cirque

5 12:00 marché Zoo

Associations : relie les bonnes paires

Cet animal est le roi des animaux.	Le hibou
Cet animal a un très long cou.	Le hippopotame
Cet oiseau est très intelligent.	Le paon
Cet animal a une très petite queue.	Le lion
Cet animal dort dans l'eau.	L'éléphant
Cet animal adore les noix.	La girafe
Cet oiseau ne vole pas.	Le chameau
Cet animal vient du désert.	Le kangourou
Cet animal a une poche.	Le singe

A la campagne

11

In this section, you will...
- find out about farming in France
- learn the names of agricultural produce
- describe aspects of the countryside
- read ads for jobs in farming
- look at signs you would see in the country
- learn how to be a friend of nature
- remind yourself of what to bring on a picnic
- find out that a frog can dream!

In grammar, you will...
- study verbs conjugated with **être** in the *Passé Composé*
- learn negatives such as **ne... jamais** (never)

La campagne française est pittoresque et variée. On y trouve des prairies, des forêts, des lacs, des rivières, des montagnes.

L'agriculture est une industrie importante en France.

«J'habite à la campagne...»

Ecoute la cassette.

«J'habite à la campagne en Picardie. Nous avons une ferme. Chez nous, on cultive des céréales et des légumes.

Le paysage ici est plat mais joli. Il y a des bois et des forêts dans la région. J'aime bien le calme.»

«Moi, j'habite une ferme en Bourgogne. J'adore la vie à la ferme : les animaux, les champs, le travail en plein air.

On est loin du bruit des grandes villes. En été, j'admire les fleurs sauvages. Pour être heureux, j'ai besoin d'être à la campagne.»

«Mon père est agriculteur dans le Massif Central. Notre ferme est assez petite.

La vie ici est simple, tranquille et saine. On mange les produits de la ferme : des légumes, des fruits, des poulets, des œufs et des lapins.»

«J'habite une ferme dans les Alpes. J'aime le calme et la beauté de la nature ici.

Chez nous, on élève des moutons. Le travail est difficile, surtout au printemps. Mais j'adore voir les petits agneaux comme ils sautent dans les prairies.»

La France agricole

La France est un grand pays agricole. Mais beaucoup de fermes sont petites. Le fermier et la fermière travaillent dur.

La France reçoit les pluies de l'Atlantique mais elle se chauffe au soleil méditerranéen. C'est pourquoi on y trouve des prairies et des vignobles.

Dans le Nord, on cultive des céréales. En Camargue (au Sud), on cultive du riz. On trouve partout des vergers (pour les fruits). Dans le Massif Central et les Alpes, on élève des moutons.

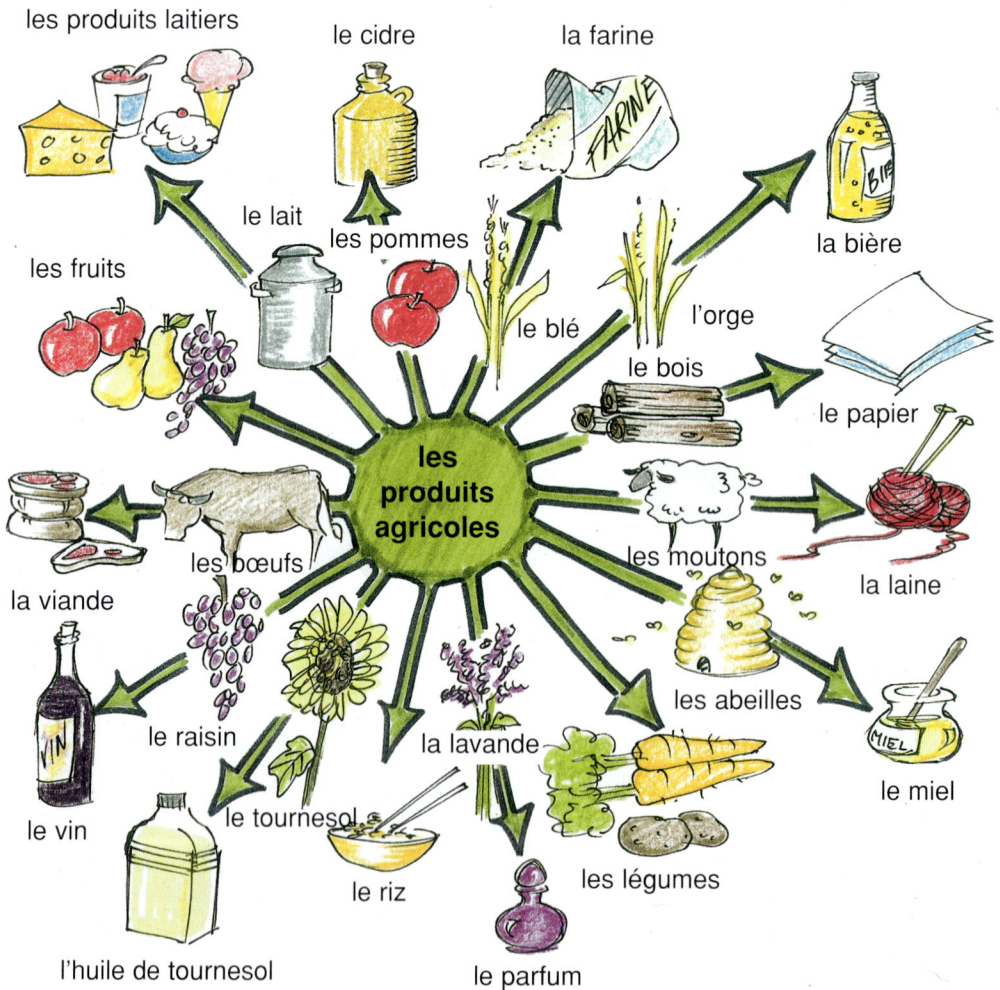

les produits laitiers

le cidre

la farine

le lait

les pommes

la bière

les fruits

le blé

l'orge

le bois

le papier

les produits agricoles

les bœufs

les moutons

la laine

la viande

les abeilles

le raisin

la lavande

le miel

le vin

le tournesol

le riz

les légumes

l'huile de tournesol

le parfum

Un fermier et une fermière

Voici la photo d'une ferme. Cette ferme se trouve en Auvergne, à 30 kilomètres de Vichy. C'est une ferme typique de la région où les fermes sont en moyenne de 25 hectares.

Le fermier s'appelle Monsieur Lefèvre. Tous les jours, il donne à manger aux animaux : il a des bœufs, des vaches et des veaux. Il n'a pas de moutons. Il travaille du matin jusqu'au soir.

Derrière la maison, il y a un verger. Le fermier est très fier de ses pommiers et de ses poiriers. En automne, il cueille les fruits. Il les vend au marché.

Sa femme cultive des légumes dans son jardin potager : des pommes de terre, des radis, des carottes et des choux. Les repas de cette famille sont toujours excellents.

C'est elle qui s'occupe aussi de la basse-cour. On y trouve des poules, des canards et des oies. Il y a aussi des lapins dans un clapier.

Compréhension : vrai ou faux ?

	VRAI	FAUX
1. Cette ferme est plus grande que les autres fermes de la région.		☑
2. Le fermier n'est pas paresseux.	☑	
3. Dans cette ferme, on élève des moutons.		☑
4. Le fermier vend des pommes et des poires au marché.	☑	
5. Madame Lefèvre s'occupe du jardin potager.		
6. Il n'y a pas d'animaux dans la basse-cour.		☑

Une jeune fille qui aime la nature

Salut ! Je m'appelle Marie. J'habite à la campagne avec mes parents. Je donne un coup de main avec le travail.

Par exemple, hier, j'ai donné à manger aux poules dans la basse-cour. J'ai donné à boire aux vaches dans les champs. J'ai cueilli des fruits et des légumes. Et j'ai essayé de traire une vache !

Hier soir, j'ai passé une heure à dessiner. J'aime dessiner pendant mes moments de loisirs.

Voici quelques-uns de mes dessins. Ils sont bons, n'est-ce pas ?

un arbre

une montagne

une colline

une fleur sauvage

un arc-en-ciel

une prairie

un bois

une forêt

un lac

un fleuve

un ruisseau

un pont

un verger

une cascade

une barrière

un moulin

Ecoute la cassette. Numérote les dessins.

Exercices

1. Mets *un*, *une* ou *des* dans le blanc.

1. __une__ pomme ✓
2. __un__ pommier ✓
3. __une__ arbre ✗
4. __des__ ruisseaux ✓
5. __un e__ forêt ✗
6. __un__ chou ✓
7. __des__ légumes ✓
8. __une__ moulin ✗
9. __une__ fleuve ✓
10. __des.__ poules ✓
11. __un__ verger
12. __une__ arc-en-ciel ✓
13. __un__ champ ✓
14. __une__ colline ✓
15. __des__ abeilles ✓

2. Ecris ces phrases au pluriel.

1. Je vois le petit arbre. → _Nous voyons les petits arbres._
2. Il entre dans le grand champ. → _Ils entrent dans les grands champs_
3. La cascade est dangereuse. → _Les cascades sont dangereuses_ ✓
4. Regarde la fleur sauvage ! → _Regardez les fleurs sauvage_ ✓
5. Tu aimes le moulin ? → _Vous aimez les moulins?_ ✓
6. Il donne à manger au cheval. → _Ils donnent à manger aux chevals._ chevaux
7. L'enfant a nagé dans le lac. → _Les enfants a sont nagé dans les lacs_
8. Il a vu le fleuve. → _Ils ont vu les fleuves._ ✓
9. Elle montera dans le train. → _Elles monteront dans les train._ ✓
10. Je jetterai un caillou dans le lac. → _Nous jetterons des caillous dans les lacs_

cailloux

2 1 Une sortie à la campagne
Ecoute ton CD. Réponds à ces questions en anglais.

1. At what time did the family get up on the day of the trip?
2. What did they do just before setting out?
3. Where exactly did father stop the car? *(Two details)*
4. What did they eat? *(Three details)*
5. What did the family do after the picnic?
6. What was the weather like during the afternoon?
7. How did the narrator spend a pleasant half-hour?
8. What was father's promise at the end of the day?

187

Le journal intime de Marie

Lundi, 2 juillet

Aujourd'hui, j'ai fait une promenade à travers les champs avec mon

Toutou. J'ai admiré les arbres et les collines. J'ai cueilli des sauvages.

J'en ai fait un joli bouquet.

J'ai vu toutes sortes d'oiseaux : des rouges-gorges, des hirondelles, des merles. J'ai

écouté la *d'une alouette. Cet oiseau chante bien.*

J'ai traversé un petit bois. Toutou a aboyé. Il a chassé un

Heureusement, il ne l'a pas attrapé. Le lapin a couru plus vite que lui !

J'ai remarqué une coccinelle sur un brin d'herbe. J'ai passé quelques minutes à

dessiner ce joli insecte. Voici mon dessin.

En arrivant à un petit *, j'ai jeté des cailloux dans l'eau. J'ai bu de*

l'eau fraîche. Toutou aussi ! Assise sur l'herbe, j'ai pensé au proverbe :

'Les petits ruisseaux font les grandes rivières.'

«Tes idées sont parfumées comme les fleurs», me dit toujours Papa. Il a raison

peut-être !

Ecoute la cassette.
Marie lit cette page de son
journal intime.

Ecris une liste.
Qu'est-ce qu'elle a vu ?
Qu'est-ce qu'elle a entendu ?
Qu'est-ce qu'elle a fait ?

Un pique-nique à la campagne

Vous partez faire un pique-nique à la campagne ?
Voici un pense-bête (ou aide-mémoire).
Vérifiez que vous avez tous ces accessoires avant de partir.

Pense-bête

❏ des tasses
❏ des assiettes
❏ des verres
❏ des cuillers
❏ des couteaux
❏ du sel
❏ de l'eau
❏ un réchaud à gaz
❏ des allumettes

❏ une nappe
❏ des serviettes en papier
❏ des transats
❏ un tire-bouchon
❏ un ouvre-boîte
❏ un sac à ordures
❏ un appareil photo
❏ une trousse de secours
❏ du sérum antivenimeux

Which one is not included?

(a) deckchairs
(b) spoons
(c) bottle-opener
(d) compass   ❏

«Zut ! On a oublié les allumettes !»

Remplis les blancs.

«Zut ! On a oublié.................»

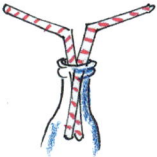 les ....

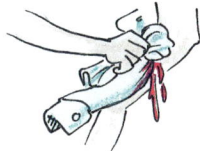 la ....

 les ....

 le ....

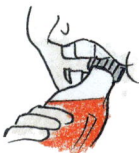 le ....

 le ....

Une sortie à la campagne

Vous habitez en ville.

Vous faites une sortie à la campagne.

Vous voyez ces affiches.

A **PISTE CYCLABLE**

B **CHEMIN PRIVÉ**

C **CIRCUIT Pédestre**

D **Allée Piétons**

1. You are looking for a route to cycle along. Which sign should you follow? c̶ A ✗

A **CHIEN Méchant**

B **Défense d'Entrer**

C **Passage Interdit**

D **FERMEZ la barrière**

2. Four farmers have put up these signs. Which farmer is the friendliest? A̶ D ✗

A **AIRE de PIQUE – NIQUE**

B **Feux de Bois Interdits**

C **PARC NATUREL**

D **PIQUE – NIQUE INTERDIT**

3. You are looking for a suitable picnic spot. Which sign would you choose? A ✓

**Parc Naturel Régional
Plaine de la Scarpe**

Interdictions

Cueillette : Fleurs sauvages, champignons.

Ramassage : Escargots, pierres, bois.

«**La nature entre de bonnes mains**»

Cette forêt est protégée

Prudence en forêt

Pas de feux

Ne pas fumer

Pas de détritus

Soyez prudent

Soyez vigilant

Soyez un ami de la nature

Name 4 items that you are not allowed to pick or gather:

1. ___mushrooms___ ✓

2. ___wild flowers___ ✓✓

3. ___wood___ ✓

4. ___snails___ ✓

___stones___

Which one is not included?

(a) No smoking

(b) No transistor radios

(c) No fires

(d) No litter   b ✓

Grammaire : le Passé Composé (Verbs conjugated with *être*.)

A small number of verbs form their *passé composé* tense with **être** instead of with *avoir*.

		past participle	
aller	to go	allé	
arriver	to arrive	arrivé	
rester	to stay	resté	
entrer	to enter	entré	er ➜ é
monter	to go up	monté	
tomber	to fall	tombé	
retourner	to return	retourné	
partir	to leave	parti	ir ➜ i
sortir	to go out	sorti	
descendre	to come down	descendu	re ➜ u
venir	to come	venu	
naître	to be born	né	Note carefully these 3 irregular past participles.
mourir	to die	mort	

Here is the *passé composé* of *aller*:

je suis allé(e)

tu es allé(e)

il est allé

elle est allée

nous sommes allé(e)s

vous êtes allé(e)(s)*

ils sont allés

elles sont allées

With an être verb, there is agreement between the past participle and the subject of the verb. (Think of the past participle as an adjective which needs agreement in gender and number.)

* *The extra 's' depends on whether you are talking to one person or to two.*

Elle est tombée   Ils sont partis   Nous sommes venus   Elles sont entrées

Claude Monet, peintre.
Il est né en 1840.
Il est mort en 1926.

Marie-Antoinette, Reine de France.
Elle est née en 1755.
Elle est morte en 1793.

Tu es né(e) en quelle année ?
Réponds à cette question.

Je suis né en mil neuf cent quatre-vingt-deux.

Ecris le verbe entre parenthèses au passé composé.

1. Je ___suis arrivée___ hier soir. ✓ (arriver)

2. Elle ___est montée___ à la Tour Eiffel. ✓ (monter)

3. Nous ___sommes partis___ à huit heures. ✓ (partir)

4. Elles ___sont venues___ à l'école. ✓ (venir)

5. Ils ___sont tombrés___ dans la rue. ✓ (tomber)

6. La femme ___est devenue___ très riche. ✓ (devenir)

7. Tu ___es né___ en France ? ✓ (naître)

8. Il ___est retourné___ chez lui. ✓ (retourner)

9. Elles ___sont descendues___ à la cave. ✓ (descendre)

10. Ils ___sont sortis___ de leur maison. ✓ (sortir)

11. Elle ___est partie___ pour Nice. ✓ (partir)

12. Il ___est mort___ l'année dernière. ✓ (mourir)

Exercices

1. Ecris le participe passé dans le blanc.

1. Il a _____ mangé _____ (manger)
2. Tu as _____ fait _____ (faire)
3. Elles ont _____ mis _____ (mettre)
4. Il est _____ arrivé _____ (arriver)
5. Elle est _____ tombée _____ nor (tomber)
6. Ils sont _____ partis _____ (partir)
7. Elles sont _____ sorties _____ (sortir)

8. Ils ont _____ prendu ✗ pris _____ (prendre)
9. Anne est _____ restée _____ (rester)
10. Ils sont _____ venus _____ (venir)
11. Elles sont _____ descendues _____ (descendre)
12. Paul a _____ entendu _____ (entendre)
13. Mes frères ont _____ lu _____ (lire)
14. Mes sœurs sont _____ entrées _____ (entrer)

avoir ou être?

2. Ecris ces verbes au passé composé.

1. Tu _____ as parlé _____
   (parler)
2. Il _____ a écouté _____
   (écouter)
3. Elle _____ a fini _____
   (finir)
4. Elle _____ est entrée _____
   (entrer)
5. Nous _____ avons vu _____
   (voir)
6. Ils _____ ont fait _____
   (faire)

7. Ils _____ sont tombés _____ nor ✗
   ou est (tomber)
8. Elle _____ est ~~tombé~~ arrivée _____
   (arriver)
9. Elle _____ a lu _____
   (lire)
10. La femme _____ est partie _____
   (partir)
11. Les femmes _____ sont sorties _____
   (sortir)
12. Ma sœur _____ est venu _____
   (venir)

22

Un accident de la route
Ecoute ton CD. Réponds aux questions.

1. In which month did this accident occur?
2. Where does Isabelle Arnaud live?
3. On the way to school, what did she admire?
4. How did the accident occur?
5. How far did she have to push the bicycle?
6. Which class was in progress when she arrived?
7. What was the teacher's reaction when she arrived late?
8. How did she return home that evening?

Le fermier et le corbeau

Hier soir, je suis sorti de ma maison.

Je suis monté dans ma voiture.

Je suis parti à toute vitesse.

Je suis allé dans la direction de mon champ.

Je suis descendu de ma voiture.

Je suis entré dans le champ.

Je suis resté cinq minutes sous un arbre.

Un grand corbeau est arrivé.

J'ai tiré sur lui … mais en vain !

Le corbeau n'est pas mort.

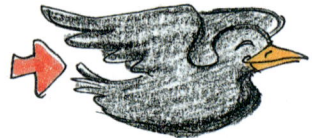

Ma voiture est tombée en panne.

Je suis retourné chez moi à pied.

Ma femme est venue à la porte.

Elle est devenue très irritée en me voyant.

Hier soir, le fermier est sorti…
Write the story in the third person.

Chico et Fifi pique-niquent à la campagne

Ecoute la cassette.

Tous les samedis, Chico et Fifi décident de faire un pique-nique à la campagne. Ils font tous les préparatifs. Fifi prépare des sandwiches.

Chico met les provisions dans le coffre de leur voiture. Ils partent de bonne heure. Ils vont dans la direction d'une jolie rivière.

Ils arrivent au bord de la rivière à midi. Chico cherche du bois et il allume un bon feu.

Un peu plus tard, ils mangent des sandwiches et ils boivent du café. Après, ils entrent dans le bois et ils font une promenade.

A six heures, ils retournent à leur voiture. Comme toujours, en rentrant à la maison, la voiture tombe en panne !

Ecris cette histoire au passé composé.
Samedi dernier, Chico et Fifi ont décidé de...

Grammaire
Indirect Object pronouns

Il me donne l'argent.

He gives the money to me.

me	to me
te	to you
lui	to him, to her
nous	to us
vous	to you
leur	to them

Negatives

ne... pas	.... not
ne... jamais	.... never
ne... rien	.... nothing
ne... personne	.... nobody
ne... plus	.... no more/no longer
ne... guère	.... hardly/scarcely
ne... ni... ni	.... neither ... nor
ne... que	.... only

C'est un croconouille !

Ce fermier habite en Alsace.
Il est obstiné et bourru.
Il n'aime personne.
Il ne cultive jamais de légumes.
Dans sa ferme, il n'a ni vaches ni moutons.
Il ne fait rien dans son verger.

Mais tous les matins, il sort de sa maison.
Il entre dans sa grenouillerie et il ramasse
des grenouilles : de grosses grenouilles...
des milliers de grenouilles.

Elles viennent d'Alsace, Madame.

Ces cuisses de grenouilles sont délicieuses !

Voici une grenouille. Elle habite dans la
grenouillerie depuis deux ans. En voyant le
fermier, elle a peur. Mais hier soir, elle a rêvé.

Et son rêve ?
«Je me marierai avec un crocodile. Mes
enfants auront des dents. Le fermier ne
ramassera plus de grenouilles.»

Qu'est-ce que c'est ?

C'est un croconouille.

Travaux agricoles

Petites annonces

1.
- 1 poste disponible pour 15 jours à 1 mois.
Activités : travaux agricoles dans les vignes.
Horaire : 30 heures environ par semaine.
Pas de rémunération, mais logement et nourriture assurés.
Etudiants étrangers acceptés.

2.
- 2 postes sont disponibles pour 1 à 3 mois.
Activités : cueillette des pommes et ramassage des pommes de terre.
Horaire : environ 20 heures par semaine.
Logement et nourriture assurés avec argent de poche.
Etudiants étrangers parlant français acceptés.

3.
- 1 poste disponible pour 1 mois au minimum.
Activités : soins aux vaches et fabrication de fromages.
Horaire : 40 heures par semaine.
Salaire si bon travail (de 100 à 150 euros par semaine).
Logement dans chambre individuelle.

Give details of the jobs on offer.

	Type of work	Hours	Wages/Conditions
Ad. 1			
Ad. 2			
Ad. 3			

Tu aides notre ami à écrire une lettre.

Continue the letter. Look at what our friend ticked on the left.

- ✔ Tu aimes les animaux.
- ✔ Tu aimes le travail agricole.
- ✔ Tu cherches un emploi dans une ferme.
- ✔ Tu as de l'expérience.
- ✔ Tu es robuste physiquement.
- ✔ Tu es libre en juillet/août.
- ✔ Tu parles français.
- ☐ Tu as plus de 18 ans.

Monsieur,
Je cherche un emploi dans une ferme en France.

Révisions

1. Remplace les briques dans le mur.

le passé composé

Je	suis	venue ✓
Tu	es	venu(e) ✓
Il	est	venu ✓
Elle	est	venue ✓
Nous	sommes	venu(e)s ✓
Vous	êtes	venu(e)s ✓
Ils	sont	venus ✓
Elles	sont	venues. ✓

2. Ecris le participe passé de ces verbes :

1. aller → allé ✓
2. sortir → sorti ✓
3. descendre → descendu ✓
4. voir → vu ✓
5. tomber → tombé ✓

6. arriver → arrivé ✓
7. venir → venu ✓
8. partir → parti ✓
9. boire → bu ✓
10. mourir → mort ✓

3. Ecris ces verbes au passé composé :

1. je donne → j'ai donné ✓
2. tu finis → tu as fini ✓
3. nous vendons → nous avons vendu ✓
4. je tombe → je suis tombé ✓
5. elle arrive → elle est arrivée ✗
6. nous voyons → nous avons vendu vu.

7. il vient → Il est venu
8. elle vient → elle est vient.✗ venu
9. elles boivent → elle ont bu ✗
10. ils partent → ils ont partis ✗
11. je vois → j'ev vu ✓
12. tu vas → tu es allé ✓

4. Mets ces phrases au pluriel :

1. Je suis arrivé. → ....
2. Je suis tombée. → ....
3. Il est monté. → ....
4. Elle est descendue. → ....
5. J'ai vu un arbre. → ....
6. Tu as cueilli une pomme. → ....
7. Il a ramassé un chou. → ....
8. Il est parti hier. → ....
9. Elle est venue à l'école. → ....
10. Je suis né à Paris. → ....

«Qu'est-ce que c'est ?»   «C'est un...»
Parle avec un partenaire.   «C'est une...»

1. 2. 3. 4.

5. 6. 7. 8. 9.

1. A la ferme en France
Ecoute ces deux interviews. Coche (✔) les cases.
Tick an item if the farmer has it on the farm.

	le fermier	la fermière
cows	☐	☐
sheep	☐	☐
hens	☐	☐
ducks	☐	☐
rabbits	☐	☐
vegetables	☐	☐
apples	☐	☐
wheat	☐	☐
grapes	☐	☐

2. Interview avec une jeune Française

1. Where does she live? ....

2. What does she like about the countryside? ....

3. What is her favourite animal? ....

4. What is her favourite season? ....

Associations : relie les bonnes paires •————•

les pommes •   • la laine
le blé •   • le fromage
les moutons •   • le cidre
le raisin •   • la bière
le lait •   • la farine
le bois •   • la viande
l'orge •   • le papier
les bœufs •   • le vin

L'escargot est protégé ! ici

Les vacances

12

In this section, you will…

- hear French people talk about their holidays
- fill in a questionnaire about your holidays
- find out what a *gîte rural* is
- look at holidays in a *colonie de vacances*
- learn what you would see and do at the seaside
- see why the Côte d'Azur is so popular
- learn a proverb which praises travel

In grammar, you will…

- work hard at the Present, Past and Future Tenses
- look at negative verbs in the **Passé Composé**

85% des Français restent en France pour leurs vacances. Ils vont à la mer, à la montagne ou à la campagne.

Pour les vacances, venez en France. Ça vaut le voyage !

Photos de vacances

«C'est moi au bord de la mer ! J'aime passer mes vacances d'été sur la Côte d'Azur. Tous les jours je vais sur la plage. Je me fais bronzer et je me baigne. C'est très agréable parce qu'il fait chaud. J'adore la mer et le soleil.»

«Quand je pars en vacances, moi, je préfère la campagne. J'aime faire de longues promenades, pêcher dans une rivière, prendre des photos. C'est très reposant.

L'été dernier, je suis resté dans un gîte en Provence. J'ai pris cette photo du gîte. Il est beau, n'est-ce pas ?»

«C'est moi sur les pistes ! J'adore le ski. La neige, les copains, l'ambiance dans la station de ski – c'est un bon moyen de s'amuser.

Cet hiver je passerai une semaine à faire du ski à Chamonix dans les Alpes. Je resterai dans un hôtel.»

«Je suis parti en vacances avec mon copain au mois de juin. Nous avons fait du camping. Nous sommes restés dans ce camping en Bretagne.

En y arrivant, nous avons dressé la tente. Après, nous avons mangé au restaurant.»

Ecoute ces quatre Français sur la cassette.

Questionnaire
LES GRANDES VACANCES

1. Pendant les grandes vacances, où préférez-vous aller ?
Vous allez...
- ☐ au bord de la mer.
- ☐ à la campagne.
- ☐ à la montagne.
- ☐ à l'étranger.
- ☐ dans une colonie de vacances.

2. En vacances, où restez-vous ?
Vous restez...
- ☐ dans un hôtel.
- ☐ dans un camping.
- ☐ dans un gîte rural.
- ☐ dans une auberge de jeunesse.
- ☐ chez des amis.

3. Au bord de la mer, qu'est-ce que vous aimez faire ?
Vous aimez...
- ☐ nager dans la mer.
- ☐ vous faire bronzer.
- ☐ vous promener sur la plage.
- ☐ pêcher.
- ☐ regarder les bateaux.

4. A la campagne, qu'est-ce que vous aimez le mieux ?
Vous aimez...
- ☐ pique-niquer.
- ☐ faire du vélo.
- ☐ visiter des ruines.
- ☐ regarder la nature.

5. L'été dernier, qu'est-ce que vous avez fait ?
Un jour,...
- ☐ vous avez visité une ferme.
- ☐ vous avez fait de la voile.
- ☐ vous avez pris des photos.
- ☐ vous êtes allé(e) à une disco.

6. L'été prochain, qu'est-ce que vous ferez ?
Cet été,...
- ☐ vous irez à la plage.
- ☐ vous ferez une excursion à la campagne.
- ☐ vous resterez à la maison.
- ☐ vous travaillerez.

BONNES VACANCES !

Tes grandes vacances

Ecris une courte description de tes vacances.

1. Où vas-tu généralement ?
2. Où est-ce que tu loges ?
3. Qu'est-ce que tu aimes faire à la plage ?
4. Que fais-tu à la campagne ?
5. L'été dernier, qu'est-ce que tu as fait ?
6. L'été prochain, qu'est-ce que tu feras ?

Mes grandes vacances
Généralement, je …

Trois interviews sur les grandes vacances
On pose les mêmes questions (ci-dessus) à trois adolescents.

The six questions above are put to three teenagers. Write the answers in the grid.

	Roland	Valérie	Victor
Q.1			
Q.2			
Q.3			
Q.4			
Q.5			
Q.6			

Proverbe

«Pierre qui roule n'amasse pas mousse.»

Moi, je suis en vacances. Il est si bon de rester au lit !

Gîtes de France

Un gîte rural est une maison à la campagne.

Son prix est modéré. Il est meublé et équipé de tout le matériel nécessaire pour un séjour.

Les vacances dans un gîte sont populaires. Il faut réserver longtemps à l'avance.

On peut louer un gîte pour un week-end, une semaine ou un mois.

Fiche de réservation

Nom et adresse du gîte _____

_____

_____

Monsieur/Madame,

Nous désirons réserver votre gîte pour un séjour de _____ nuits, commençant le _____ à _____ heures.

Nous sommes _____ adultes et _____ enfants (garçons âgés de _____ ans et filles âgées de _____ ans).

Nom _____

Adresse _____

Signature _____

Use the booking form above to reserve the *gîte* below for a family holiday.

LOIRE ATLANTIQUE
«Les Pommiers», 45350 Guérande

- A 30 km de La Baule, belle maison avec cour et jardin pour 6 personnes.
- Cuisine, séjour, 3 chambres, salle de bains, cave.
- Chauffage central, douches chaudes, machine à laver.
- Bassin pour enfants.

A proximité : équitation, canotage, randonnées pédestres.
Location : week-end, semaine ou mois.

Compréhension : réponds aux questions en anglais.

1. What rooms does this house have?_____

2. What facilities does it offer?_____

3. What special attraction does it have for children? _____

4. What leisure amenities are available nearby? _____

5. How can it be rented?_____

Exercices

1. Met à, au, à la, à l' ou aux dans le blanc.

1. Il passe un mois _____ Paris.

2. Je vais _____ marché.

3. Anne habite _____ campagne.

4. Elle arrivera _____ hôtel.

5. Nous sommes arrivés _____ camping.

6. Tu vas _____ cinéma ?

7. Vous irez _____ plage demain.

8. Il est resté _____ maison.

9. Mon oncle habite _____ Etats-Unis.

10. Je passerai mes vacances __ Canada.

11. Donne le cadeau _____ enfant !

12. Elle donne l'argent _____ filles.

13. Dis «bonjour» _____ ma mère !

14. Il va _____ discothèque ce soir.

15. Le bateau arrivera _____ Havre.

16. Il passe l'hiver _____ Portugal.

avoir ou être?

2. Ecris ces phrases au passé composé.

1. Je fais une excursion. → _____

2. Elle fait du vélo. → _____

3. Nous regardons les bateaux. → _____

4. Ils passent une semaine à Grenoble. → _____

5. Je reste dans un hôtel. → _____

6. Il part à trois heures. → _____

7. Elle sort de sa maison. → _____

Où allez-vous en vacances ?
Ecoute ton CD. Réponds à ces questions.

1. In which French region is Nicole spending her Easter holidays?

2. How will Nicole and her family travel there?

3. In which French city will Madame Duclos spend her holidays?

4. Where will she stay while there?

5. Where will Paul spend his Christmas holidays?

6. On which day will he set out?

7. How long will Pierre spend in Ireland?

8. What is the purpose of his holiday?

Claire écrit une lettre

Guérande, le 5 août

Chère Sophie,

Nous passons deux semaines dans un gîte près de Guérande.
Nous sommes arrivés samedi. C'est formidable ici !
Il y a trois chambres, une cuisine, une salle de séjour.
Hier soir, je suis descendue à la cave mais, en descendant,
je suis tombée !

Je m'amuse beaucoup. Je me baigne dans un petit bassin
dans le jardin.

Demain, Maman fera de l'équitation. Moi, je ferai du
canotage. La semaine prochaine, nous irons à La Baule qui
se trouve à 30km d'ici.

Grosses bises,
Ton amie,
Claire

Tu écris une lettre.
Imagine que tu fais un séjour avec ta
famille dans ce gîte à droite. Ecris une
lettre à ton ami(e).

In your letter:
– Say how long you are staying.
– Say when you arrived.
– Describe the gîte.
– Say how you amuse yourself.
– Mention one thing you have done
  and one thing you hope to do.

Gîte rural en Normandie
Belle situation
A 200m d'un village et à 7 km de la mer.
7 pièces : 3 chambres, cuisine, salle de séjour,
salon, salle de bains.
Tout confort. Télévision et frigo.
Beau jardin avec pelouse et verger.
Magasins et restaurant au village.
Pour tous renseignements et réservation –
Tél Granville 02.50.67.34.60

Hier,
j'ai fait de la voile.

Aujourd'hui,
je fais de la voile.

Demain,
je ferai de la voile.

Hier

J'ai nagé...
J'ai choisi...
J'ai fait...
J'ai pris...
J'ai bu...
J'ai joué...
Je suis allé(e)...

Aujourd'hui

Je nage dans la mer.
Je choisis un cadeau.
Je fais ma valise.
Je prends des photos.
Je bois un coca.
Je joue au tennis.
Je vais à la plage.

Demain

Je nagerai...
Je choisirai...
Je ferai...
Je prendrai...
Je boirai...
Je jouerai...
J'irai...

Maintenant à toi de continuer !

J'ai visitée un musée ✓	Je visite un musée.	Je visiterai ✓
J'ai pris un bain de soleil	Je prends un bain de soleil.	Je prendrai ✓
J'ai cherché ✓	Je cherche de l'eau.	Je chercherai ✓
J'eu fait ✓	Je fais un pique-nique.	Je ferai ✓
J'au allé à la rivière	Je vais à la rivière.	J'irai à la rivière ✓
J'suis sorti ✓	Je sors de chez moi.	Je sortirai ✓
J'ai regardé ✓	Je regarde les vagues.	Je regarderai ✓
Je suis resté ✓	Je reste une heure.	Je resterai ✓
J'ai fait ✓	Je fais de la voile.	Je ferai ✓
J'ai écrit ✓	J'écris une carte postale.	J'écrirai écrirai ✓
Je suis arrivé	J'arrive à Paris.	J'arriverai à Paris

En vacances

Voici Pierre. Il est en vacances.
Qu'est-ce qu'il a fait hier ?
Qu'est-ce qu'il fait aujourd'hui ?
Qu'est-ce qu'il fera demain ?

Ecoute la cassette et remplis les blancs.

1. Pierre est en vacances sur la _____. Hier, il a fait sa _____ à la maison avant de partir. Il est arrivé à son hôtel à _____ heures. Aujourd'hui il joue au _____ sur la plage. Et il regarde les _____ filles ! Demain, il _____ un pique-nique et il écrira des cartes postales à ses _____.

Voici Sophie. Elle fait du camping.

2. Hier soir, vers sept heures, Sophie a dressé sa petite _____ dans le camping. Après, elle a _____ la télé pendant une heure. Aujourd'hui, comme il fait très beau, elle _____ dans la mer et elle prend un bain de _____. Demain, elle _____ de la voile le matin. L'après-midi, elle choisira un _____ pour son petit ami.

Et voici Vincent et Paul. Ils sont en vacances.

3. Vincent et Paul sont arrivés à un _____ rural en Bourgogne hier. A six _____, ils ont dîné dans un restaurant. Aujourd'hui, ils vont à la _____ et ils nagent dans la _____. Demain, ils _____ des photos. S'il fait beau, ils _____ au tennis.

Les colonies de vacances

Salut !
Je suis dans une colonie de vacances
dans les Vosges.
C'est formidable !
Les moniteurs et monitrices sont
sympas.

Les colonies de vacances sont très populaires chez les jeunes.

Vous trouverez des colonies de vacances partout en France : à la campagne, au bord de la mer, à la montagne.

Ces colonies durent un mois. Elles sont mixtes. Les enfants sont divisés en groupes, selon leurs âges : les petits de 6 à 8 ans, les moyens de 8 à 12 ans, les grands de 12 à 14 ans. Ils sont logés dans un vieux château, une ferme ou une école.

Le directeur ou la directrice est souvent un professeur. Il y a aussi des moniteurs et des monitrices qui surveillent les jeunes et qui organisent les jeux.

On passe la plupart du temps en plein air. On pratique presque tous les sports. Il y a de bons rapports entre les adultes et les jeunes. L'ambiance est bonne.

Activités

- le tennis
- l'équitation
- le tir à l'arc
- le patinage
- la gymnastique
- le cyclisme
- la natation
- le canoë
- le collage
- l'escrime
- la peinture
- la lecture
- le basket
- le feu d'artifice

Compréhension

Which one is not included?

(a) archery

(b) reading

(c) barbecues

(d) fencing ❑

Chico est dans une colonie de vacances

Je suis ici depuis une semaine. C'est chouette !

Je suis arrivé lundi dernier.

Je fais de l'escrime.

Je pêche dans la rivière.

Hier soir, j'ai vu le feu d'artifice.

J'aime les moniteurs et les monitrices – surtout Hélène !

Je n'aime pas les repas. Ils sont affreux.

Demain, je ferai du canoë.

Regarde les dessins ci-dessus. Remplis les blancs dans ces phrases.

1. Chico _____ dans une colonie de vacances depuis une semaine.
2. Il _____ arrivé lundi dernier.
3. Il _____ de l'escrime.
4. Il _____ le feu d'artifice hier soir.
5. Demain, il _____ du canoë.

Une jeune Française est dans une colonie de vacances. Ecoute la cassette et réponds à ces questions.

1. When did she arrive? _____
2. What does she do each morning? _____
3. How does she spend the afternoon? _____
4. What will she do tomorrow? _____
5. What does she not like? _____

Colonie de Vacances – Moniteurs, Monitrices

2 postes sont disponibles pour deux mois durant les vacances scolaires d'été.

Horaire : 39 heures par semaine.

Rémunération mensuelle d'environ 600 €. Il faut aimer les enfants et avoir plus de 18 ans. Expérience d'animation enfants en centres de vacances nécessaire.

Compréhension : réponds en anglais.

What are the essential requirements for this job?

à la plage

un phare

une mouette

une falaise

un bateau

une vague

une jetée

un parasol

un nageur

une canne à pêche

un maillot de bain

un rocher

un caleçon de bain

un transat

une pelle

une méduse

un château de sable

un coquillage

le sable

un seau

Ecoute ce vocabulaire sur la cassette.

Répète-le !

✎ Exercices

1. Mets l'adjectif démonstratif (*ce*, *cet*, *cette* ou *ces*) devant le nom.

1. _____ bateau	6. _____ seaux	11. _____ auberge
2. _____ falaise	7. _____ transat	12. _____ jeux
3. _____ oiseau	8. _____ coquillage	13. _____ homme
4. _____ phare	9. _____ mouette	14. _____ école
5. _____ pelle	10. _____ arc-en-ciel	15. _____ vagues

2. Ecris les verbes au futur.

1. Je _____ dans l'eau (*nager*)	9. Je _____ une carte (*choisir*)
2. Il _____ un maillot (*porter*)	10. Elle _____ une heure (*rester*)
3. Nous _____ dans les vagues (*jouer*)	11. Nous _____ du café (*sortir*)
4. Ils _____ à la jetée (*attendre*)	12. Tu _____ le phare (*voir*)
5. Vous _____ la méduse (*voir*)	13. Je _____ un bateau (*louer*)
6. Tu _____ un château de sable (*faire*)	14. Tu _____ une pelle (*avoir*)
7. Elle _____ un seau (*acheter*)	15. Nous _____ vite (*courir*)
8. Ils _____ à la plage (*aller*)	16. Ils _____ contents (*être*)

24 **Des vacances au bord d'un lac**
Ecoute ton CD. Réponds aux questions.

1. In which country is Nicolas spending his holidays?
2. How long has he been water-skiing?
3. Why does he rush to the window in the morning?
4. How far is their chalet from the lake?
5. On the way to the lake, what does he admire?
6. Which fruit does he pick and eat on his way to the lake?
7. What is his skiing instructor's name?
8. Why does Nicolas admire him?

Au bord de la mer

1. **Ecoute la cassette.**
Sophie parle de ses vacances au bord de la mer l'été dernier.

«Salut ! Je m'appelle Sophie. J'ai passé un mois au bord de la mer...

J'ai pris des bains de soleil.

J'ai pataugé dans l'eau.

J'ai plongé dans les vagues.

J'ai nagé jusqu'à la jetée.

A marée basse, j'ai ramassé des coquillages.

A marée haute, j'ai pêché dans la mer.

J'ai fait des châteaux de sable.

J'ai grimpé sur la falaise.

J'ai attrapé une méduse.

J'ai fait du ski nautique.»

2. **Et Gérard : Qu'est-ce qu'il a fait ?**
Ecoute la cassette. Ecris les numéros.

○ ○ ○ ○ ○ ○ ○ ○

Maintenant à toi ! Décris une journée au bord de la mer.

A quelle heure est-ce que tu y es arrivé(e) ?
Est-ce que tu t'es fait bronzer ?
Qu'est-ce que tu as vu ?
Qu'est-ce que tu as fait ?
Qu'est-ce que tu as mis ?

Je suis arrivé à la plage à ......

Vingt-deux millions de Français prennent leurs vacances en juillet et août. Presque tout le monde part en voiture à la recherche du soleil. Ils se dirigent vers la côte.

Les grandes villes sont désertes. Sur les autoroutes, il y a des bouchons. Les automobilistes s'irritent. Il y a beaucoup d'accidents. C'est un cauchemar.

La Côte d'Azur se trouve à 900 km au sud de Paris. Là, au bord de la mer Méditerranée, il y a de jolies plages, du soleil et des touristes de toutes les nationalités.

Tous les jours, la mer est bleue. On nage, on se fait bronzer, on joue au volley, on fait du pédalo. Que la vie est belle !

Le soir, on cherche un restaurant chic. On se balade dans les rues. On va peut-être dans une boîte de nuit ou dans une discothèque.

Mais à la fin des vacances, il y a encore les autoroutes bondées, les retards et les accidents.

Et pour les jeunes, il y a la rentrée !

Ecoute cette page sur la cassette.

Grammaire : le Passé Composé au négatif

As you know, to make a verb in the Present Tense negative, you put ne before the verb and pas after it:

Je donne ➔ Je **ne** donne **pas**

This also applies to the future tense:

Je donnerai ➔ Je **ne** donnerai **pas**

However, a little extra care must be taken with the *passé composé*.

Study these two examples:

J'ai donné ➔ Je **n'**ai **pas** donné
Je suis allé ➔ Je **ne** suis **pas** allé

As you can see here, you put ne immediately before the *avoir* or *être* part of the *passé composé* and pas immediately after it. The past participle comes last.

Mets ces verbes au négatif.

1. Je finis ➔ _____
2. Tu boiras ➔ _____
3. Il vendra ➔ _____
4. J'ai acheté ➔ _____
5. Tu as vendu ➔ _____
6. Il a choisi ➔ _____
7. Je suis parti ➔ _____
8. Nous sommes allés ➔ _____
9. Ils sont tombés ➔ _____
10. Elle est sortie ➔ _____
11. Nous ferons ➔ _____
12. Nous avons fait ➔ _____
13. Vous dites ➔ _____
14. Vous avez dit ➔ _____

Révisions

1. Une photo de vacances. Qu'est-ce que tu vois dans cette photo ?

2. Réponds à ces questions.

1. Où vas-tu en vacances ?
2. Que fais-tu à la plage ?
3. Qu'est-ce que tu as fait l'été dernier ?
4. Qu'est-ce que tu feras l'été prochain ?

En vacances : on parle des vacances. Ecoute la cassette.
People talk about their holidays. Fill in the details in the grid.

	Favourite holiday	Accommodation	Holiday activities
1			
2			
3			
4			

Révisions

1. Ecris ces phrases au passé composé.

AUJOURD'HUI		HIER
1. Je cherche une méduse.	→	_____
2. Tu prends une photo.	→	_____
3. Il va à la plage.	→	_____
4. Elle arrive au gîte.	→	_____
5. Ils restent une heure.	→	_____
6. Nous faisons un pique-nique.	→	_____
7. Elles tombent dans les vagues.	→	_____

2. Ecris ces phrases au futur.

AUJOURD'HUI		DEMAIN
1. Je nage bien.	→	_____
2. Tu choisis une carte.	→	_____
3. Il sort de sa maison.	→	_____
4. Nous buvons du vin.	→	_____
5. Vous restez à Paris.	→	_____
6. Ils font du volley.	→	_____
7. Elles vont au concert.	→	_____

3. Ecris ces verbes au négatif.

POSITIF		NÉGATIF
1. J'ai nagé.	→	_____
2. Tu as regardé.	→	_____
3. Il a choisi.	→	_____
4. Elle est allée.	→	_____
5. Ils sont venus.	→	_____
6. Je suis tombée.	→	_____
7. Vous êtes sortis.	→	_____

Associations : relie les bonnes paires •————•

Où vas-tu ?	•	• Dans un gîte.
Où est-ce que tu loges ?	•	• Sur la falaise.
Qu'est-ce que tu choisis ?	•	• A la plage.
Où es-tu tombé ?	•	• Du canoë.
Qu'est-ce que tu as fait ?	•	• Un cadeau pour mon ami.
Qu'est-ce que tu mets ?	•	• Une méduse.
Qu'est-ce que tu as dans le seau ? •		• Un maillot de bain.

A l'auberge de jeunesse

13

In this section, you will...

• look at brochures for youth hostels in France
• find out why people like to stay in hostels
• learn how to make a reservation in a hostel
• look at some youth hostel regulations
• read the menu at a hostel
• do a checklist of items for your rucksack
• send a letter and postcard home from a hostel

In grammar, you will...

• form the **Passé Composé** of reflexive verbs

Il y a 189 auberges de jeunesse en France. Elles sont très populaires.

Elles offrent un hébergement à un prix modéré. Elles permettent aux jeunes de voyager et de rencontrer d'autres jeunes de tous les pays.

Les auberges de jeunesse

Les auberges de jeunesse se trouvent partout en France : dans les grandes villes, à la campagne, au bord de la mer, à la montagne. Il y a des auberges qui sont situées dans des endroits isolés mais pittoresques.

On peut rester dans une auberge seul, en famille, avec des amis ou avec un groupe.

Regarde la carte : vrai ou faux ?

	VRAI	FAUX
1. Il y a des milliers d'auberges de jeunesse en France.	☐	☐
2. Il y a 6 auberges à Paris et dans la Région parisienne.	☐	☐
3. Il y a une auberge de jeunesse à Toulouse.	☐	☐
4. Il n'y a pas d'auberge de jeunesse à Amiens.	☐	☐
5. Il y a plus d'auberges en Normandie qu'en Bretagne.	☐	☐
6. Il y a très peu d'auberges de jeunesse en Bourgogne.	☐	☐

Carte FUAJ

La carte de membre de la FUAJ est nécessaire pour être hébergé en A.J. et pour participer à toutes les activités organisées.

- Elle vous permet de voyager en France et à l'étranger de manière économique.
- Elle est valable du 1er octobre au 31 décembre de l'année suivante.

Carte Internationale FUAJ

Cotisations annuelles

- de 26 ans	8 €
+ de 26 ans	10 €
Famille	15 €
Carte 1 nuit	3 €

- Cette carte donne droit à des réductions dans les théâtres, musées, cinémas, concerts, festivals, piscines.

Pour obtenir la carte d'adhésion, il suffit de remettre les pièces suivantes :

- Bulletin d'adhésion
- Pièce d'identité (photocopie)
- Photo d'identité
- Autorisation des parents (pour les moins de 18 ans)
- Règlement de la cotisation (chèque postal ou bancaire)

- Chamonix

Compréhension : réponds en anglais.

1. Name 2 advantages of having a membership card of the FUAJ?
2. For how long is a card valid?
3. What do you have to do to obtain a membership card?
4. How much do you have to pay to become a member of the FUAJ?
5. If you are under 18, what must you remember to do?

GF94
BULLETIN A PHOTOCOPIER OU A RECOPIER
ET A REMPLIR EN CARACTERES D'IMPRIMERIE

NOM

PRENOM

DATE DE NAISSANCE   SEXE

F entourer la lettre correspondante M

ADRESSE

BUREAU DISTRIBUTEUR

CODE POSTAL   TEL

COTISATION ANNUELLE   €

SIGNATURE (OBLIGATOIRE DES PARENTS POUR LES MINEURS)

Dans une auberge à St-Brieuc

Voici Claire. Elle est passionnée par les voyages. Elle préfère rester dans des auberges de jeunesse. Cet été, elle passe huit jours dans une auberge à St-Brieuc en Bretagne.

Claire parle. Remplis les blancs.

Les auberges de jeunesse sont confortables. Elles sont bon marché : beaucoup moins chères que les _____. J'ai horreur de faire du camping sous la pluie. Dans les _____, on rencontre des gens de tous les pays. L'ambiance est _____.

Les campings ont leurs étoiles. Les A.J. ont leurs sapins. L'Auberge de Jeunesse à St-Brieuc a 4 sapins.

🌲🌲🌲 • St-Brieuc

St-Brieuc, le 20 juillet

Chère Maman, cher Papa,
    Je suis arrivée dans une très bonne auberge en Bretagne. Elle est jolie : c'est un vieux bâtiment en pierre.
    En tout, il y a 76 lits. Au premier étage, il y a des dortoirs pour les filles et, au deuxième étage, des dortoirs pour les garçons. Il y a des douches chaudes.
    En arrivant, j'ai loué des draps à la réception. Dans la cave, il y a une machine à laver pour faire la lessive. Demain je louerai un vélo ici. Cette A.J. mérite ses 4 sapins !
        A bientôt,
        Claire

Exercices

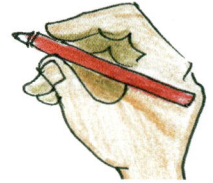

1. Fais accorder les adjectifs.

1. L'auberge est _____ (joli)

2. Les arbres sont _____ (grand)

3. Les voyages sont _____ (long)

4. Cet oiseau est _____ (beau)

5. L'endroit est _____ (isolé)

6. Mes amis sont _____ (sympa)

7. Les douches sont _____ (chaud)

8. Ce bâtiment est _____ (vieux)

9. Les dortoirs sont _____ (petit)

10. La cave est _____ (vieux)

Est-ce que je fais mon lit?
As-tu ta photo d'identité?

2. Ecris ces phrases à l'interrogatif.

1. Je vois l'auberge. → _____

2. Tu fais tes devoirs. → _____

3. Il va à l'école. → _____

4. Vous savez la réponse. → _____

5. J'arriverai à six heures. → _____

6. Nous entrons dans le cinéma. → _____

7. Elle fera les courses. → _____

8. Ils iront en Italie. → _____

9. Il y a un hôtel près d'ici. → _____

10. Il y a des vaches dans le champ. → _____

25 **Séjours dans des auberges de jeunesse**
Ecoute ton CD. Remplis les détails dans la grille.

	Town	Length of stay	Comment
1.			
2.			
3.			
4.			
5.			
6.			

Les voyages... et les auberges

Le voyage :

à pied .... *on foot*
à vélo, en vélo............... *by bicycle*
à moto, en moto............ *by motorcycle*
en voiture...................... *by car*
en autocar .... *by coach*
en train .... *by train*
en bateau .... *by boat*
en avion .... *by plane*

Budget serré ?

**Le Routard.
La liberté pour seul guide.**

Moi, je voyage à pied !

Pourquoi préfère-t-on les auberges ?

Ça ne coûte pas cher.

Elles sont différentes.

Je préfère l'ambiance.

Dans une auberge, je me fais des amis.

Je parle d'autres langues.

Le père aubergiste est sympa.

On rencontre des jeunes de tous les pays.

J'aime les auberges pour les activités.

Les repas sont simples mais bons.

Ecoute la cassette. Réponds aux questions en anglais.

	Way of travelling?	Reason for choosing hostels?
Marthe		
François		
Maude		
Jean		
Anne		
Luc		

Catégories d'auberges

Les Auberges de Jeunesse de la FUAJ sont classées en 5 catégories.

🌲🌲🌲🌲 4 SAPINS

- Auberge de grand confort (70+lits)
- Chambres de 2 à 6 lits.
- Lavabo ou salle d'eau dans la chambre
- Restauration (tous repas)
- Salles de détente
- Ouverture 24h/24h

🌲🌲🌲 3 SAPINS

- Chambres de 2 à 8 lits
- Lavabo ou salle d'eau dans la chambre
- Restauration (tous repas)
- Au moins, salle de réunion
- Salles de détente
- Ouverture tardive le soir

🌲🌲 2 SAPINS

- Chambres de 2 à 8 lits
- Sanitaires collectifs
- Restauration (au minimum : petit déj.)
- Salles polyvalentes
- Ouverture variable

🌲 1 SAPIN

- Chambres de 8 lits et plus
- Sanitaires collectifs
- Restauration selon le cas
- 1 seule salle polyvalente
- Services restreints

🌿🌲 A.J. VERTE

- 40 lits maximum
- Pas de service restauration
- Ouverture saisonnière

HÉBERGEMENT (la nuit)

🌲🌲🌲🌲 .... 9 € (pet. déj. compris)
🌲🌲🌲 .... 7 €
🌲🌲 .... 5,50 €
🌲 .... 5 €
🌿🌲 .... 4 € à 5 €

Location de draps/draps-sacs

Location pour 1 à 7 nuits..........2,50 €

Repas

Petit déjeuner .... 3 €
Déjeuner ou dîner .... 7,50 €

Compréhension : réponds en anglais

1. Pick any two categories of hostel. Point out the differences between them.
2. How much would it cost a person (who has to hire sheets) to stay 3 nights in the top category hostel?
3. How much would one night and breakfast cost in the second category hostel?

Au bureau de réception

Des phrases utiles

Avez-vous des lits pour ce soir ?

C'est pour
{
une nuit.
deux nuits.
une semaine.

Je suis seul(e).
Nous sommes deux.

Est-ce que je peux louer
{
des draps ?
des couvertures ?
un sac de couchage ?

C'est combien la nuit ?
Est-ce que le petit déjeuner est compris ?

Où est
{
le dortoir des filles ?
le dortoir des garçons ?
la cuisine ?
la salle à manger ?
la machine à laver ?

Où sont
{
les dortoirs ?
les douches ?
les toilettes ?
les poubelles ?

Où est-ce que je peux
{
faire la cuisine ?
faire la lessive ?
téléphoner ?

DORTOIRS

POUBELLES

Dialogues à la réception

Ecoute ces dialogues.

– Bonjour, Madame. Avez-vous des lits ?
– Oui. Vous êtes combien ?
– Nous sommes deux... un garçon et une fille.
– C'est pour combien de nuits ?
– C'est pour une nuit.
– Bon. Les dortoirs sont au premier étage.
– Est-ce que nous pouvons louer des draps ?
– Oui, bien sûr. C'est 4 € la paire.

le père aubergiste

la mère aubergiste

– Bonjour, Monsieur. Avez-vous des lits ?
– Oui. C'est pour combien de nuits ?
– C'est pour une nuit.
– Vous êtes combien ?
– Je suis seule. Ça coûte combien, Monsieur ?
– Ça coûte 10 €. Le petit déjeuner n'est pas compris.
– D'accord. Est-ce que je peux louer un sac de couchage ?
– Oui. C'est 3 € la nuit.

Imagine et écris les dialogues qui se passent à la réception.

DORTOIRS

Ecoute les dialogues. Réponds aux questions en anglais.
Fill in the details in the grid.

	No. of persons?	No. of nights?	Cost per night?	What else is asked about?
1				
2				
3				
4				

Ecoute la cassette.
Le père aubergiste explique le règlement.

«Bienvenue à cette auberge de jeunesse. Chez nous, comme dans toutes les autres auberges, il y a un règlement. Nous demandons à tous nos visiteurs de respecter les règles suivantes :

1. Il est interdit de fumer dans les dortoirs.
2. Il est interdit de faire du bruit après 11h.
3. Il est interdit de laver la vaisselle dans les lavabos.
4. Il faut mettre les papiers et les ordures dans la poubelle.
5. Il est interdit d'apporter de la nourriture ou des boissons dans les dortoirs.
6. Il faut éteindre les lumières à minuit.
7. Les barbecues sont interdits. Il faut dîner dans la salle à manger.
8. L'auberge est interdite aux animaux. Il faut laisser votre chien à la maison.
9. Pour rester dans cette auberge, il faut avoir une carte d'adhérent de l'Association.»

Match the rule with the illustration

1	2	3	4	5	6	7	8	9
C								

Explique ces règles.
Il est interdit de...
Il ne faut pas...

Cher Toutou,
Ici il est interdit d'aboyer après 10h! Il ne faut pas apporter des os dans les dortoirs!
Les chats sont interdits!

Dans mon sac à dos...

Avant de partir en vacances, Paul a fait des préparatifs. La veille de son départ, il a mis des choses dans son sac à dos...

1. Ecoute cette liste d'accessoires.

des chaussures ✔	un imperméable ✔
une chemise ✔	des lunettes de soleil ✔
des baskets ✔	de l'argent ✔
un T-shirt ✔	un appareil-photo ✔
un peigne ✔	du lait solaire ✔
un savon ✔	des mouchoirs en papier ✔
une serviette ✔	des chewing-gums ✔
un stylo ✔	un caleçon de bain ✔
des timbres ✔	une glace ✔
un baladeur ✔	une pièce d'identité ✔
des piles ✔	une boussole ✔

1. Which one is not included?
(a) soap
(b) raincoat
(c) sunhat
(d) batteries

2. Which one is included?
(a) towel
(b) ice-cream
(c) key
(d) notebook

Le lendemain, Paul est sorti de chez lui. Après un voyage de cinq heures en train, il est arrivé à Montpellier. Il est entré dans l'Auberge de Jeunesse. A la réception, il a parlé à la mère aubergiste. Mais Paul a laissé quelque chose d'important à la maison.

2. Ecoute le dialogue entre Paul et la mère aubergiste.
«...Je suis désolé, Madame, mais j'ai oublié...»
Question :   Qu'est-ce qu'il a oublié ?
Réponse :   Il a oublié _____

Regarde les dessins et écris des phrases.
Il est très important de mettre...
Il est important de mettre...
Il n'est pas important de mettre...

Exercices

1. Ecris mon, ma ou mes devant le nom.

1. _____ chemise
2. _____ stylo
3. _____ argent
4. _____ boussole
5. _____ mouchoirs
6. _____ serviette
7. _____ peigne
8. _____ imperméable
9. _____ sac à dos
10. _____ couteaux
11. _____ automobile
12. _____ chaussures
13. _____ auberge
14. _____ pièce d'identité
15. _____ préparatifs

2. Ecris ces phrases au pluriel.

1. Je chante bien. → _____

2. Tu choisis un cadeau. → _____

3. Elle vend une glace. → _____

4. Je vois le cheval. → _____

5. Tu pars en vacances → _____

6. Il donnera le bonbon au garçon. → _____

7. Je verrai ta maison. → _____

8. Je suis allé à Paris. → _____

9. Elle a lu un roman. → _____

10. Cet homme est intelligent. → _____

26 Au syndicat d'initiative
Ecoute ton CD. Réponds à ces questions.

1. What does the first tourist ask for?

2. What sort of hostel does he prefer?

3. What does the second tourist ask for?

4. Why does the tourist office official recommend one particular place?

5. What does the third tourist want to know?

6. Mention three attractions of the town, apart from the museum.

7. On which day is the museum closed?

Grammaire : les verbes réfléchis

Reflexive verbs are very important in French. Study them well as you will frequently find it necessary to use them.

Here is the *present tense* of the verb se laver:

Je me lave
Tu te laves
Il
Elle } se lave
Nous nous lavons
Vous vous lavez
Ils
Elles } se lavent

Elle se lave dans la salle de bains.

Here is the *passé composé* tense of se laver:

Je me suis lavé(e)
Tu t'es lavé(e)
Il s'est lavé
Elle s'est lavée
Nous nous sommes lavé(e)s
Vous vous êtes lavé(e)(s)
Ils se sont lavés
Elles se sont lavées

Hier, elle s'est lavée dans la salle de bains.

- **Notice that reflexive verbs are conjugated with *être* in the *passé composé*.**
- **Notice the agreement on the past participle in gender and in number.**

Elle s'est réveillée

Elle s'est levée

Elle s'est habillée

Elle s'est promenée

Elle s'est reposée

Elle s'est couchée

1. Mets le verbe suivant au passé composé.

le présent		*le passé composé*
Je me couche	➜	_____
Tu te couches	➜	_____
Il se couche	➜	_____
Elle se couche	➜	_____
Nous nous couchons	➜	_____
Vous vous couchez	➜	_____
Ils se couchent	➜	_____
Elles se couchent	➜	_____

2. Mets les verbes suivants au passé composé.

1. Anne se réveille ➜ _____
2. Nous nous levons ➜ _____
3. Ils se reposent ➜ _____
4. Elle se dépêche ➜ _____

3. Mets les verbes au passé composé.

1. Un matin Sophie **se réveille** à sept heures.

2. Elle **se lave** dans la salle de bains.

3. Elle **s'habille** dans sa chambre.

4. Elle **descend** dans la cuisine où elle **prépare** le pétit déjeuner.

5. Elle **sort** de sa maison et elle **va** à l'école à pied.

6. Après les cours, elle **se repose** à la maison.

7. Elle **fait** ses devoirs... et, à dix heures, elle **se couche**.

Le journal intime de Martine

Jeudi, 20 juin

Je suis partie de très bonne heure ce matin pour prendre le car pour Paris.

Je suis arrivée à **l'Auberge de Jeunesse Jules Ferry** vers cinq heures de l'après-midi. J'ai réservé un lit à la réception. J'ai loué une paire de draps. Je suis montée au dortoir des filles au quatrième étage.

Après le repas du soir j'ai passé une heure à écrire des cartes postales.

Vendredi, 21 juin

Ce matin, je me suis levée à huit heures. Je suis sortie de l'auberge après mon petit déjeuner.

J'ai passé la matinée à explorer cette jolie ville – ses magasins, ses cafés, ses monuments, ses bâtiments historiques.

L'après-midi, j'ai fait un tour en bateau-mouche sur la Seine. Et ce soir, je me suis reposée ici à l'auberge.

Samedi, 22 juin

J'ai fait la grasse matinée ce matin ! Je me suis levée à 10h.

J'ai fait la connaissance d'un très beau garçon. Il s'appelle Yves. Nous avons bavardé pendant des heures.

Cet après-midi, Yves et moi, nous sommes allés au Louvre pour voir «La Joconde».

Demain, je rentrerai chez moi – accompagnée d'Yves !

1. Ecoute la cassette. Martine lit son journal intime.

2. Puis écoute Yves lire son journal intime. Réponds à ces questions.

1. How did Yves travel to Paris? _____

2. On what day did he arrive? _____

3. What did he do the evening he arrived? _____

4. At what time did he get up the next day?_____

5. How does he describe Martine? _____

6. At what time did they arrive at the Louvre?_____

Bon appétit !

A.J. CALVI
Mardi, 20 avril

MENU DU JOUR

Entrées
Œuf mayonnaise
ou Crudités

Plats du Jour
Steak frites
ou
Côtelette de porc

Desserts
Glace ou Fruit

Boissons
Jus de fruit
Eau minérale

Cette Auberge de Jeunesse se trouve à Calvi, en Corse.

Le chef a préparé le menu du jour.

Regarde le menu. Lis et complète les phrases suivantes :

1. «En hors d'œuvre, je prends _____.»
2. «Comme plat principal, je prends _____.»
3. «Comme dessert, je prends _____.»
4. «Pour boire, je prends _____.»

Prépare un menu.
Rearrange the following items to create a menu similar to the one above.

Gâteaux   Pâté maison   Jus d'orange   Filet de sole

Coca   Salade niçoise   Fruits de saison   Steak haché

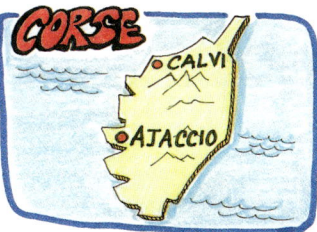

Calvi, le 21 août

Salut !
Je passe une semaine ici en Corse. Je reste dans une auberge de jeunesse. La Corse est formidable. J'ai loué un vélo et je passe mon temps à explorer l'île. Il fait très chaud.

A bientôt !
Jacques

Pose des questions à ton partenaire.

1. «Où est... ?»
  «Où sont... ?»

2. «Vous êtes combien ?»

Je suis...   Nous sommes...   ....

3. «Comment est-ce que tu voyages ?»

«Je voyage...»

A l'auberge de jeunesse
Ecoute ces interviews avec David et Marie.
Réponds aux questions en anglais.

1. Where is this youth hostel?
   _____

2. How long is David staying there?
   _____

3. Why does he like youth hostels?
   _____

4. How did Marie arrive at this hostel?
   _____

5. On what day will she leave?
   _____

6. Why does she prefer youth hostels?
   _____

7. What does she not like about this hostel?
   _____

Révisions

1. Remplace les briques dans le mur.

se reposer

Je	me	suis	reposé(e)
Tu	t'		reposé(e)
Il		est	reposé
Elle	s'	est	
Nous		sommes	reposé(e)s
Vous	vous		reposé(e)s
Ils	se		reposés
Elles		sont	reposées

2. Mets ces verbes au passé composé.

Aujourd'hui...   **Hier...**

Il se réveille à 7 heures.   → _____

Il se lave.   → _____

Elle se couche à minuit.   → _____

Ils se dépêchent.   → _____

Elles se reposent.   → _____

3. Monique écrit son journal intime.

Ecris cet extrait au passé composé. Qu'est-ce qu'elle a fait hier ?

> ### Mon journal intime
>
> Aujourd'hui, comme d'habitude, *je me réveille* à 8h. *Je me lave* et *je m'habille* aussi vite que possible. *Je descends* à la cuisine où *je prends* mon petit déjeuner.
>
> A 9h *je quitte* la maison. *J'arrive* à la gare cinq minutes plus tard. En attendant le train, *je lis* le journal. *Je monte* dans le train.
>
> *Je fais* des courses en ville. *J'entre* dans un café et *je bois* une tasse de café. *Je fume* une cigarette.
>
> *Je retourne* chez moi où *je bavarde* avec ma sœur.

Associations : relie les bonnes paires

Est-ce que vous avez des lits ?   •   • 10 euros, Monsieur.

C'est combien la nuit ?   •   • Au premier étage.

Vous êtes combien ?   •   • Dans la poubelle.

Est-ce que je peux louer des draps ? •   • C'est pour combien de nuits ?

Où sont les dortoirs ?   •   • Oui, bien sûr.

Où est-ce que je mets ces ordures ? •   • Je suis seul.

A l'école

14

In this section, you will...
- find out about the education system in France
- see how their schoolday would differ from ours
- learn the names of subjects in French
- look at a school timetable
- read school reports
- find out about rules and sanctions
- talk about your favourite subject
- see what you should put in your schoolbag
- look at what 'graffiti-artists' get up to!

In grammar, you will...
- study two important irregular verbs:
  apprendre *(to learn)* and **recevoir** *(to receive)*

Il y a des différences entre le système scolaire français et notre système scolaire.
    En France, les écoles sont mixtes. On ne porte pas d'uniforme scolaire. La journée scolaire est plus longue – le premier cours peut commencer à huit heures du matin.

Un élève

Ecoute cet élève sur la cassette.

Je m'appelle Antoine. J'ai 14 ans et je suis au collège. Je suis en troisième (c'est ma quatrième année ici). Je ne porte pas d'uniforme à l'école.

Notre collège est très grand. Il y a à peu près 950 élèves ici. C'est une école mixte : il y a 14 garçons et 12 filles dans ma classe. En général, les profs sont sympas.

Les cours commencent très tôt le matin – à 8 heures. Chaque cours dure une heure. Ma matière préférée est la science. J'aime faire des expériences dans le laboratoire.

Je suis demi-pensionnaire. Alors, à midi, je vais à la cantine pour manger. Après, je sors dans la cour où je bavarde avec mes amis. La pause-déjeuner dure deux heures.

Nous avons des ordinateurs ici à l'école. Moi, j'étudie l'informatique. C'est une matière très importante.

Vrai ou faux ?

	VRAI	FAUX
1. Antoine a treize ans.	☐	☐
2. Antoine porte un uniforme scolaire.	☐	☐
3. Il aime ses professeurs.	☐	☐
4. Il n'aime pas la science.	☐	☐
5. Il rentre chez lui à midi.	☐	☐

Les écoles en France

ÉCOLE MATERNELLE | ÉCOLE PRIMAIRE | COLLÈGE | LYCÉE

De 2 à 6 ans, l'enfant va à l'école maternelle. Il joue, il chante, il écoute de petites histoires. C'est facultatif – l'enfant n'est pas obligé d'aller à l'école maternelle.

L'éducation est obligatoire en France à partir de 6 ans. Les enfants passent cinq années (de 6 à 10 ans) à l'école primaire. Là, ils apprennent à lire, à écrire et à faire du calcul élémentaire. La personne qui s'occupe des élèves s'appelle un instituteur ou une institutrice.

l'école est super!

A l'âge de 11 ans, les élèves vont à un C.E.S. (un Collège d'Enseignement Secondaire). La première classe dans un collège s'appelle la classe de sixième (et après, les classes de cinquième, quatrième et troisième). La personne qui donne des leçons aux élèves s'appelle un professeur. En fin de troisième, on passe un examen : le Brevet.

l'école est moche!

A l'âge de 15 ans, on commence le Second Cycle de l'éducation secondaire. Les élèves vont à un lycée. On passe trois années dans les classes de Seconde, Première et Terminale. A 17 ans, la plupart des élèves passent le Bac (le Baccalauréat). C'est fini, l'école !

Luc ♥ aime Sophie xxx

L'ENSEIGNEMENT SECONDAIRE		
âge	école	classe
11		6^e
12	Collège	5^e
13	(Premier Cycle)	4^e
14		3^e
15	Lycée	Seconde
16	(Second Cycle)	Première
17		Terminale

Ecoute ces élèves.
Remplis les détails.

	âge	école	classe
Pierre			
Marie			
Emile			
Céline			
Fabrice			
Karine			

Remplis les blancs dans ces phrases.

1. J'ai 9 ans. Je vais à l'école _____.
2. Mon fils a 4 ans. Il va à l'école _____.
3. Je suis en quatrième. Je vais au _____.
4. Madame Leduc donne des leçons aux enfants de 8 ans. Elle est _____.
5. Monsieur Lebrun donne des leçons aux élèves de 13 ans. Il est _____.
6. Il y a des garçons et des filles dans mon collège. C'est une école _____.
7. Après le Brevet, ou va au _____.
8. C'est ma dernière année au lycée. Je suis en _____.
9. Je suis demi-pensionnaire. A midi, je mange _____.
10. Jean commence son éducation secondaire au collège. Il est en _____.
11. Je suis en quatrième. L'année prochaine, je _____ en troisième.
12. Elle va à l'école primaire. L'année prochaine, elle _____ au collège.

C'est la rentrée ! Marie se prépare pour rentrer au collège.
Qu'est-ce qu'elle met dans son cartable ?
Ecoute Marie. Coche (✔) les objets qu'elle y met.

Qu'est-ce qu'elle n'a pas mis dans son cartable ?
Et toi, qu'est-ce que tu as dans ton cartable ?
Qu'est-ce que tu as dans ta trousse ?

Un tour guidé de mon école

«Moi, je suis lycéen.
Voici une photo de mon école.
Comme vous voyez, c'est un grand bâtiment.
Vous voulez que je vous donne un tour guidé de mon
école ? Alors, suivez-moi ! Entrons d'abord dans la
réception. Et, à propos, je m'excuse à l'avance des
graffiti dans ma salle de classe...»

Associations : relie les bonnes paires

la réception	«Les élèves bavardent ici à la récréation.»
la cour	«Les élèves laissent leurs manteaux ici.»
la piscine	«Les visiteurs attendent ici en arrivant à l'école.»
le vestiaire	«On y va pour consulter un dictionnaire.»
la cantine	«Les élèves jouent au volley ici.»
le laboratoire	«On y va pour faire de la natation.»
la bibliothèque	«Le mercredi après-midi, on fait du sport ici.»
le gymnase	«On prend un repas ici à midi.»
le terrain de sport	«Les élèves passent la plupart de leur temps ici.»
l'infirmerie	«On y fait des expériences.»
le bureau du proviseur	«On joue ici avec une raquette.»
le court de tennis	«On y va très rarement – heureusement !»
la salle de classe	«On y va quand on est malade.»

Et voici ma salle de classe!

VIVE LES VACANCES! J'AIME ♥ MARCEL x x
Le français est casse-pieds!
Le proviseur est fou!!
L'école est moche!
Je déteste l'école!
J'ai raté le Brevet! MI-TRIMESTRE – VENDREDI!
Mêle-toi de tes oignons!

Donne un tour guidé de ton école. «Chez nous, il y a...»

Exercices

1. Mets mon, ma ou mes devant le nom.

1. _mon_ dictionnaire
2. _mon_ école
3. _mon_ collège
4. _mes_ cahiers
5. _mon_/_mes_ ciseaux

6. _mon_ agrafeuse
7. _ma_ règle
8. _mon_ cartable
9. _mes_ stylos
10. _ma_ gomme

11. _mes_ professeurs
12. _ma_ salle de classe
13. _ma_ raquette
14. _mon_ uniforme
15. _mon_ mouchoir

un stylo	pas de stylo
une gomme	pas de gomme
des cahiers	pas de cahiers

2. Ecris ces phrases au négatif.

1. J'ai un cahier. → _____
2. Il a une règle. → _____
3. Elles ont des feutres. → _____
4. Tu as des idées. → _____
5. Tu aimes la piscine ? → _Tu n'aimes pas la piscine_
6. Nous allons au laboratoire. → _____
7. Elle fait ses devoirs. → _____
8. Il a un ordinateur chez lui. → _____
9. Il y a un gymnase à l'école. → _Il n'y a pas de_
10. Il y a des uniformes dans le magasin. → _Il n'y a pas d'uniformes_

27 **Une journée typique à l'école**
Ecoute ton CD. Réponds à ces questions en anglais.

1. In which French city does Sandrine live?
2. At what time does the first class begin in the morning?
3. How long does the mid-morning break last?
4. How long does she have for lunch?
5. What two sports does she take part in?
6. At what time does school finish each afternoon?
7. What does she do after finishing her homework?
8. At what time does she go to bed?

Les matières

1. Ecoute cette liste de matières.

J'étudie/J'apprends	
le français	l'économie
l'anglais	l'histoire
l'allemand	la géographie *la géo*
l'espagnol	la musique
l'italien	le dessin
les sciences	l'éducation physique
la physique	l'éducation civique CSPE
la chimie	l'éducation religieuse
la biologie	l'informatique
les mathématiques	la cuisine

1. Quelles matières est-ce que tu étudies ?
2. Quelle est ta matière préférée ?
3. Pourquoi ?

Se déteste = I hate

C'est une matière *intéressante, facile, importante, utile, amusante, ennuyeuse, difficile.*

useful *boring*

Je m'intéresse à la chimie __ parce que j'aime les expériences.

Ma matière préférée est l'anglais, parce que j'aime la littérature.

J'aime le dessin __ parce que c'est une matière intéressante.

Ma matière préférée est le français __ parce que j'aime le prof.

Je préfère les maths __ parce que c'est une matière utile.

2. «Ma matière préférée» Ecoute la cassette. Réponds aux questions.

	Favourite subject?	Why?
1.		
2.		
3.		
4.		
5.		
6.		

Mon emploi du temps

	lundi	mardi	mercredi	jeudi	vendredi	samedi
8.00–9.00	français	anglais	maths	sciences	dessin	sciences
9.00–9.55	musique	éducation civique	français	musique	étude	maths
9.55–10.05	**RÉCRÉATION**					
10.05–11.00	maths	français	histoire	maths	anglais	{ cuisine
11.00–12.00	sciences	maths	étude	E.P.S.	français	
12.00–2.00	**DÉJEUNER**					
2.00–3.00	anglais	dessin		anglais	piscine	
3.00–4.00	E.P.S.	sciences		histoire	informatique	
4.00–5.00	histoire	piscine		français	éducation civique	

Compréhension : réponds aux questions en anglais.

1. At what times does the schoolday start and finish? _____
2. What is the normal length of a class period? _____
3. How many French classes does this student have? _____
4. When does this student have P.E.? _____
5. What is the second last class on Friday? _____
6. How many study periods are included in this timetable? _____
7. What double class does this student have? _____
8. How many times in the week does the student have art classes? _____
9. How long does the lunch-break last? _____

**Parle avec ton partenaire. Un(e) élève pose une question.
Un(e) autre élève répond à la question posée.**

1. Combien de cours as-tu le matin ?
2. A quelle heure commence ton premier cours ?
3. Combien de temps dure chaque cours ?
4. As-tu une récréation le matin? Si oui, à quelle heure ?
5. Où passes-tu la récréation ?
6. Combien de cours de français as-tu par semaine ?
7. Combien de cours de maths as-tu par semaine ?
8. A quelle heure déjeunes-tu ?
9. Où est-ce tu empruntes un livre ?
10. Où vas-tu pour les cours d'éducation physique ?
11. A quelle heure finissent les cours l'après-midi ?

un cours.........a class period
une cour.........a playground

Ma journée scolaire
Ecoute la cassette. Remplis les blancs.

Ma journée scolaire

Je suis en quatrième au collège Saint-Louis à Metz. Mon école est _____. Elle se trouve au centre de la ville. C'est une école _____.

Ma journée scolaire est très longue. Nous avons sept cours par jour. Le premier cours commence à _____ heures du matin. Chaque cours dure une heure à peu près.

Moi, j'étudie le français, l' _____, les maths, les sciences, la géographie, le dessin et la musique. Nous allons au _____ pour les cours d'E.P.S.

Ma matière préférée est la _____. C'est une matière très intéressante et le prof est sympa. Notre prof de maths est très sévère.

Nous avons une petite récréation à dix heures. Je passe la récré dans la _____ à bavarder avec mes amis. A midi, tous les demi-pensionnaires vont à la cantine. Les repas sont _____ !

Le dernier cours se termine à _____ heures de l'après-midi. Je rentre chez moi à _____. Après le repas du soir, je passe trois heures à faire mes devoirs. Je me _____ vers onze heures.

C'est une journée fatigante, n'est-ce pas ?

Grammaire : deux verbes irréguliers

	Apprendre *(to learn)*	Recevoir *(to receive)*
Présent :	J'apprends	Je reçois
	Tu apprends	Tu reçois
	Il ⎫ Elle ⎬ apprend	Il ⎫ Elle ⎬ reçoit
	Nous apprenons	Nous recevons
	Vous apprenez	Vous recevez
	Ils ⎫ Elles ⎬ apprennent	Ils ⎫ Elles ⎬ reçoivent
Passé Composé :	J'ai appris	J'ai reçu
Futur :	J'apprendrai	Je recevrai

* **Comprendre** *(to understand)* is similar to **apprendre**.

J'apprends la biologie.

Je ne comprends pas le grec.

Je reçois beaucoup d'argent.

Remplis les blancs dans ces phrases.

1. Il _____ l'allemand à l'école.
   (apprendre)

2. Tous les week-ends, il _____ beaucoup d'argent de poche.
   (recevoir)

3. Mes deux enfants _____ à lire et à écrire.
   (apprendre)

4. Je ne _____ pas la solution à ce problème.
   (comprendre)

5. Hier soir, j'ai _____ cent euros comme cadeau.
   (recevoir)

6. Jeudi dernier, ils ont _____ de l'argent.
   (recevoir)

7. L'année prochaine, j' _____ la chimie au lycée.
   (apprendre)

8. Vendredi prochain, tu _____ ton argent de poche.
   (recevoir)

Le règlement

On trouve cette liste de règles au tableau d'affichage d'un collège.

LES INTERDICTIONS

J'aime les GAULOISES !

Il est interdit aux élèves :
- de fumer dans l'établissement
- de lancer des projectiles
- de courir dans les couloirs ou dans les escaliers
- de rester dans une salle de classe pendant la récréation
- de voler
- de se livrer à des actes de brutalité
- de dégrader le matériel de l'établissement
- de falsifier la signature d'un parent ou d'un professeur

- Il est défendu aux demi-pensionnaires de quitter l'établissement avant la fin de la journée scolaire
- Il faut mettre les papiers et les ordures dans une poubelle ou dans une corbeille à papier
- Une tenue de sport est obligatoire pour le cours d'éducation physique

LES SANCTIONS

En cas de nécessité, les punitions suivantes pourront être infligées :
- devoir supplémentaire à faire à la maison
- retenue le mercredi après-midi
- renvoi temporaire avec devoir supplémentaire
- lettre du proviseur aux parents

Je déteste la colle !

Ecoute ces élèves.
Ils n'ont pas respecté les règles.

Exemple : «J'ai couru dans le couloir. On m'a donné des devoirs supplémentaires à faire.»

	What rule was broken?	What was the punishment?
1.		
2.		
3.		
4.		
5.		
6.		

Exercices

à + le → au
à + les → aux

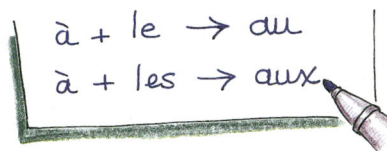

1. Mets à, au, à la, à l' ou aux dans le blanc.

1. Il se lève_____ à _____ sept heures.
2. On va_____ à l' _____ école en auto.
3. Tu vas _____ à la _____ cantine ?
4. Il arrive_____ au _____ collège très tôt.
5. Donnez cette lettre _____ à _____ Marie.
6. Il donne une lettre _____ à _____ proviseur.
7. Il déjeune_____ à _____ midi dans la cantine.
8. Elle parle_____ aux _____ élèves.

9. Répondez _____ à _____ mes questions !
10. Tu peux répondre_____ aux questions ?
11. Il donne des devoirs _____ à l' _____ élève.
12. Il est arrivé_____ à _____ Nîmes.
13. Elles sont arrivées _____ au _____ musée.
14. Je donnerai des os _____ aux _____ chiens.
15. Donne ce dictionnaire à Vincent !
16. Dimanche on ira _____ à l' _____ église.

un stylo → des stylos // un bon livre → de bons livres
une règle → des règles // une mauvaise erreur → de mauvaises erreurs

2. Ecrivez au pluriel.

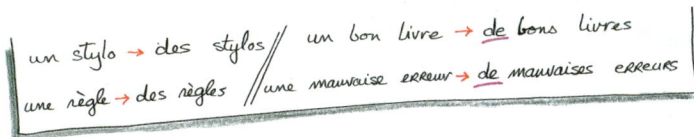

1. un crayon _____
2. une gomme_____
3. un cahier vert _____
4. une journée fatigante_____
5. un bon élève_____
6. une mauvaise note _____
7. une matière utile _____
8. un long voyage_____

9. une histoire amusante _____
10. un grand arbre _____
11. une petite rue _____
12. le meilleur élève_____
13. un beau village_____
14. la jolie maison _____
15. une vieille femme _____
16. un autre jour_____

28 Au collège : un élève parle

1. How many hours does Antoine spend in class each week?
2. How many subjects does he study?
3. Which two languages does he study?
4. Which science subject does he not like?
5. Why does he not like history?
6. Why does he not like the maths teacher?
7. In Antoine's opinion, what is the most useful subject?
8. What for him is the worst aspect of school life?

Les notes

Mes notes en anglais sont bonnes.

14/20

Mes notes en maths sont moyennes.

10/20

Mes notes en dessin sont mauvaises.

6/20

Je suis en quatrième.
Je suis fort en français.
Je suis moyen en musique.
Je suis faible en histoire.
Et je suis nul en maths.

	20
Français :	15
Musique :	11
Histoire :	7
Maths :	2

Dans une école française, les professeurs donnent des notes pour chaque matière. Le maximum est 20. Si un élève a beaucoup de mauvaises notes, il sera obligé de redoubler.

A toi de parler :

1. En quelle matière es-tu fort(e) ?
2. En quelle matière es-tu faible ?
3. En quelle matière es-tu moyen/moyenne ?
4. Comment sont tes notes en anglais ?
5. Comment sont tes notes en maths ?

18-20 :	Excellent
15-17 :	Très bon
12-14 :	Bon
10-11 :	Passable
0-9 :	Insuffisant

Les notes de deux élèves. Ecoute les élèves.

Fill in the marks for each subject.

Jeanne	20
Français	____
Anglais	____
Histoire	____
Mathématiques	____
Sciences	____
Dessin	____

Michel	20
Français	____
Allemand	____
Géographie	____
Mathématiques	____
Biologie	____
Education physique	____

Un bulletin scolaire

Une élève française a reçu son bulletin scolaire.

BULLETIN TRIMESTRIEL

Nom........ROCHER...........

Né(e) le...02-07-1992........

Classe............4e...........

Prénom....Anne...........

Redoublant(e)

Oui ☐

Non ☑

Disciplines	Notes	Appréciation des Professeurs
Français	12	Bonne participation.
Mathématiques	8	Aucun travail. Trop bavarde !
Anglais	18	Une des meilleurs de la classe.
Histoire-Géo	15,5	Bon travail.
Sciences Physiques	10	Résultats décevants.
Dessin	17	Très douée, beaucoup d'imagination.
Musique	12,5	Bien.
Education Physique	6	Trop timide !

Anne écrit une lettre à son amie, Carine.

Rouen, le 2 juillet

Chère Carine,

J'ai reçu mon bulletin scolaire ce matin. J'ai une bonne nouvelle à t'annoncer – mes notes, en général, sont assez bonnes. Quelle surprise !

Mes notes en anglais sont excellentes. Le prof dit que je suis une des meilleures de la classe ! Au contraire, mes notes en maths sont décevantes. Le prof dit que je bavarde trop en classe ! Tu sais que je n'aime pas le sport. Alors, mes notes en E.P.S. sont faibles. Je suis bien contente de mes notes en dessin et en histoire-géo.

Il ne faut pas que je redouble ! L'année prochaine, je ferai un très grand effort. Je serai en troisième.

En attendant, amuse-toi bien pendant les grandes vacances.

Grosses bises,

Ton amie,

Anne

C'est moi, Chico !

Cette année, je suis en quatrième. Les matières sont difficiles et ennuyeuses. Les profs sont très sévères – surtout Monsieur Dubois, notre prof de maths. Mais on fait des bêtises pendant le cours de dessin – le prof est un peu distrait.

La vie d'un collégien est dure. Ce matin, je me suis levé à sept heures. Après le petit déjeuner, je suis allé à l'école en vélo – sous la pluie ! Le premier cours a commencé à 8h. Je n'ai pas compris les explications du prof. Je me suis endormi pendant le cours.

L'autre jour, mon bulletin trimestriel est arrivé chez nous. Papa a ouvert l'enveloppe. Il a regardé mes notes et il a lu les appréciations des profs. «Tes notes sont mauvaises. Il faut que tu redoubles l'année prochaine», a-t-il annoncé d'un ton sévère.

J'ai fondu en larmes. «Je n'apprends rien à l'école. Je ne comprends jamais mes profs», ai-je balbutié. Papa a eu pitié de moi et il m'a donné un billet de 50 euros !

Deux scènes dans la vie de Chico

Toussaint
Noël
Mi-trimestre
Pâques
Jour de Congé
Vacances d'été

PENDANT le trimestre

PENDANT les vacances

1. Myriam a quatre ans. Elle va...

(a) à l'école maternelle.
(b) à l'école primaire.
(c) au collège.
(d) au lycée.

2. Madame Chapuis s'occupe des enfants de 8 ans.

(a) Il est instituteur.
(b) Elle est institutrice.
(c) Elle est professeur.
(d) Elle est proviseur.

3. Pierre mange à la cantine à midi.

(a) Il est lycéen.
(b) Il est gourmand.
(c) Il est content.
(d) Il est demi-pensionnaire.

4. Laure n'est pas contente. Demain...

(a) c'est la fin du trimestre.
(b) c'est un jour de congé.
(c) c'est la rentrée scolaire.
(d) c'est la Toussaint.

5. Où est-ce qu'il a déposé des papiers ?

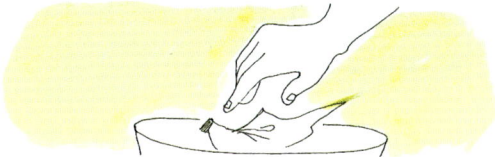

(a) Dans une corbeille à papier.
(b) Dans une boîte aux lettres.
(c) Dans un cartable.
(d) Dans une trousse.

6. Chantal a fumé une cigarette à l'école.

(a) Elle est à la réception.
(b) Elle est en retenue.
(c) Elle est dans la cour.
(d) Elle est au vestiaire.

7. Cet élève est en troisième. L'année prochaine, il sera...

(a) en classe de Seconde.
(b) en Terminale.
(c) en classe de Quatrième.
(d) au collège.

251

1. Ecris une lettre à Clarisse.

> Tu m'as posé tant de questions sur la vie scolaire en France ! Maintenant je vais te poser des questions.
> Ton école, est-elle grande ou petite ? Où se trouve-t-elle ? Est-ce une école mixte ? Est-ce qu'on y porte un uniforme scolaire ?
> Combien de cours as-tu par jour ? A quelle heure commence le premier cours le matin ?
> Quelle est ta matière préférée et pourquoi ?
> Ecris-moi bientôt !
> Ta nouvelle correspondante,
> Clarisse

Ma journée scolaire

2. Remplis les blancs.

Je me suis levé(e) ce matin à _____. J'ai fait ma toilette dans la

_____. J'ai pris le petit déjeuner et je _____ allé(e) au collège.

Le premier cours a commencé à _____. Ce cours a duré

_____ minutes. J'ai appris beaucoup en écoutant le _____.

A la récréation, je suis sorti(e) dans _____ cour. Là, j'ai bavardé avec

mes _____.

J'ai déjeuné à _____. Les cours de l'après-midi ont fini à _____

heures. Je suis rentré(e) chez _____.

Révisions

1. Ecoute Robert. Il parle de sa vie scolaire.

1. What year is he in? _____
2. How does he come to school? _____
3. At what time does school start? _____
4. What is his favourite subject? _____
5. How long does he spend at homework? _____
6. Why was he in detention recently? _____

2. C'est quelle matière ?

Ecoute six professeurs dans la salle de classe.
Ecris le nom de chaque matière.

LA MATIÈRE ?
1. _____
2 _____
3. _____
4. _____
5. _____
6. _____

Qu'est-ce que c'est ?

Cherche l'intrus.
Quel est le mot qui ne va pas avec les autres ?

1. un professeur, un élève, un instituteur, un proviseur
2. la physique, la chimie, la biologie, la géographie
3. l'anglais, le dessin, l'allemand, l'espagnol
4. la rentrée, Noël, la Toussaint, Pâques
5. le vestiaire, la retenue, le laboratoire, la réception

La santé

15

In this section, you will…

- name parts of the body in French
- find out the names of various illnesses
- learn what to say at the doctor's
- see what to put in a first-aid box
- pay a visit to a chemist's
- read instructions on bottles and packets
- read a story about two children who were ill
- read a story about a man who wasn't ill

In grammar, you will…

- learn how to form, and when to use, the Imperfect Tense
- study the irregular verb **courir** *(to run)*

PHARMACIE

Les Français parlent beaucoup de leur santé.
En trinquant, on dit : «A votre santé !»
Si vous tombez malade pendant votre séjour en France, allez chez le médecin. Pour des maladies mineures, vous pouvez aller chez le pharmacien.

Des Français et la santé

Louis Pasteur

Votre lait est «pasteurisé».
Savez-vous d'où vient ce mot ?
Louis Pasteur est né en France en 1822.
Pendant des recherches comme biologiste, il a découvert que les microbes sont responsables d'un grand nombre de maladies. Il a développé un procédé où les bactéries sont détruites par le chauffage rapide d'un liquide.

En plus, il a développé une vaccination contre la rage. La rage est une maladie qui afflige les animaux et les humains. Il y a plus de 10 millions de chiens en France. Si on est mordu par un chien enragé, les conséquences peuvent être mortelles.

Pour éviter le risque de contracter cette maladie, une vaccination antirabique est une bonne précaution.

Louis Pasteur est mort en 1895.

Pierre et Marie Curie

Pierre et Marie Curie étaient physiciens. Ils ont découvert le radium. Pierre est né en 1859. Il est mort en 1906. Marie est née en 1867. Elle est morte en 1934.

Molière

Molière était l'un des grands auteurs du 17e siècle. Il est né en 1622. Pendant sa vie, il a écrit beaucoup de comédies.

L'une de ses pièces était intitulée *Le Malade Imaginaire*. Un malade imaginaire est quelqu'un qui se croit toujours malade. En 1673, quand Molière assistait à une représentation de cette pièce, il est tombé malade. Il est mort peu après.

Le corps humain

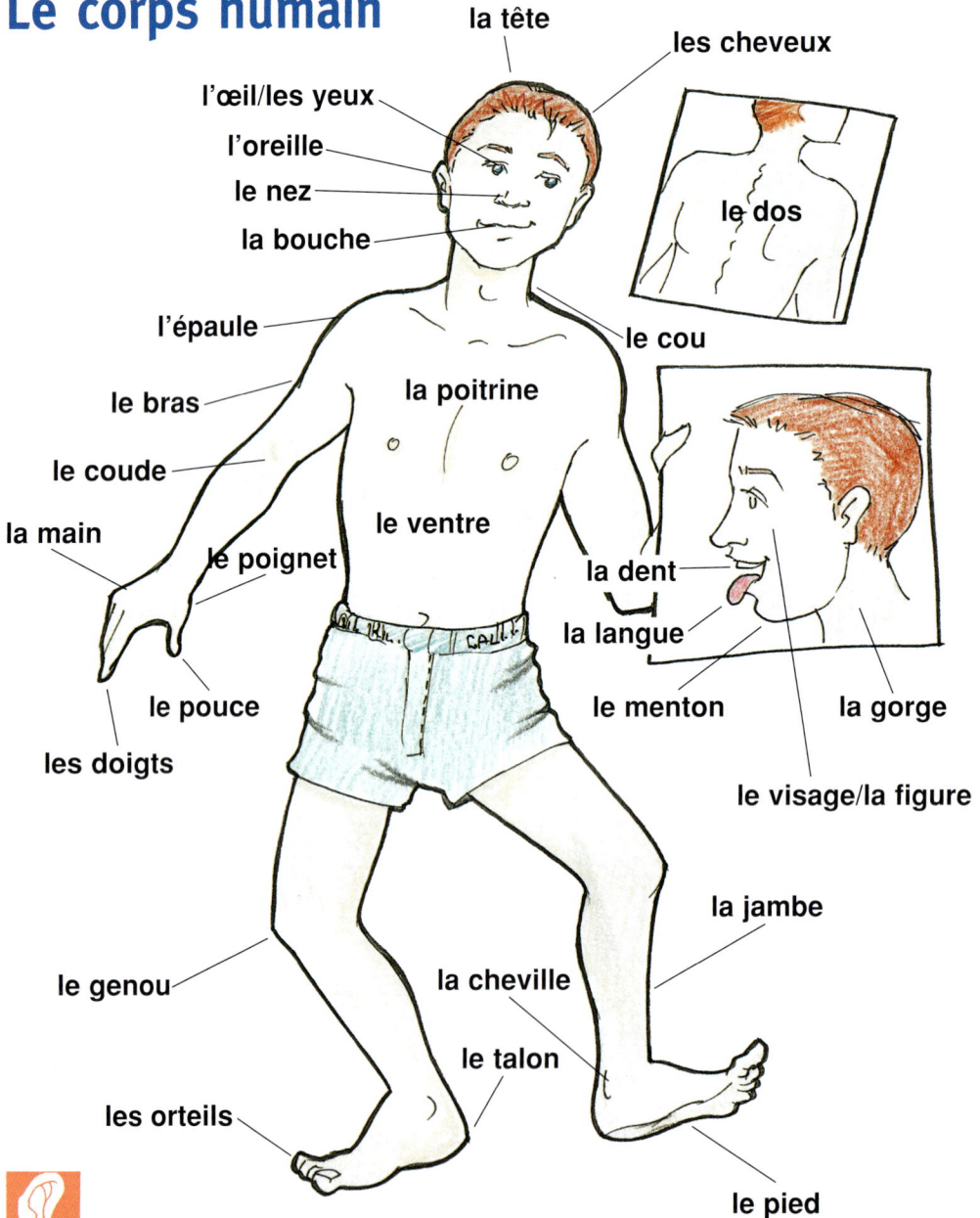

la tête

les cheveux

l'œil/les yeux

l'oreille

le nez

la bouche

le dos

l'épaule

le cou

la poitrine

le bras

le coude

la main

le ventre

le poignet

la dent

la langue

le pouce

le menton

la gorge

les doigts

le visage/la figure

la jambe

le genou

la cheville

le talon

les orteils

le pied

Ecoute ce vocabulaire sur la cassette.

Répète-le !

Je suis malade

– Bonjour, Sophie. Ça va ?
– Ça ne va pas du tout, Antoine.
– Qu'est-ce qu'il y a ?
– J'ai mal à la tête et à la gorge.
– Oh, c'est la grippe peut-être.

– Salut, Pierre. Ça va ?
– Ça ne va pas, Marie.
– Tu es malade ?
– Oui. J'ai mal au ventre. J'ai vomi ce matin.
– Je te conseille d'aller chez le médecin.

– Tu veux aller au cinéma ce soir, Yves ?
– Ah non, Claire. Je ne me sens pas bien.
– Qu'est-ce qu'il y a ?
– J'ai mal aux dents.
– Je te conseille d'aller chez le dentiste.

– Allô ?
– Allô, Jeanne. Ici Paul. Je vais à une boum ce soir.
  Tu veux venir ?
– Je veux bien. Mais je ne peux pas.
– Tu es fatiguée ?
– Non. Je suis blessée. J'ai mal au pied. Je suis tombée hier.
– Alors je te conseille de rester au lit.

J'ai mal à...		
J'ai mal	à la	tête main jambe gorge
	au	dos ventre pied genou bras coude
	à l'	oreille épaule œil
	aux	dents yeux

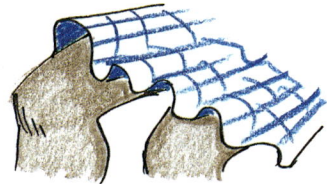

Elle a mal au genou

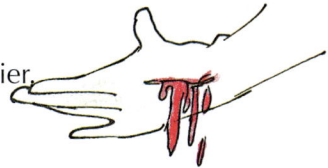

Il a mal à la main

Ecoute les dialogues. Numérote les dessins.

Chez le médecin

Madame Anne Granet est médecin. C'est une profession exigeante parce que les malades viennent sonner à sa porte à n'importe quelle heure du jour ou de la nuit.

– Bonjour, Monsieur Perrin. Comment allez-vous ?
– Bonjour, docteur. Pas très bien.
– Qu'est-ce qui ne va pas ?
– Je tousse tout le temps.
– Depuis combien de temps toussez-vous ?
– Depuis cinq jours.

Les Symptômes généraux

Qu'est-ce qui ne va pas ? Qu'est-ce que vous avez ?	Je me sens malade. J'ai de la fièvre. Je tousse. J'éternue tout le temps. J'ai froid. J'ai chaud. Je n'ai pas d'appétit. Je transpire continuellement. Je me fatigue très vite. Je suis déprimé(e). J'ai vomi ce matin.
Vous êtes blessé(e) ? Vous avez mal à la tête ?	Oui, je suis blessé(e). Oui, j'ai mal à la tête.
Où est-ce que ça fait mal ?	Ça fait mal ici. J'ai mal { au pied. à la jambe. aux oreilles.
Ouvrez la bouche. Montrez-moi votre langue. Je vais vous tâter le pouls. Je vais vous donner une ordonnance.	

Compréhension : réponds en anglais.

1. What parts of the body does this doctor specialise in?
2. When is this doctor not available?

Docteur Anne Granet
Nez-Gorge-Oreilles
Consultations de 12h à 17h
sauf mardi
En cas d'absence :
Téléphonez au 05 37 90 16 24

Les Maladies

Vous avez...

une infection de l'oreille..............*an ear infection*	
la grippe...*the flu*	
un rhume..*a cold*	
une toux ....*a cough*	
une migraine ....*a migraine*	
la rougeole...*the measles*	
la varicelle ....*chicken-pox*	
les oreillons ....*mumps*	
un coup de soleil...................................*sunstroke*	
une intoxication alimentaire ....*food poisoning*	

Les Conseils du Médecin

Restez au lit pendant 3 jours.
Ne mangez rien pendant 2 jours.
Buvez beaucoup d'eau.
Prenez de l'aspirine.
Prenez des antibiotiques.
Allez à l'hôpital.
Allez à la pharmacie.

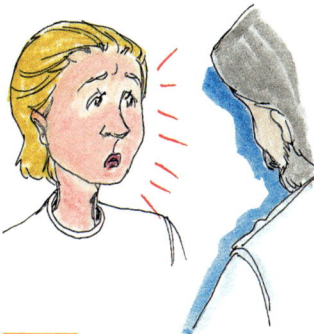

Allez à la pharmacie. Voilà une ordonnance.

– Bonjour, docteur. Je me sens malade.
  J'ai mal à la tête et j'ai de la fièvre.
– Depuis quand ?
– Depuis hier soir. J'ai passé la journée à la plage.
– Vous avez un coup de soleil. Vous avez la peau brûlée.
– Alors, qu'est-ce qu'il faut faire ?
– Prenez deux aspirines trois fois par jour. Et allez à la
  pharmacie chercher de la lotion à la calamine. Je vous
  donne une ordonnance. Buvez beaucoup d'eau.

Chez le médecin : écoute les conversations.
Fill in the details.

	Symptoms	Illness	Remedy
1.			
2.			
3.			
4.			

Exercices

1. Mets l'article défini (*le*, *la*, *l'* ou *les*) devant le nom.

1. _____ visage
2. _____ dent
3. _____ jambe
4. _____ épaule
5. _____ genoux

6. _____ pouce
7. _____ cheveux
8. _____ orteil
9. _____ pied
10. _____ yeux

11. _____ grippe
12. _____ hôpital
13. _____ peau
14. _____ pharmacienne
15. _____ pouls

2. Ecrivez *à*, *au*, *à la*, *à l'* ou *aux* dans le blanc.

1. Il a mal _____ pied.
2. Elle a mal _____ dos.
3. J'ai mal _____ oreille.
4. Tu as mal _____ jambe ?
5. Paul a mal _____ genou.
6. Anne a mal _____ yeux.
7. Nous avons mal _____ dents.
8. Ils ont mal _____ genoux.

9. As-tu mal _____ gorge ?
10. Avez-vous mal _____ coude ?
11. Il a mal _____ tête.
12. Elle a mal _____ bras.
13. A-t-elle mal _____ œil ?
14. A-t-il mal _____ nez ?
15. J'ai mal _____ ventre.
16. Je n'ai pas mal _____ estomac.

29 Trois accidents de la route
Ecoute ton CD. Ecris les détails
de ces accidents dans la grille.

	When it occurred	Where it occurred	Injuries sustained
Accident 1			1. 2.
Accident 2			1. 2.
Accident 3			1. 2.

Petits mots

Nicole,
Je ne peux pas venir demain.
Je suis malade.
J'ai la rougeole.
Vincent.

Patrick,
Je ne peux pas sortir ce soir comme prévu.
J'ai un rhume.
Je reste au lit.
Laure.

Maintenant à toi !

1. Ecris des petits mots.

2. Remplis les blancs.

Jean se sent malade. Il va chez le _____.

– Bonjour, Jean. Qu'est-ce que vous _____ ?

– Je suis fatigué et je n'ai _____ d'appétit.

– Vous avez mal _____ tête ?

– Non, mais j'ai _____ à la gorge.

– Ouvrez la _____ et montrez-moi votre langue.

– Bon. Ce n'est pas grave. Allez à la pharmacie avec cette _____.

Verbe irrégulier : *Ouvrir*, **to open**

Ouvrir ends in -IR in the infinitive – but it is treated like an -ER verb in the present tense.

J'ouvre	Passé composé : J'ai ouvert
Tu ouvres	Futur : J'ouvrirai
Il } Elle } ouvre	
Nous ouvrons	Also done like *ouvrir* are:
Vous ouvrez	**offrir**.............to offer
Ils } Elles } ouvrent	**couvrir** ....to cover
	souffrir ....to suffer
	découvrir.......to discover

Je souffre beaucoup !

Le secourisme

Voici Grégoire. Il est secouriste.
Il a une boîte de secourisme.
Dans sa boîte de secourisme, il a mis :
– du sparadrap
– des pansements
– des cachets d'aspirine
– du coton hydrophile
– une paire de ciseaux
– une pommade antiseptique

Etes-vous secouriste ? Lisez ces deux articles et essayez de répondre aux questions.

Une piqûre de guêpe ou d'abeille : que faire ?
Regardez bien si l'aiguillon n'est pas resté dans la peau. Si vous le voyez, il faut l'enlever en frottant avec des herbes, par exemple. Le plus souvent, ce n'est pas grave. C'est plus grave si la piqûre est dans la bouche : cela peut empêcher la respiration. Quelquefois la peau enfle beaucoup et la personne ne se sent pas bien. Alors, vous devez très vite la conduire chez le médecin.

1. Compréhension : réponds en anglais.

1. What is the first thing that you should do when someone has been stung?
2. How could you remove the sting?
3. Mention two things that could happen as a result of a sting.

Un saignement de nez : que faire ?
La personne doit rester debout ou assise mais elle ne doit pas se coucher.
  Faites appuyer un long moment avec le doigt sur le nez du côté qui saigne. On peut aussi mettre dans le nez un coton spécial vendu dans une pharmacie.

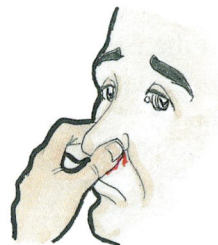

2. Compréhension : réponds en anglais.

1. When a person has a nose-bleed, what should he/she not do?
2. Mention two ways to stop a nose-bleed.

Grammaire : l'Imparfait

The Imperfect Tense tells us what *was happening* or what *used to happen* in the past.
To form the imperfect tense:

Step 1 **Take the stem from the 1st person plural of the present tense**
e.g.   nous donnons ➔ donn-
nous finissons ➔ finiss-
Step 2 **Onto this stem you add the endings:**
-ais, -ais, -ait, -ions, -iez, -aient.

So here is the imperfect tense of the 3 regular groups of verbs:

je donnais	je finissais	je vendais
tu donnais	tu finissais	tu vendais
il elle } donnait	il elle } finissait	il elle } vendait
nous donnions	nous finissions	nous vendions
vous donniez	vous finissiez	vous vendiez
ils elles } donnaient	ils elles } finissaient	ils elles } vendaient

There is only one verb with an irregular imperfect stem: ***être***

j'étais
tu étais
il elle } était
nous étions
vous étiez
ils elles } étaient

-cer and **-ger** verbs need special care:

je lançais	je mangeais
tu lançais	tu mangeais
il elle } lançait	il elle } mangeait
nous lancions*	nous mangions*
vous lanciez*	vous mangiez*
ils elles } lançaient	ils elles } mangeaient

* no cedilla   * no extra 'e'
see Verb Table – p. 378

Attention! There was/were ➔ Il y avait

The Imperfect Tense is used:
1. **To describe someone or something in the past**
e.g. L'homme était grand et il avait les cheveux noirs.
2. **To describe an action that used to happen in the past**
e.g. Quand j'étais jeune je fumais des cigarettes.
3. **To describe something that was happening when something else occurred**
e.g. Le soleil brillait quand je me suis levé ce matin.

Ah ! le bon vieux temps !

> Quand *j'étais* jeune, nous *avions* une ferme. Mon père *était* très grand et très fort. Il *travaillait* dur. Il *y avait* un petit lac au milieu de la ferme. Quand il *faisait* beau, je *nageais* dans ce lac. Et le soir, *j'allais* au village avec mon frère. Nous *dansions* et nous *bavardions* pendant des heures avec les jolies filles. Ah ! Le bon vieux temps !

1. Ecris les verbes suivants à l'imparfait.

1. je _____ (chanter)
2. tu _____ (parler)
3. il _____ (saisir)
4. elle _____ (rougir)
5. nous _____ (attendre)
6. vous _____ (être)
7. ils _____ (ouvrir)
8. elles _____ (lire)
9. je _____ (partir)
10. tu _____ (venir)

11. ils _____ (boire)
12. elles _____ (courir)
13. tu _____ (prendre)
14. je _____ (manger)
15. il _____ (placer)
16. nous _____ (pouvoir)
17. tu _____ (écrire)
18. ils _____ (vouloir)
19. elle _____ (bavarder)
20. je _____ (commencer)

2. Ecris ces phrases à l'imparfait.

Le présent	L'imparfait
1. Je travaille tous les jours. →	_____
2. Le soleil brille. →	_____
3. Il regarde la télévision. →	_____
4. Nous écoutons la radio. →	_____
5. Les oiseaux chantent. →	_____
6. Il fait très froid. →	_____
7. Je commence à huit heures. →	_____
8. Mon père est malade. →	_____
9. Il y a une rivière près d'ici. →	_____
10. Elle voit son ami à l'école. →	_____
11. Ils finissent le travail. →	_____
12. Vous mangez à la maison. →	_____

Deux enfants avaient la rougeole

Paul avait de la fièvre. Il avait mal à la tête. Il était trop faible pour se lever. Il avait des boutons rouges sur tout le corps.

Sa mère a téléphoné au médecin qui est venu presque immédiatement. Il a dit que Paul avait la rougeole – une maladie contagieuse.

Le médecin a donné une ordonnance à la mère de Paul. Elle est allée tout de suite chez le pharmacien.

A la fin d'une semaine, Paul allait beaucoup mieux. Il avait faim : il mangeait du pain grillé. Il avait soif : il buvait du thé. Il regardait la télé. Il téléphonait à ses amis.

Mais, un matin, quand sa sœur, Mireille, s'est réveillée, elle avait de la fièvre. Elle avait mal à la tête. Elle avait des boutons rouges sur tout le corps. C'était la rougeole !

1. Remplis les blancs dans ces phrases.

1. Paul et Mireille avaient _____ fièvre.
2. Les deux enfants _____ mal à la tête.
3. Ils _____ trop faibles pour se lever.
4. Mais à la fin d'une semaine, Paul et sa sœur _____ mieux.
5. Ils avaient faim et ils _____ soif.
6. Ils _____ du pain grillé et ils _____ du thé.
7. Ils _____ la télé et ils _____ à leurs amis.

2. Imagine que tu es Paul ou Mireille. Réponds à cette lettre.

ENCRE

Lourdes, le 12 mars

Salut !

Merci de ton coup de téléphone. J'étais désolé d'apprendre que tu étais si malade. Qu'est-ce que tu avais ? Combien de temps as-tu passé au lit ? Qu'est-ce que tu as fait pendant ta maladie ? Quand est-ce que tu pourras revenir au collège ?

Ecris-moi bientôt,

Claude

Une histoire vraie

Jean Chomette travaillait dans une grande usine à Clermont-Ferrand dans le Massif Central. Cette usine fabriquait des pneus. Il y avait beaucoup de travail à faire et tout le monde était très occupé.

Un jour le directeur de l'usine a reçu cette lettre :

> *Monsieur,*
> *J'ai le regret de vous faire savoir que j'ai la grippe. Le docteur m'a conseillé de garder le lit jusqu'à la fin de la semaine. J'espère que mon absence ne vous dérangera pas trop.*
> *Veuillez trouver ci-joint le certificat du docteur.*
> *Je vous prie d'agréer, Monsieur, l'expression de mes sentiments distingués.*
> *J. Chomette*

Le directeur était désolé d'apprendre que son employé, Jean Chomette, était malade.

A la maison, Jean Chomette a fait la grasse matinée jusqu'à onze heures. Puis il s'est levé. Il s'est habillé. Il a pris quelques tartines de pain grillé et une tasse de café. Il a embrassé sa femme et il est parti de bonne humeur de son appartement.

Le soir, chez lui, le directeur se reposait dans un fauteuil. Il regardait une émission sportive à la télé. On retransmettait un tournoi de golf. Parmi la foule, la caméra a montré Jean Chomette !

Compréhension : lis l'histoire et réponds à ces questions en anglais.

1. What was manufactured in the factory? _____

2. What excuse did Jean Chomette give his employer? _____

3. What did Jean do before eleven o'clock? _____

4. What did he have for breakfast? _____

5. How did Jean spend the rest of the day? _____

Exercices

1. Mets l'adjectif démonstratif (*ce*, *cet*, *cette* ou *ces*) devant le nom.

1. _____ accident
2. _____ maladie
3. _____ jeune homme
4. _____ ordonnance
5. _____ enfants

6. _____ pharmacie
7. _____ hôpital
8. _____ médecin
9. _____ arbre
10. _____ yeux

11. _____ journal
12. _____ personne
13. _____ usine
14. _____ devoirs
15. _____ école

2. Ecris au pluriel.

> des autos bleues
> de grands arbres

1. J'ouvre la porte. ➔ _____

2. Il lit le journal. ➔ _____

3. Elle boit un verre d'eau. ➔ _____

4. Il va à l'école. ➔ _____

5. Tu vois le grand animal. ➔ _____

6. Il cherche un bon chien. ➔ _____

7. C'est un cahier bleu. ➔ _____

8. C'est une leçon importante. ➔ _____

9. C'est un long voyage. ➔ _____

30 **Vacances chez nos grands-parents**
Ecoute ton CD. Réponds à ces questions.

1. Where did Jeanne and her brother live?
2. In which French region did their grandparents live?
3. How used André help his grandfather on the farm?
4. What produce did Jeanne and her grandmother sell at the market?
5. How used the two children amuse themselves in their free time on the farm?
6. How used grandfather amuse himself at the weekend?
7. What age was grandfather when he died?
8. What age was Jeanne when her grandmother died?

A la pharmacie

– Pouvez-vous me donner quelque chose pour le mal de gorge ? Je tousse aussi.
– Oui. Sucez ces pastilles. Elles sont bonnes. Elles calmeront l'irritation.

– Avez-vous un tube de dentifrice et une brosse à dents, s'il vous plaît ?
– Voilà, Monsieur. Ça fait 6,50 €.

– Je me sens malade. J'ai mal au ventre.
– Il faut voir le médecin. Il vous donnera une ordonnance.

1. Ecoute la cassette. Numérote ces dessins. A la pharmacie, on achète...

1. du dentifrice
2. des pastilles
3. des comprimés
4. du sparadrap
5. une brosse à dents
6. du savon
7. une pellicule
8. un médicament
9. un pansement
10. une bouteille de shampooing
11. du lait solaire
12. du sirop pour la toux

Avez-vous quelque chose pour le mal de tête ? le mal de gorge ? le mal de ventre ?
le mal de dents ? le mal de mer ? le coup de soleil ?

2. Ecoute six conversations. Qu'est-ce qu'on achète chez le pharmacien ?
Make a note of what each person purchases at the chemist's.

1. _____   4. _____
2. _____   5. _____
3. _____   6. _____

A	Docteur H. Sahuc Maladies et Chirurgie des yeux	B	Docteur B. Boyer Médecine Générale Urgences et Rendez-vous
C	Docteur L. Tanne Chirurgien – Dentiste 2e étage	D	Docteur F. Morin Soins du pied Consultations tous les jours

A	Hôtel – Dieu	B	Pharmacie
C	Ordonnances	D	Sortie de secours

A	Enfants : Trois cuillerées à café par jour	B	Bien agiter la bouteille avant l'emploi
C	Gardez les médicaments hors de la portée des enfants	D	Adultes et enfants – un comprimé après chaque repas

1. Compréhension

You have an upset tummy. You are looking for a doctor. Which sign would be helpful? ❏

You have to take a friend to hospital. Which sign would be helpful? ❏

Which of these is a warning rather than an instruction? ❏

HEPATOREX
Mode d'emploi :
2 cuillerées à soupe additionnées d'eau avant le repas.
Enfants : demi-dose.
Ne pas utiliser de façon prolongée

SANOGYL
Pâte Dentifrice pour enfants aromatisée à la fraise des bois

TOPLEXIL
Sirop contre la toux

ATTENTION!
Récipient sous pression.
Ne pas percer ou brûler même après usage.
Éviter tout contact avec les yeux.

2. Compréhension : réponds en anglais.

1. What flavour is the toothpaste? _____
2. When would you take Toplexil? _____
3. What is the dosage for an adult taking Hepatorex? _____
4. What warning is on the tin container? *(Two details)* _____

1. «J'ai mal partout !»
   Numérote les parties du corps.

1. J'ai mal au pied.
2. J'ai mal à la tête.
3. J'ai mal à la main.
4. J'ai mal au genou.
5. J'ai mal à la gorge.
6. J'ai mal au coude.
7. J'ai mal aux dents.

2. **Associations : relie les bonnes paires**

J'ai mal aux dents.	Prenez deux aspirines.
J'ai mal à la tête.	Mettez de la lotion à la calamine.
J'ai de la fièvre.	Ne courez pas !
J'ai une mauvaise toux.	Allez chez le dentiste.
J'ai pris un coup de soleil.	Buvez beaucoup d'eau.
J'ai la rougeole.	N'oubliez pas le lait solaire.
J'ai mal à la jambe.	Restez à la maison. C'est contagieux !
J'irai demain à la plage.	Prenez du sirop.

«Qu'est-ce que tu as ?»
Travaille avec un partenaire.

Exemple :

«Qu'est-ce que tu as ?»
«J'ai mal à la jambe.»

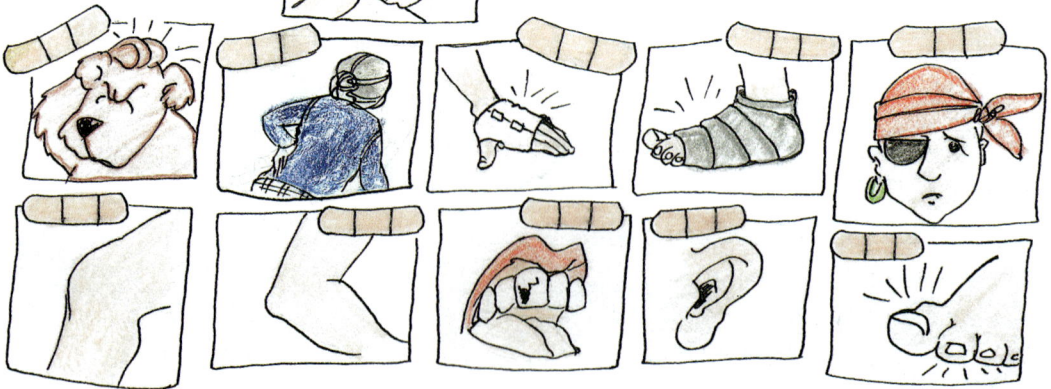

Révisions

1. Chez le médecin

Ces malades sont chez le médecin.

Ecoute leurs conversations avec le médecin.

	Illness?	Remedy?
1.	_____	_____
2.	_____	_____
3.	_____	_____

2. Chez le pharmacien

Regarde les deux listes d'achats. Coche (✔) les choses qu'on achète.

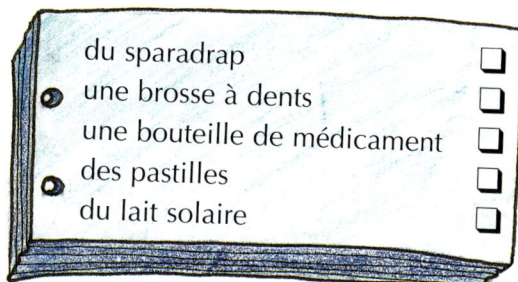

du sirop ☐

du savon ☐

du shampooing ☐

des comprimés ☐

une pellicule ☐

du sparadrap ☐

une brosse à dents ☐

une bouteille de médicament ☐

des pastilles ☐

du lait solaire ☐

1. Remplace les briques dans le mur.

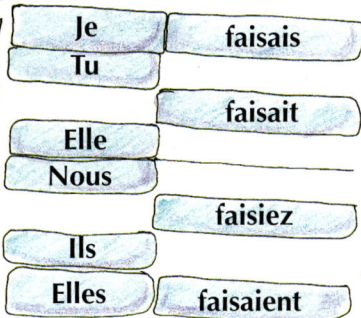

l'imparfait

Je	faisais
Tu	
	faisait
Elle	
Nous	
	faisiez
Ils	
Elles	faisaient

2. Ecris à l'imparfait le verbe à droite.

1. Hier soir, il _____ beau.

2. Quand j'étais jeune, je _____ beaucoup.

3. Quand je me suis levé, le soleil _____.

4. Il _____ les cheveux longs et blonds.

5. Nous _____ du café tous les jours.

6. Ils _____ chez le médecin.

FAIRE

COURIR

BRILLER

AVOIR

PRENDRE

ALLER

En ville

16

In this section, you will...

- look at French towns on the map
- hear people give us details about their towns
- look at buildings, shops and features in a town
- ask for directions
- look at signs to be seen in a town
- listen to people's conversations
- meet a girl who came to live in a 'satellite town'
- visit a Lost Property Office in Paris

In grammar, you will...

- look carefully at three special adjectives:
  beau, **nouveau** and **vieux**

Paris, la capitale de la France, se trouve sur la Seine. C'est l'une des plus belles villes du monde.

Lyon, Nice, Marseille, Toulouse et Bordeaux se trouvent au sud.

Strasbourg se trouve à l'est. Nantes se trouve à l'ouest. Lille et Rouen se trouvent au nord.

Il y a beaucoup de choses intéressantes à faire et à voir dans une ville française.

Les principales villes françaises

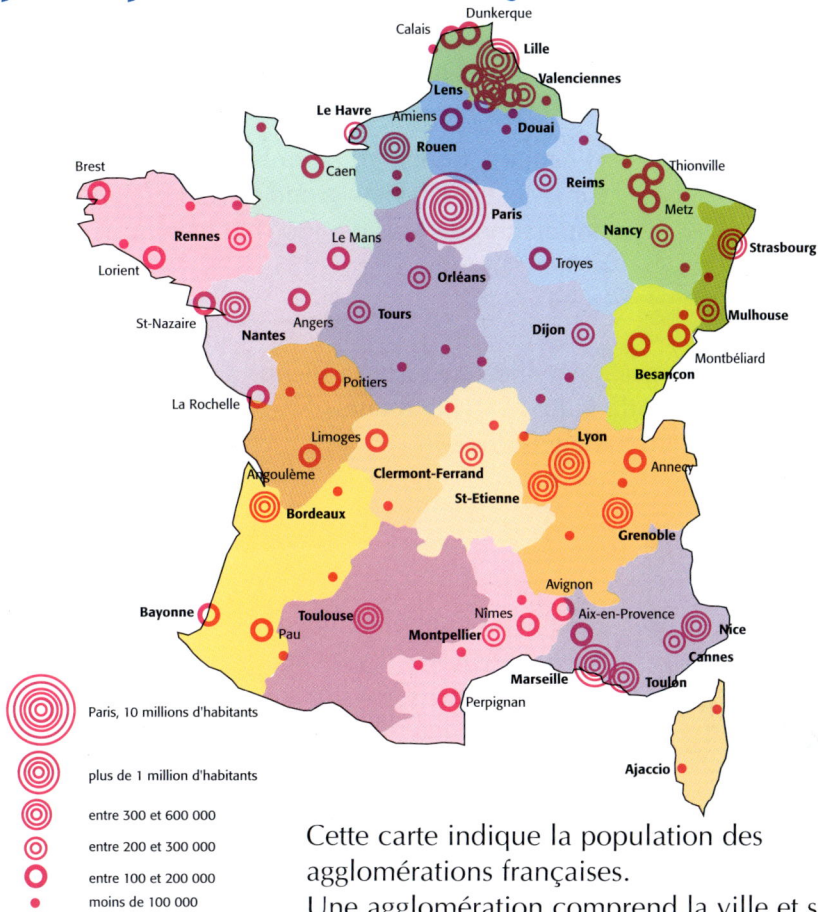

Dunkerque
Calais
Lille
Valenciennes
Lens
Le Havre
Amiens
Douai
Rouen
Brest
Caen
Thionville
Reims
Metz
Paris
Nancy
Strasbourg
Rennes
Le Mans
Troyes
Lorient
Orléans
Mulhouse
St-Nazaire
Angers
Tours
Dijon
Montbéliard
Nantes
Besançon
Poitiers
La Rochelle
Limoges
Lyon
Angoulème
Clermont-Ferrand
Annecy
Bordeaux
St-Etienne
Grenoble
Avignon
Bayonne
Toulouse
Nîmes
Aix-en-Provence
Nice
Pau
Montpellier
Cannes
Marseille
Toulon
Perpignan
Ajaccio

Paris, 10 millions d'habitants
plus de 1 million d'habitants
entre 300 et 600 000
entre 200 et 300 000
entre 100 et 200 000
moins de 100 000

Cette carte indique la population des agglomérations françaises.
Une agglomération comprend la ville et sa banlieue.

Le savez-vous ?
1. 73% de la population française habitent en ville.
   22% habitent à Paris ou dans la région parisienne.
2. A Paris, dans la ville seulement, il y a 2 600 000 habitants. Mais dans l'agglomération parisienne, il y a plus de 10 millions d'habitants.
3. Trois villes – Lyon, Marseille et Lille – ont plus d'un million d'habitants.

Où se trouve chacune de ces villes ?
Et quelle est sa population ?

Strasbourg	St-Etienne
Montpellier	Grenoble
Toulouse	Nice
Nantes	Le Havre
Bayonne	Rouen

Où habitent-ils ?

1. Ecoute ces quatre citadins. Ils nous parlent de leurs villes.

«J'habite à Rouen en Normandie. La ville est située sur la Seine. C'est un grand port. Il y a une population de plus de 300 000 habitants. Jeanne d'Arc est morte ici en 1431.»

«Moi, j'habite à Limoges, une ville située sur la Vienne à 200 kilomètres de l'Atlantique. La ville a une population de 150 000 habitants environ.
On fabrique ici la porcelaine et les chaussures.»

«J'habite à Grenoble, une très jolie ville près des Alpes françaises. Il y a chez nous une cathédrale et une université. C'est une ville touristique.
On fabrique ici l'aluminium.»

«Moi, j'habite à Bordeaux. La ville est située au confluent de deux grands fleuves, la Dordogne et la Garonne. Les vins de Bordeaux sont très célèbres.
La ville a une population de plus de 400 000 habitants.»

2. Maintenant écoute quatre autres citadins. Remplis les détails.

	Ville	Population	Industrie(s)
Hervé	_____	_____	_____
Christelle	_____	_____	_____
Yann	_____	_____	_____
Sabine	_____	_____	_____

Deux villes

Lyon

Lyon est la deuxième grande ville de France après Paris. C'est la capitale de la région Rhône-Alpes. Elle se trouve loin de la mer au confluent du Rhône et de la Saône. Elle a une population de plus d'un million d'habitants.

Lyon était autrefois la capitale de la Gaule romaine. Son université date du moyen âge. Aujourd'hui, la ville a beaucoup de respect pour son passé.

Un aspect important du climat de la ville et de la région est le Mistral – un vent froid qui vient du nord.

C'est une ville industrielle : ses grandes industries sont la soie, les textiles synthétiques et la pétro-chimie.

Au centre-ville, on trouve beaucoup de grands magasins, des cafés chics, des musées et plusieurs théâtres. On se déplace facilement en métro.

Montpellier

Montpellier se trouve au sud du pays, à 10 kilomètres de la mer Méditerranée. Elle a une population de 250 000 habitants. C'est la capitale de la région Languedoc-Roussillon.

Tout près de la ville, il y a des plages : des kilomètres de sable doré sous un ciel toujours bleu. Il fait chaud en été et il fait doux en hiver. Il pleut très peu.

Pour les touristes, il y a beaucoup de choses à voir dans la ville : une vieille cathédrale, des monuments comme l'Arc de Triomphe, un jardin des plantes, des maisons anciennes (des XVIIe et XVIIIe siècles).

La ville a ses industries modernes (IBM). Elle est située au milieu d'une région de vignobles.

C'est une ville très agréable.

La ville

une banlieue

un immeuble

une usine

une ruelle

une rue

une fontaine

un banc

des feux

une place

un trottoir

un carrefour

un réverbère

un kiosque

Pâtisserie

un passage
clouté

une affiche

une vitrine

PoSTE

une boîte
aux lettres

un piéton

Remplis les blancs.

Dans la rue principale de cette ville, on voit une femme. Elle traverse la _____

au passage _____. Il y a une boîte aux lettres près de la _____. Il y a

un banc près de la fontaine sur la _____.

   Un homme, qui se tient sous un _____ regarde une affiche. Une jeune fille

vend des journaux au _____. Un camion s'approche du _____.

   Dans la banlieue on voit des maisons, un _____, et une _____ qui

crache de la fumée dans l'air.

Exercices

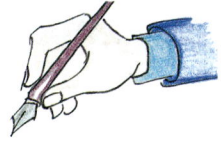

1. Mets *un*, *une*, *des* **ou** *de* **dans le blanc.**

1. _____ ville importante
2. _____ rues intéressantes
3. _____ grandes rues
4. _____ camion bleu
5. _____ voitures blanches
6. _____ bonnes voitures
7. _____ vieille cathédrale
8. _____ bons magasins

9. _____ vent doux
10. _____ vents froids
11. _____ mauvaise affiche
12. _____ petits restaurants
13. _____ aspects importants
14. _____ région industrielle
15. _____ université ancienne
16. _____ bonnes universités

2. Ecris ces verbes au futur.

1. Tu finis   → *Tu finiras*
2. Elle parle   → _____
3. J'entends   → _____
4. Nous mettons   → _____
5. Il prend   → _____
6. Tu dis   → _____
7. Ils arrivent   → _____
8. Vous faites   → _____

9. Je vais   → _____
10. Il descend   → _____
11. Vous buvez   → _____
12. Nous sommes   → _____
13. Tu as   → _____
14. Elle voit   → _____
15. Ils veulent   → _____
16. Il pleut   → _____

3.1 Visite à Paris
Ecoute ton CD. Réponds aux questions en anglais.

1. When did Cécile visit Paris?
2. Who accompanied her?
3. What did they do the first evening in the city?
4. What did Cécile do when she climbed the Eiffel Tower?
5. At the Place Charles de Gaulle, what did she notice?
6. When did they visit the Louvre?
7. How many people visit the Louvre every year?
8. On what day of the week is it free to enter the Louvre?

Des panneaux

Notre petit ami se promène en ville.
Il regarde les panneaux divers.
Il se gratte la tête. Il est perplexe. Aidez-le !

a. Mairie	d. Gare SNCF
b. P.T.T.	e. Piscine
c. Marché	f. Centre Ville

Which one is not included?
(a) town hall   (c) youth club
(b) post office   (d) train station ☐

A | Zone piétonne   B | Rue piétonne   C | Accès piétons interdit   D | Passage pour piétons

Where can he not go on foot? ☐

A | Défense de fumer   B | Ne pas fumer   C | Interdiction de fumer   D | Eteignez votre cigarette ici

Which one of these would indicate that he has permission to smoke? ☐

A | Hors service   B | Libre service   C | Entrée libre   D | Entrez sans frapper

Which sign tells him that the lift is not working? ☐

A | Hôtel de Ville   B | Camping   C | Gîtes ruraux   D | Auberge de jeunesse

He is looking for accommodation. Where will he not find it? ☐

A | Pelouse interdite   B | Bonnet obligatoire   C | 7 Bis   D | Accès aux quais

He is at the swimming pool! Which sign does he see? ☐

A | Fermé Congé annuel   B | Complet   C | Fermé le samedi   D | Ouvert 24^H/24

Which is the odd one out? ☐

Pour aller à ... ?

– Pardon, Monsieur. Pour aller à la Poste,
  s'il vous plaît ?
– Oui... allez tout droit, prenez la première rue
  à gauche, traversez le pont, et c'est à droite.
– C'est loin d'ici ?
– Non, c'est à cinq minutes à pied seulement.
– Merci, Monsieur.
– Je vous en prie, Madame.

Tournez à gauche

Allez tout droit

Tournez à droite

Prenez la première rue à droite

Prenez la deuxième rue à droite

Montez la rue

Descendez la rue

Traversez le pont

Passez devant la gare

Allez jusqu'à l'église

– Excusez-moi, Madame. Où est le stade,
  s'il vous plaît ?
– Voyons... descendez la rue, prenez la
  première rue à gauche, continuez tout droit,
  passez devant le cinéma, et c'est à gauche.
– C'est près d'ici ?
– Ce n'est pas très loin, dix minutes à pied.
– Merci, Madame.

Ecoute les conversations. Numérote les dessins.

Tu cherches ton chemin

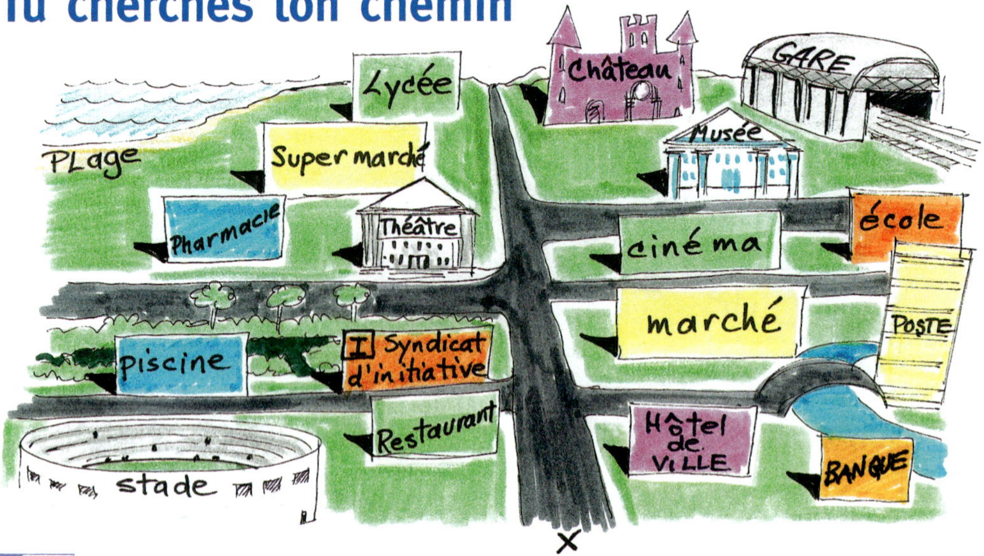

Regarde ce plan d'une ville française.
Tu cherches ton chemin. Parle avec un autre élève.

Pour aller
{
au... ?
à la... ?
à l'... ?
}

Où est
{
le.. ?
la... ?
l'... ?
}

Où se trouve
{
le.. ?
la... ?
l'... ?
}

Où vont-ils ?
Ecoute les directions. Regarde le plan ci-dessus.
Ecris le nom du bâtiment.

Bâtiment
1 _____
2 _____
3 _____
4 _____
5 _____
6 _____
7 _____
8 _____

Les magasins

Les rues sont très animées aujourd'hui. Il y a beaucoup de clients dans tous les magasins. Ecoutons leurs conversations pendant qu'ils font les courses. Mais quelle conversation va avec quel magasin ?

Associations : relie les bonnes paires

UNE ÉPICERIE   •   •   «Une baguette et six croissants.»

UNE BOUCHERIE   •   •   «Un pot de confiture et un paquet de céréales.»

UNE CHARCUTERIE   •   •   «Est-ce que vous avez du saumon ?»

UNE CONFISERIE   •   •   «Un litre de lait et un Camembert.»

UNE POISSONNERIE   •   •   «500g de porc, s'il vous plaît.»

UNE CRÉMERIE   •   •   «Une boîte de chocolats. C'est pour offrir.»

UNE BOULANGERIE   •   •   «Un gigot d'agneau et un kilo de veau.»

UNE PHARMACIE   •   •   «Avez-vous une tarte aux pommes ?»

UNE PÂTISSERIE   •   •   «Je cherche une bague en or.»

UNE BIJOUTERIE   •   •   «Un mètre de bois, s'il vous plaît.»

UNE HORLOGERIE   •   •   «Avez-vous du sirop pour la toux ?»

UNE QUINCAILLERIE   •   •   «Une boîte d'allumettes et un timbre à 1 €.»

UN BUREAU DE TABAC   •   •   «Pouvez-vous me recommander un bon roman ?»

UNE LIBRAIRIE   •   •   «Pouvez-vous réparer ma montre ?»

Les bâtiments importants
Vous connaissez ces bâtiments. Ecris le ou la devant chaque nom.

____ cinéma   ____ gare   ____bibliothèque   ____ lycée   ____ théâtre

____ poste   ____ poste de police   ____ banque   ____ musée   ____ piscine

Exercices

1. Mets l'adjectif démonstratif (*ce*, *cet*, *cette* ou *ces*) devant le nom.

1. _____ château
2. _____ marché
3. _____ banque
4. _____ hôtel
5. _____ bâtiments

6. _____ piscine
7. _____ musée
8. _____ arbre
9. _____ clients
10. _____ pharmacie

11. _____ enfant
12. _____ théâtre
13. _____ gîtes ruraux
14. _____ supermarché
15. _____ stade

avoir ou être?

2. Ecris ces phrases au passé composé.

1. Il mange des croissants.   →   *Il a mangé des croissants.*
2. Elle finit ses devoirs.   →   _____
3. Nous attendons le car.   →   _____
4. Je bois un coca.   →   _____
5. Vous voyez le musée ?   →   _____
6. Ils font des bêtises.   →   _____
7. Je vais en ville.   →   _____
8. Il arrive à la gare.   →   _____
9. Elle monte dans le train.   →   _____
10. Ils tombent dans la rue.   →   _____

32 Mon village natal
Ecoute ton CD. Réponds à ces questions.

1. What age is Guy?
2. Where is his native village situated?
3. What is made in the factory?
4. What are the principal buildings on the public square?
5. Why is the river important for the villagers?
6. What takes place every June?
7. From which two countries do most tourists come?
8. What is Guy's only regret about his village?

Grammaire : trois adjectifs

Study these three adjectives carefully. Each of them has a second form in the masculine singular – to be used before a noun beginning with a vowel or silent 'h'.

MASCULINE		FEMININE	
Singular	Plural	Singular	Plural
1 beau bel•	beaux	belle	belles
2 nouveau nouvel•	nouveaux	nouvelle	nouvelles
3 vieux vieil•	vieux	vieille	vieilles

• Use this form before a masculine singular noun which begins with a vowel or silent 'h'. Note that there is only one form in the masculine plural.

un beau garçon

un bel homme

de beaux garçons

de beaux hommes

une belle femme

de belles femmes

The plural of un and une is des. But des becomes de when an adjective comes before a noun. e.g. de belles filles

Fais accorder les adjectifs.

BEAU
1. un _____ village
2. un _____ oiseau
3. une _____ maison
4. de _____ oiseaux
5. de _____ maisons
6. un _____ hôpital
7. de _____ bicyclettes

NOUVEAU
1. un _____ élève
2. une _____ église
3. un _____ hôtel
4. de _____ élèves
5. un _____ vélo
6. de _____ vélos
7. de _____ hôtels

VIEUX
1. une _____ ville
2. un _____ monsieur
3. un _____ arbre
4. de _____ arbres
5. une _____ chanson
6. de _____ villes
7. un _____ cinéma

Des scènes en ville : où sommes-nous ?

– Bonjour, Monsieur.
– Bonjour, Mademoiselle. Vous désirez ?
– Six croissants, s'il vous plaît.
– Oui. Et avec ceci ?
– Un pain et une baguette.
– Alors, c'est tout ?
– Oui, Monsieur. Ça fait combien ?
– Six croissants, un pain et une baguette... 4,30 €.
– Voilà, Monsieur.
– Merci, Mademoiselle. Au revoir.

Où sommes-nous?   A la boulangerie

– Bonjour, Monsieur.
  Vous voulez une table pour combien ?
– Pour deux, s'il vous plaît.
– Voilà, Monsieur. Une table pour deux.
– Le plat du jour, qu'est-ce que c'est ?
– C'est l'escalope de veau. Elle est très bonne.
– Bon... des crudités et l'escalope de
  veau pour deux.
– Vous voulez quelque chose à boire ?
– Apportez-nous une bouteille de vin rouge.
– Oui, Monsieur.

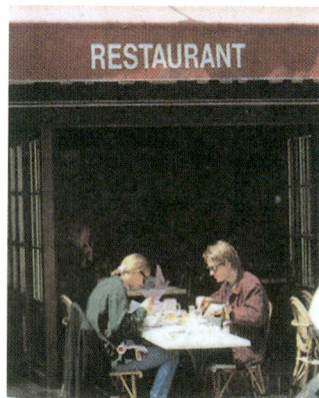

Où sommes-nous?   Au restaurant

– Bonjour, Madame.
  Pour aller au musée, s'il vous plaît ?
– Oh, oui. Prenez la deuxième rue à gauche,
  continuez tout droit, et c'est à côté de la mairie.
– C'est loin d'ici ?
– Pas trop loin. Vous y allez à pied ?
– Oui, à pied.
– Alors, c'est à dix minutes.
– Merci, Madame. Au revoir.

Où sommes-nous?   Dans la rue

– Bonjour, Madame. Bienvenue à St-Malo.
– Bonjour, Monsieur. Vous avez une carte de la région, s'il vous plaît ?
– Oui, voilà.
– C'est combien ?
– C'est gratuit.
– Vous avez un horaire des cars ?
– Oui, voilà. La gare routière est à cinq minutes d'ici.
– Merci, Monsieur. Vous êtes très gentil.
– Je vous en prie, Madame.
  Au revoir et bonnes vacances.

Où sommes-nous?   Au syndicat d'initiative

– Un aller simple pour La Baule, s'il vous plaît.
– Quelle classe ?
– Deuxième classe.
– Bon. Ça fait 25 €, Monsieur.
– Voilà, Madame. Il faut changer de train ?
– Non, Monsieur. C'est direct.
– Le train part de quel quai ?
– Il part du quai numéro deux.
– Merci, Madame. Au revoir.

Où sommes-nous?   A la gare

Où sommes-nous ?
Ecoute les conversations suivantes.
Write the name of the place where each conversation takes place.

Name of place
1. _____
2. _____
3. _____
4. _____
5. _____
6. _____

Cette Ville →
est jumelée avec
La Baule
MARS

On déménage

Quand elle était jeune, Catherine habitait dans une ferme en Provence avec ses parents. Elle était bien contente de vivre à la campagne. Elle aimait le calme et la beauté du paysage.

En été, elle aidait ses parents dans leur travail : elle cueillait les fruits, elle ramassait les légumes, elle s'occupait des animaux. Tout près, il y avait un beau village où elle allait le week-end. Oh, les beaux jours de sa jeunesse !

Quand elle avait seize ans, son père est tombé malade. La famille a déménagé. Ils sont venus s'installer dans une H.L.M. (une habitation à loyer modéré) à Evry, une nouvelle ville dortoir à 24 kilomètres à l'est de Paris.

Leur appartement se trouve au cinquième étage d'un grand immeuble. Catherine ne sort pas beaucoup le soir. Quand elle s'endort, elle rêve d'une petite ferme en Provence.

VENEZ VIVRE À EVRY
UNE VILLE DE L'AVENIR

Pour les magasins :
1 centre commercial
- 1 hypermarché
- 2 supermarchés
- 160 boutiques

Pour les jeunes :
Des espaces verts et des distractions
- cinémas
- boulodrome
- terrain de sport
- crèches
- piscines
- patinoire
- gymnases
- pistes cyclables

Compréhension : réponds en anglais.

1. What did Catherine like about Provence?
2. What jobs did she do to help her parents?
3. Why did the family move house?
4. Where does the family live now?
5. What does Catherine dream about?
6. Which one of these is not mentioned in the advertisement for Evry?
    (a) child-minding
    (b) skating
    (c) youth clubs
    (d) shops ☐

Au bureau des objets trouvés

Jean Fuvel, un jeune Lyonnais de 20 ans, était en vacances à Paris. Peu après son arrivée dans la capitale, il a perdu son portefeuille.

A Paris, le Bureau des Objets Trouvés se trouve 36 rue des Morillons dans le 15e arrondissement. Jean y est allé sans délai.

– Bonjour, Madame. J'ai perdu mon portefeuille ce matin.
– Où étiez-vous quand vous l'avez perdu ?
– J'étais assis sur un banc, près du Pont Neuf.
– Comment est votre portefeuille ?
– Il est en plastique.
– Il est de quelle couleur ?
– Il est rouge. Mon nom est inscrit à l'intérieur.
– Bon. Je vais regarder la liste. Ah ! Vous avez de la chance ! On a trouvé un portefeuille rouge ce matin sous un banc près du Pont Neuf.
– Formidable ! Merci beaucoup, Madame.

DÉCLARATION DE PERTE

Nom : *Jean Fuvel*

Objet perdu :

un parapluie		des clés	
un portefeuille	✔	des gants	
une montre		des lunettes	
une bague		des bijoux	
une valise		un appareil	
un sac à main		de l'argent	

Description : *rouge, en plastique*
Contenu : *200 euros*
Valeur de l'objet : *210 euros*
Lieu de la perte : *Pont Neuf*
Date : *20 août*

Ecoute ces dialogues.

Write down what each person has lost and where he/she lost it.

	Item	Place
Anne Morin	_____	_____
Luc Poirot	_____	_____
Cécile Viricel	_____	_____
Jean Bayard	_____	_____

Regarde bien cette photo.
Qu'est-ce que tu y vois ? Nomme au moins cinq choses !

Qu'est-ce que c'est ? Ecoute la cassette.
Numérote les dessins pour les mettre dans le bon ordre.

1. Fais accorder l'adjectif entre parenthèses.

1. une _____ ville
(beau)

2. un _____ ami
(beau)

3. de _____ amis
(beau)

4. une _____ maison
(nouveau)

5. un _____ appartement
(nouveau)

6. de _____ maisons
(nouveau)

7. un _____ homme
(vieux)

8. une _____ usine
(vieux)

9. de _____ arbres
(vieux)

10. une _____ rue
(beau)

11. de _____ arbres
(beau)

12. un _____ ami
(nouveau)

2. Réponds à cette lettre.

Je t'envoie une photo de ma ville. Elle est jolie, n'est-ce pas ? Au centre-ville, il y a de beaux magasins, une vieille cathédrale, des rues piétonnes, des cafés et des cinémas.

La ville a une population de 20 000 habitants environ. Moi, j'habite dans la banlieue.

Et toi, comment est ta ville ? Elle est grande ou petite ? Quelle en est la population ?

Qu'est-ce qu'on y fabrique ? Qu'est-ce qu'il y a à voir dans le centre-ville ? N'oublie pas de m'en envoyer une photo !

Amitiés,

Ton nouvel ami,

Jean

A l'hôtel

17

In this section, you will...
- see how hotels are graded in France
- look at advertising for hotels
- listen to holiday-makers describe their hotels
- learn how to make a booking for a room
- send postcards from your hotel
- learn how to lay out a business letter
- write a letter to an hotel
- read some ads for summer jobs in hotels

In grammar, you will...
- see how to form and use the Conditional Tense

Si vous voulez rester dans un hôtel en France, vous avez l'embarras du choix.

Il y a les hôtels une étoile, simples et bons, qui offrent des chambres à des prix raisonnables.

Mais il y a aussi les hôtels de grand luxe. Là, les niveaux de service et de confort sont très élevés – mais à un prix !

Comptez les étoiles !

Les hôtels français sont classés en cinq catégories.

* Hôtels de bonne qualité au confort moyen ; au moins 10 chambres avec lavabo ; cabine téléphonique.

** Hôtels confortables ; 30% de chambres avec salle de bains ; personnel de réception bilingue.

*** Hôtels très confortables ; beaucoup de salles de bains ; téléphone, téléviseur, ascenseur, etc.

**** Hôtels de première classe, tout confort. Toutes les chambres avec salle de bains et W.C.

****L Hôtels de grand luxe ; salle de bains et W.C. particuliers ; appartements ou suites.

L'HERMITAGE**

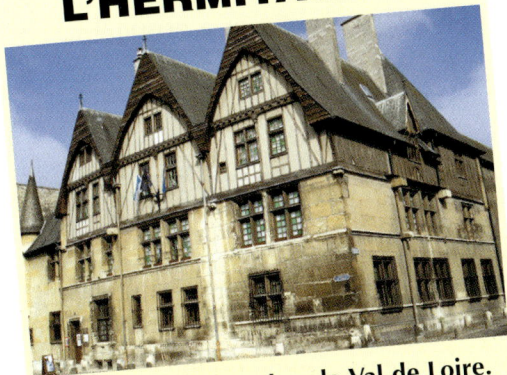

Cet hôtel se trouve dans le Val de Loire.
- Situé dans un parc de verdure, ses spécialités sont les poissons. Salle de restaurant style 1930.
- 14 chambres. Prix pour une chambre double (2 personnes) avec douche ou bains et W.C. : 40/45 €
- Ouvert 16/01 – 18/09 et 26/09 – 31/12

Jean Bardet****

Cet hôtel de luxe se trouve à Tours.
- Demeure d'époque Napoléon III située dans un parc de 3 hectares.
- Haute cuisine : carte importante et rare de vins de Loire.
- 21 Chambres. Prix pour une chambre double (2 personnes) 100/180 €
- Ouvert 01/01 – 31/12

Compréhension : réponds en anglais.
1. What differences would there be between a one-star and a two-star hotel?
2. What would be the characteristics of a top category hotel?
3. Which of the two hotels listed specialises in fish courses?
4. Which hotel is open all year round?
5. Point out three differences between the two hotels.

Des panneaux

This sign is for an association of family-run hotels. Accommodation *(la pension)* would be reasonably priced.

*CHAMBRES D'HÔTE This sign would be the equivalent of 'Bed and Breakfast'. Breakfast *(le petit déjeuner)* is not normally included in the cost of a night's accommodation in a hotel.

1.
a. Hôtel Dieu

b. Hôtel des Invalides

One is a hotel; the other is a hospital. Which is the hotel?

2.
a. PENSION
b. DEMI-PENSION
c. CHAMBRES à louer
d. Réservation de chambres

Which one is offering a service rather than accommodation?

3.
a. Relais du Soleil
b. AUBERGE BELLE VUE
c. HOSTELLERIE du CHEVAL BLANC
d. AUBERGE de Jeunesse

One of these is not a hotel. Which one?

La légende

✉ Code postal	Bureau de change	🧸 Jeux pour enfants
☎ Téléphone	Cartes de crédit acceptées	Pêche
Telex	🏊 Piscine	🐕 Chiens admis
Fax	🎾 Tennis	Garage
E/1 Localisation sur carte *menu*	Golf	P Parking privé
15/03-31/10 Période d'ouverture *opening times.*	Equitation	Bar
7 Nombre de chambres	Location de bicyclettes	Restaurant
★★★ Classement de l'hôtel	Promenades pédestres	Aménagements pour handicapés
Langues étrangères parlées *foreign*	Parc, jardin	

Hôtel Elissaldia**
Dinan

☎ Fax 15/03-31/10 26🛏 👄

🏊 🚲 💳 🎾 👣

🧸 🐟 🍴 ♿

Accueil chaleureux

Ecris des réponses à ces questions.

1. Comment s'appelle cet hôtel ? _____

2. Combien d'étoiles a cet hôtel ? _____

3. Où se trouve-t-il ? _____

4. Combien de chambres a-t-il ? _____

5. Est-ce que l'hôtel est ouvert pendant toute l'année ? _____

6. Y a-t-il un restaurant dans l'hôtel ? _____

7. Est-ce qu'on peut jouer au golf ici ? _____

8. Quels sports peut-on pratiquer ici ? _____

Exercices

1. Mets *un*, *une*, *des* ou *de* devant le nom.

1. _____ *de + un* grand hôtel
2. _____ *des* chambres confortables
3. _____ *de* petits appartements
4. _____ *un* piscine chauffée
5. _____ *de + un* bon restaurant
6. _____ *un des* prix raisonnables
7. _____ *de des* jeux pour enfants

8. _____ *de + une* mauvaise auberge
9. _____ *des* rues piétonnes
10. _____ *de* jolies villes
11. _____ *un une* langue étrangère
12. _____ *un* nouvel appartement
13. _____ *des* villes anciennes
14. _____ *une un* vieil arbre

un stylo	pas de stylo
une gomme	pas de gomme
des cahiers	pas de cahiers

2. Ecris ces phrases au négatif.

1. Je vois l'hôtel. → *Je ne vois pas l'hôtel.*
2. Il va au cinéma. → *Il ne va pas au cinéma*
3. Nous avons une voiture. → *Nous n'avons pas de voiture.*
4. Ils boivent un coca. → *Ils ne boivent pas de coca.*
5. Elle prend le train. → *Elle ne prend pas le train*
6. J'irai à Paris. → *Je n'irai pas à Paris*
7. On achètera une glace. → *On n'achètera pas de glace*

**3. Conversations à la réception
Ecoute ton CD. Remplis les détails dans la grille.**

	Place asked about	Way of travel	Distance from hotel
1			
2			
3			

Séjours dans des hôtels

Ecoute ces vacanciers. Ils parlent de leur hôtel.

«L'été dernier, j'ai passé une semaine dans cet hôtel à Dinan en Bretagne.

C'est un hôtel confortable, bien aménagé, avec un beau jardin. Je montais à ma chambre au deuxième étage en prenant l'ascenseur.

Ma chambre était assez grande avec une salle de bains. Mais comme elle donnait sur la rue, elle était un peu bruyante.

Il y a un très bon restaurant dans cet hôtel. Il faut réserver à l'avance – car l'hôtel est souvent complet.»

«L'hiver dernier, je suis restée pendant cinq jours dans cet hôtel à Morzine – une station de ski dans les Alpes. C'est un très bon hôtel qui se trouve à cinq minutes des pistes.

Ma chambre était équipée de douche et W.C. Il y avait aussi un téléphone direct et un téléviseur dans toutes les chambres. Mais j'ai passé très peu de temps dans ma chambre !

J'ai passé la journée sur les pistes. Le soir, l'hôtel était bondé de monde. La détente de l'après-ski était formidable.»

«Voici une photo d'un hôtel luxueux qui s'appelle Le Château de Brignoles. Il se trouve près de Colmar en Alsace. Toute la famille a passé un week-end dans cet hôtel à Pâques.

Quand nous y sommes arrivés, le portier a pris nos bagages. J'ai partagé une chambre à deux lits avec mon frère. La chambre était grande et très confortable.

Il y avait une belle piscine chauffée, des jeux pour les enfants et un restaurant. L'ambiance était super !»

La publicité

Hôtel Alpazur***
35, bd. du 14 Juillet, Orange

Accueil chaleureux
Cuisine de qualité
Hôtel de grand confort
Situé à proximité du centre-ville
55 chambres avec salle de bains
- *Restaurant gastronomique*
- *Parking privé*
- *Chiens admis*
- *Solarium, sauna et coiffeur*
- *Pension de famille*

Son accueil   Son calme   Sa cave *a geller*
Ouvert toute l'année

Hotel le Vieux Moulin***
BOULEVARD DES ANGLAIS, NICE
Grand confort, ambiance sympathique
Situé face à la mer, à 300m de la plage
Toutes les chambres sont avec salle de bains
avec vue sur mer ou ville

- restaurant
- bar
- salle de coiffeur
- piscine chauffée
- jeux pour enfants
- spectacles
- grand jardin
- salle de réunions

Pension complète (par jour) : 60 €
Demi-pension : 45 €
Réduction pour enfants

Hôtel du Commerce**

Restaurant	Brasserie

A 4 minutes du centre-ville

20 chambres avec salle de bains
- Téléphone direct
- Chauffage central
- Téléviseur sur demande

Restaurant :
Spécialités régionales
Carte variée

Grand calme	Prix modérés

17, AV. DES ROITELETS, FOUGÈRES

Compréhension : réponds en anglais.

1. Where is the **Hôtel le Vieux Moulin** situated?
2. What special attraction does its bedrooms have?
3. What entertainment does this hotel provide?
4. Name two advantages of staying in the **Hôtel du Commerce.**
5. What claim does it make about its restaurant?
6. What would the **Hôtel Alpazur** be particularly proud of?
7. Where is this hotel situated?
8. Which two of the hotels have hairdressing salons?
9. Which two hotels particularly want to attract families to stay there?

A la réception

une chambre à un lit

une chambre à deux lits

une chambre à grand lit

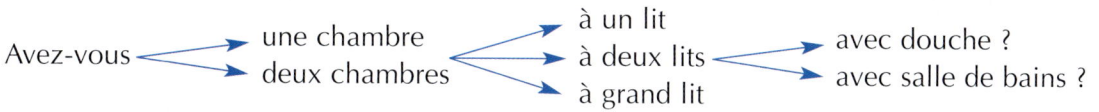

Avez-vous → une chambre
deux chambres

→ à un lit
à deux lits → avec douche ?
à grand lit avec salle de bains ?

Le client/la cliente

Bonjour, Monsieur/Madame.

Avez-vous une chambre { à un lit ?
à deux lits ?

C'est pour { une nuit seulement.
deux nuits.

Ça fait combien ?

Le petit déjeuner est compris ?

La chambre est à quel étage ?

Il y a un ascenseur ?

Merci, Monsieur/Madame.

Le/la réceptionniste

Bonjour, Monsieur/Madame. Vous désirez ?

C'est pour combien de nuits ?

Ça fait 50 € la nuit.

Non, le petit déjeuner n'est pas compris.

C'est { au premier étage.
au deuxième étage.

Oui. Il est là-bas.

Pouvez-vous remplir cette fiche ?

Voilà votre clé.

210

On fait des réservations

A toi de faire une réservation !

Exemple			

«Avez-vous une chambre à un lit avec douche pour une nuit ?»

chambre	lits	douche	salle de bains	nuits

– Bonjour, Madame.
– Bonjour, Monsieur. Vous désirez ?
– Avez-vous une chambre à un lit, s'il vous plaît ?
– Vous avez fait une réservation ?
– Non, Madame.
– Voyons... l'hôtel est presque complet. C'est pour combien de nuits ?
– C'est pour une nuit seulement.
– Bon. Vous avez de la chance. Nous avons une chambre à un lit avec salle de bains au troisième étage.
– Oui, ça va. Il y a un ascenseur ?
– Oui. Il est là-bas à gauche.
– Merci, Madame.

Dialogues à la réception
Listen to these dialogues and fill in the details.

	How many rooms?	Type of room	No. of nights	Shower/Bathroom
1.				
2.				
3.				
4.				
5.				

Exercices

mon crayon   ma plume

1. Mets l'adjectif possessif dans le blanc.

1. Je suis dans _____*ma*_____ chambre.
2. Tu aimes _____*ta*_____ maison ?
3. Il sort avec _____ mère.
4. Elle sort avec _____ père.
5. Nous allons à _____ école.
6. Vous entrez dans _____ maison.
7. Vous aimez _____ copains ?

8. J'aime beaucoup _____ parents.
9. Tu as fait _____ devoirs ?
10. Elle nettoie _____ chambre.
11. Il range _____ chambre.
12. Nous prendrons _____ bagages.
13. Vous serez avec _____ amis.
14. Ils jouent dans _____ jardin.

un stylo → des stylos // un bon livre → de bons livres
une règle → des règles // une mauvaise erreur → de mauvaises erreurs

2. Ecris ces phrases au pluriel.

1. J'achète un journal. → *Nous achetons des journaux.* _____
2. Il lit un magazine. → _____
3. Elle boit un coca. → _____
4. J'ai une voiture bleue. → _____
5. Tu as une jolie maison. → _____
6. Il est allé à Paris. → _____
7. Elle est tombée dans la rue. → _____

34 **La Tour Eiffel**
Ecoute ton CD. Réponds à ces questions.

1. In the eyes of tourists, what is the importance of the Eiffel Tower?
2. What height is the Eiffel Tower?
3. What was the designer's first name?
4. In what year was the Eiffel Tower built?
5. How many men built the Tower?
6. Why did the people of Paris want to have the Eiffel Tower demolished?

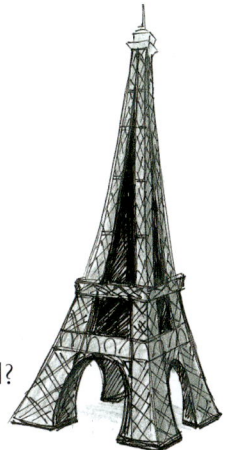

On fait une réservation

– Excusez-moi, Madame. Avez-vous
  une chambre pour deux personnes,
  s'il vous plaît ?
– Pour aujourd'hui ?
– Oui, pour aujourd'hui. Pour ce soir.
– Oui, c'est possible. Vous préférez une
  chambre à grand lit ou une chambre
  à deux lits, Monsieur ?
– A grand lit, s'il vous plaît. Avec salle
  de bains, si possible.
– Toutes les chambres pour deux
  personnes sont avec salle de bains.
– Très bien, Madame.
– Alors, voyons... J'ai une chambre à grand lit au troisième étage.
– C'est une chambre tranquille ? Nous n'aimons pas le bruit.
– Oui, bien sûr. Elle donne sur le jardin.
– Très bien. Je la prends.
– Vous voulez la pension complète ou la demi-pension, Monsieur ?
– La demi-pension, s'il vous plaît.
– Bon. Alors je vous demande de remplir cette fiche, s'il vous plaît.
– D'accord, Madame.
– Et voilà votre clef. C'est la chambre numéro 340. L'ascenseur est sur votre droite
  mais le portier va prendre vos bagages.
– Merci, Madame. Au revoir.

Ecris un dialogue.
Write a dialogue similar
to the one above.
Base it on the information supplied
in this booking form.

HOTEL ROCHER BARON – NICE		
Nom *Perrin*	Prénom *Monique*	
Adresse *10, rue des Javeleurs, Amiens*		
Nuits *3* Réservation du *7* au *10 mai*		
☐ chambre à un lit	☑ salle de bains	
☑ chambre à deux lits	☑ douche	
☐ chambre à grand lit		
☑ pension complète	☐ demi-pension	
☐ petit déjeuner		
Chambre *410*	Etage *4ᵉ*	
Souhaits *balcon, vue sur mer*		

Des cartes postales

St.-Tropez, le 2 août

2193

Salut !

Nous sommes dans un hôtel splendide. Il se trouve à 200m de la plage.

Ma chambre a un balcon et elle donne sur la mer. Le restaurant ici est excellent. Il y a une piscine et des courts de tennis.

Il fait très chaud. Je m'amuse bien.

A la semaine prochaine !

Je t'embrasse,

Yves

Tu restes dans cet hôtel. Ecris une carte postale à ton ami(e).

Hôtel Lautier***

CANNES

Ce très bel hôtel est situé à 500m de la plage.

Ses 130 chambres sont confortables, insonorisées, avec salle de bains ou douche, téléphone, TV couleur.

Bar et restaurant donnent sur les jardins privés de l'hôtel.

- Parking gratuit • Discothèque tous les soirs
- Restaurant gastronomique

Ecoute la cassette. Des Français parlent de leur séjour dans un hôtel. Ecris les noms.

Trouve quelqu'un qui :

1. ....est parti en vacances en juillet.
2. ....est resté dans un hôtel en Alsace.
3. ....a regardé la télé dans sa chambre.
4. ....a pris l'ascenseur pour monter à sa chambre.
5. ....n'a pas aimé l'hôtel.

Grammaire : le conditionnel

The **Conditional Tense** is formed as follows:
FUTURE STEM + IMPERFECT ENDINGS

je donner**ais**	I would give
tu donner**ais**	you would give
il elle } donner**ait**	he she } would give
nous donner**ions**	we would give
vous donner**iez**	you would give
ils elles } donner**aient**	they would give

Similarly: *je finirais, j'attendrais, je serais*, j'aurais*, j'irais**

*These verbs – être, avoir and aller – have irregular future stems.

Study again the formation of the future tense on pages 83 and 101.

Si je **gagnais** à la Loterie Nationale, **j'irais** à Paris.

Si **j'allais** à Paris, je **verrais** la Tour Eiffel.

*N.B. It is important not to confuse the **imperfect** and **conditional** tenses. They share the same endings, so you must look carefully at the stem.*

Ecris ces verbes au conditionnel.

1. Je _____
   (choisir)

2. Tu _____
   (vendre)

3. Il _____
   (parler)

4. Nous _____
   (être)

5. Vous _____
   (avoir)

6. Ils _____
   (voir)

7. Tu _____
   (aller)

8. Je _____
   (prendre)

9. Elle _____
   (savoir)

10. Nous _____
    (sortir)

11. Vous _____
    (venir)

12. Elles _____
    (pouvoir)

Tu voudrais écrire une lettre à un hôtel ?

The conditional tense is frequently used when writing business letters.

Monsieur,
Je voudrais rester dans votre hôtel cet été. Pourriez-vous me réserver une chambre à un lit du 6 au 10 juillet ? Quel serait le tarif pour ce séjour ?

Madame,
Je voudrais passer une semaine avec mes parents dans votre hôtel à Pâques. Pourriez-vous nous réserver une chambre à grand lit avec salle de bains et une chambre à un lit avec douche du 2 au 8 avril ?

1. Book the following accommodation for the dates given.

1. A single room with a shower, 2–4 June.
2. A twin-bedded room with a bathroom, 22–25 March.
3. A double room (double bed) with a shower, 11–15 December.
4. A single room with a bathroom, 28 July–3 August.

2. Mets les verbes entre parenthèses au conditionnel.

1. Je _____ réserver une chambre à un lit.
   (vouloir)

2. _____ -vous me réserver une chambre à deux lits ?
   (pouvoir)

3. Nous _____ la pension complète.
   (vouloir)

4. Quel _____ le tarif pour une semaine en juin ?
   (être)

5. Mes parents _____ réserver une chambre à deux lits.
   (vouloir)

6. J' _____ savoir où se trouve l'hôtel.
   (aimer)

7. Nous _____ rester dans votre hôtel en août.
   (aimer)

8. Je _____ savoir si le petit déjeuner est compris.
   (vouloir)

Une lettre à un hôtel

Madame Claire Dalpont va passer une semaine avec sa famille en Bretagne cet été. Elle écrit une lettre à un hôtel.

Poitiers, le 2 mai

Madame Claire Dalpont
55, rue du Bel Air
86000 Poitiers

Monsieur le Directeur
Hôtel le Phare
35800 Dinard

Monsieur,

Je serai à Dinard avec ma famille du 2 au 10 août. Nous voudrions rester dans votre hôtel.

Pourriez-vous nous réserver une chambre à grand lit avec salle de bains et une chambre à deux lits avec douche ?

Nous voudrions la pension complète. Quel serait le tarif pour ce séjour ?

Je vous serais obligée de m'envoyer des brochures sur votre hôtel.

Veuillez agréer, Monsieur, l'expression de mes sentiments distingués.

Claire Dalpont

Points to note about the layout of this business letter:

1. The sender's name and address are placed at the top left.
2. The sender's town and the date go at the top right.
3. The recipient's name (or title) and address are placed on the right under the date.
4. The person being written to is addressed as *Monsieur* or *Madame*.
   N.B. Do not use *cher/chère*.
5. The pronoun *vous* is used throughout.
6. Note the formula at the end. Learn it off by heart!

Ecris une lettre !
Book yourself and your family into an hotel.
- Give the dates of your stay.
- State the type of rooms you want.
- Ask for the price.
- Ask to receive some brochures on the town.

Emplois d'été

OFFRES D'EMPLOIS

1.

Hôtel Mireille : 2 place Saint-Pierre, 13 200 Arles

available **Serveur, serveuse – Plongeur, plongeuse**

6 postes disponibles du 15 juin au 30 septembre.
Horaire : 39 heures par semaine. Rémunération : 160 € par semaine. Logement et nourriture assurés. Etudiants étrangers parlant le français acceptés.
Adresser candidature à Monsieur Fereyre, directeur, avant début avril.

2.

Hôtel les Chenets : Front de Mer, 11 210 Port-la-Nouvelle

Bagagiste – Réceptionniste

10 postes disponibles pour 1 à 2 mois à partir du 1er juillet. Très bon salaire. Facilités pour le repas de midi. Horaire : 40 heures par semaine. Expérience souhaitée. Bonne tenue. Les jeunes gens et jeunes filles de plus de 18 ans doivent adresser leur candidature à Mme Borel, propriétaire, en février.

Fill in the details about these two ads.

	Type of job	Salary	Qualifications necessary	When to apply
Ad. 1	_____	_____	_____	_____
Ad. 2	_____	_____	_____	_____

Révisions

1. Remplace les briques dans le mur.

Je	finirais
Tu	
	finirait
Elle	
Nous	
	finiriez
Ils	
	finiraient

le Conditionnel

2. Ecris ces deux verbes au conditionnel.

VOIR

Je _____
Tu _____
Il
Elle } _____
Nous _____
Vous _____
Ils
Elles } _____

ALLER

J' _____
Tu _____
Il
Elle } _____
Nous _____
Vous _____
Ils
Elles } _____

3. Remplis les blancs dans cette lettre.

```
Monsieur Luc Claret                          _____, le 3 mai
43, av. des Pinsons
69006 Lyon                                   Madame la Directrice
                                             Hôtel Campanile
                                             18000 Bourges

      Madame,
   J'ai l'intention de faire un séjour à Bourges au _____ de juillet
cet été. Je voudrais rester _____ votre hôtel.
   _____ -vous me réserver une chambre _____ un lit avec douche
du 20 _____ 24 juillet ?
   Quel serait le _____ pour çe séjour ?
   Je vous serais obligé de m'envoyer des dépliants sur _____ hôtel et
les distractions de la ville en juillet.
   Veuillez agréer, _____, l'expression de mes _____ distingués.
                          L. Claret
```

Révisions

Role play
A la réception : parle avec un partenaire.

1.
– Oui, Monsieur/Mademoiselle.
– *Say that you would like a single room with a shower.*
– Très bien. Pour combien de nuits ?
– *Say for four nights.*
– Très bien.
– *Ask if breakfast is included in the price.*
– Non, le petit déjeuner n'est pas compris.

2.
– Bonjour, Monsieur/Mademoiselle.
– *Say that you would like a double room (twin beds) with bathroom.*
– Bon. Chambre numéro 10 au troisième étage.
– *Ask if there's a television in the room.*
– Oui, il y a un téléviseur dans toutes les chambres.
– *Ask if there is a lift.*
– Oui, c'est à votre gauche.

Séjour dans une station de ski. Ecoute la cassette.

La Chapelle d'Abondance est une station de ski dans les Alpes tout près de la frontière entre la France et la Suisse. C'est le plus grand domaine skiable du monde : il y a 220 remontées mécaniques et 650km de pistes balisées.

L'hiver dernier, Patrick Deville, accompagné de ses parents, a passé une semaine dans un hôtel à La Chapelle d'Abondance. **Ils nous parlent de leur séjour.**

Fill in details about the hotel that the Deville family stayed in.

	Type of room	Main attraction of hotel	One complaint about hotel
Patrick	_____	_____	_____
Mother }	_____	_____	_____
Father }		_____	_____

La poste

18

In this section, you will...
- learn how to buy stamps in a Post Office
- look at some brochures for the postal services
- see how a French person addresses an envelope
- listen to telephone conversations
- write a postcard
- send letters to various countries
- learn about the postal code in France

In grammar, you will...
- study three relative pronouns: **qui**, **que** and **dont**

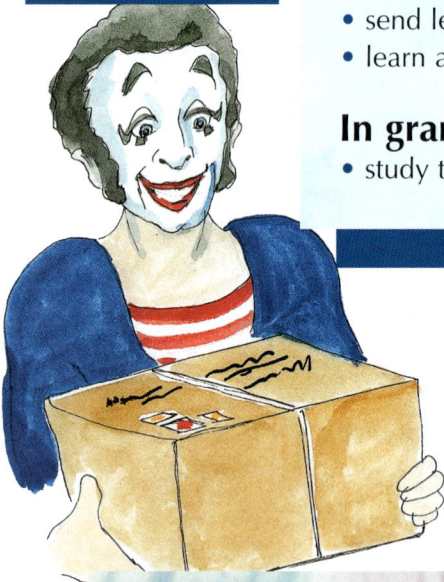

Si vous voulez envoyer une carte postale, une lettre ou un colis à vos parents ou à un ami, vous allez à la poste acheter des timbres.

Les timbres sont vendus séparément ou en carnets.

Le moyen le plus rapide d'envoyer un message est de téléphoner.

Au bureau de poste

Les bureaux de poste sont ouverts : du lundi au vendredi de 8h à 19h, le samedi de 8h à 12h seulement.

LA POSTE

une cabine téléphonique

une boîte aux lettres

un facteur

UN GUICHET

le courrier

un annuaire

les heures de levée

Les Heures de Levée 15hr.

une sacoche

un colis

un timbre

un mandat postal

une lettre

une carte postale

un carnet de timbres

– Je voudrais deux timbres, s'il vous plaît.

– C'est pour la France ou l'étranger ?

– C'est pour l'Irlande. J'ai une lettre et une carte postale.

– Il faut mettre un timbre à 50 centimes sur une lettre, et un timbre à 46 centimes sur une carte postale pour l'Irlande.

– Alors donnez-moi un timbre à 50 centimes et un timbre à 46 centimes.

– Très bien, Madame.

Fontaine Wallace

309

Expressions utiles

écrire l'adresse sur l'enveloppe ....to write the address on the envelope

envoyer une carte postale ....to send a postcard

coller un timbre sur l'enveloppe ....to stick a stamp on the envelope

mettre une lettre à la poste ....to post a letter

faire la queue au guichet ....to queue at the counter

peser un colis/un paquet ....to weigh a parcel

acheter un carnet de timbres ....to buy a book of stamps

trier le courrier ....to sort the post

distribuer le courrier ....to deliver the post

toucher un mandat postal ....to cash a postal order

consulter un annuaire ....to consult a directory

Ecoute la cassette.
Numérote les dessins pour les mettre dans le bon ordre.

Remplis les blancs.

1. Jean veut envoyer _____ lettre à son ami. Il écrit _____ sur l'enveloppe.
   Il y colle un _____. Il met la lettre dans la _____ aux lettres.
2. Sophie veut _____ un cadeau à son amie. Elle _____ la queue au guichet.
   Le colis pèse un kilo. Il _____ lourd !
3. Patrick est _____. Il se lève de bonne heure le matin pour trier le _____.
   Puis il distribue toutes les lettres et _____ les colis. Il déteste _____ chiens !

Les tarifs

C'est combien pour envoyer une lettre en Espagne ?

C'est combien pour envoyer ce colis aux Etats-Unis ?

C'est combien pour envoyer une carte postale au Canada ?

POUR VOS ENVOIS À L'ÉTRANGER
Principaux tarifs

RÉGIME GÉNÉRAL	jusqu'à	20g	50g
	Lettres	0,46 €	
	Paquets tarif lettres	0,46 €	1 €
	Cartes postales	0,35 €	
TARIFS SPÉCIAUX •Canada •Allemagne •Belgique •Espagne •Grèce •Pays-Bas •Grande Bretagne •Irlande •Italie •Suisse •Autriche •Luxembourg	jusqu'à	20g	50g
	Lettres	0,40 €	
	Paquets tarif lettres	0,40 €	1,10 €
	Cartes postales	0,35 €	

Compréhension : réponds en anglais.

1. How much would it cost to send a letter to Germany? _____
2. How much would it cost to send a postcard to Spain? _____
3. How much would it cost to send a small parcel (40g) to Austria? _____
4. Which country is not listed above?
    (a) Spain
    (b) Sweden
    (c) The Netherlands
    (d) Switzerland ☐
5. Which counter would you go to if you wanted to send some money?
    (a) *Colis*
    (b) *Mandats*
    (c) *Timbres*
    (d) *Poste Restante* ☐

Exercices

1. Mets *tout*, *toute*, *tous* ou *toutes* dans le blanc.

1. _____ le monde
2. _____ les facteurs
3. _____ les lettres
4. _____ les colis
5. _____ les cartes postales
6. _____ le temps
7. _____ la classe
8. _____ les pays

9. _____ les régions
10. _____ les timbres
11. _____ les téléphones
12. _____ les jours
13. _____ les semaines
14. _____ les jeudis
15. _____ l'école
16. _____ les enveloppes

2. Ecris ces phrases au pluriel.

1. Je colle un timbre sur l'enveloppe. ➔ _____

2. Elle écrit une carte postale. ➔ _____

3. Il envoie une lettre à son ami. ➔ _____

4. Tu achètes un carnet de timbres. ➔ _____

5. Je consulte cet annuaire. ➔ _____

6. Il fait la queue au guichet. ➔ _____

7. Elle est arrivée à la poste. ➔ _____

8. Tu toucheras un mandat postal. ➔ _____

35 Le facteur parle.
Ecoute ton CD. Réponds à ces questions.

1. At what time does Jean get up each morning?

2. What is the first thing that he does when he arrives at work?

3. At what time does he start delivering post?

4. When is his job particularly difficult? *(2 details)*

5. What colour van does he drive?

6. In what way could it be said that he is performing a social service?

7. What happened to him one day last spring?

8. Where does he go on holidays?

Sophie va à la poste

Mon séjour en Bourgogne touche à sa fin !
Je me suis levée de bonne heure ce matin. Après avoir
pris mon petit déjeuner à l'Auberge de Jeunesse, j'ai
emballé le cadeau que je voulais envoyer à mon ami.

Je suis sortie chercher le bureau de poste.
Arrivée à la rue principale, j'ai remarqué un beau
bâtiment en pierre. C'était bien la Poste !

J'y suis entrée. Il y avait beaucoup de monde à
tous les guichets : une vieille femme envoyait une
lettre aux Etats-Unis, un vieil homme touchait un mandat-
postal, un jeune Allemand expliquait qu'il voulait
envoyer un télégramme chez lui. J'ai fait la queue au
premier guichet, marqué «*Lettres*».

«C'est l'autre guichet pour les
colis», m'a dit un facteur qui
traversait la Poste, sa sacoche pleine de lettres. J'ai rougi et je
suis allée au guichet numéro deux, marqué «*Colis*».

L'employé était sympa !
– Oui, Mademoiselle ?
– Je voudrais envoyer ce paquet à Bayeux.
– Bon. Il pèse assez lourd...
    deux kilos et demi.
– Ça fait combien alors ?
– Eh bien, deux kilos et demi, ça fait 7,50 €.
– Il prendra combien de temps pour arriver ?
– Trois jours au maximum, Mademoiselle.

Il m'a souri. Il a collé deux timbres sur mon paquet.
Je suis sortie de la Poste. L'employé me regardait toujours !

Au guichet

– Oui, Monsieur ?
– C'est combien pour envoyer une lettre en Irlande ?
– Quarante centimes.
– Alors je voudrais deux timbres à quarante centimes.
– Ça fait quatre-vingt-dix centimes.

Phrases utiles

Je voudrais	envoyer	une lettre	en Irlande	au Canada
		une carte postale	en Angleterre	au Portugal
		un colis	en Allemagne	au Pays de Galles
			en Italie	aux Pays-Bas
			en Espagne	aux Etats-Unis
			en Ecosse	
			en Suisse	

Je voudrais	un timbre	à	trente centimes
	deux timbres		quarante centimes
	trois timbres		cinquante centimes
			soixante centimes
			soixante-dix centimes
			quatre-vingts centimes
			quatre-vingt-dix centimes
			un euro
			deux euros

Tu achètes des timbres. Parle avec un partenaire.

1. IRELAND
2. Angleterre
3. ITALIE
4. ONTARIO CANADA
5. 50c
6. 60c
7. 40c 40c
8.

Dialogues au guichet

Dialogues au guichet : on achète des timbres

- Vous désirez, Madame ?
- C'est combien pour envoyer une lettre en Suisse, s'il vous plaît ?
- 40 centimes, Madame.
- Où se trouve la boîte aux lettres ?
- Elle est devant la Poste, Madame.

- Oui, Monsieur ?
- Je voudrais envoyer des cartes postales aux Etats-Unis.
- Il vous faut des timbres à 45 centimes. Combien en voulez-vous ?
- Six timbres, s'il vous plaît.
- Voilà. Six timbres à 45 centimes. Ça fait 2,10 €.

- Bonjour, Madame.
- Bonjour, Monsieur. Je voudrais envoyer ce petit colis en Ecosse.
- Oui. Il pèse 140g. Ça fait 4 €.
- Il arrivera quand ?
- Dans trois jours.

Ecoute ces dialogues au guichet.
What is each person sending, and to which country?

	What is being sent?	To which country?
1		
2		
3		
4		
5		

Grammaire : trois pronoms

The relative pronouns *qui*, *que* and *dont* link two parts of a sentence together.

1. **QUI**

The pronoun *qui* means 'who/which/that'.
It is the subject of the verb which follows it.

Voici le facteur **qui** *distribue les lettres.*
Il prend la rue **qui** *mène chez nous.*

2. **QUE**

The pronoun *que* means 'whom/which/that'.
It is the object of the verb which follows it.

La Poste, **que** *vous voyez, est fermée.*
Voici le timbre **que** *j'ai acheté hier.*

Remove the 'e' of *que* before a vowel.
Never remove the 'i' of *qui*.

La sacoche **qu'***il porte a un trou.*

Mets qui, que on qu' dans le blanc.

1. Regarde la femme _____ est devant la Poste.
2. J'ai pesé le colis _____ tu m'as donné.
3. Voilà la porte _____ est fermée à clef.
4. La carte postale _____ tu as, est jolie.
5. Donnez-moi le timbre _____ il a acheté hier.
6. La rue St-Pierre, c'est la rue _____ va à Mairie.

3. **DONT**

The relative pronoun *dont* means 'whose/of whom/of which/'.
Je connais le garçon **dont** **tu parles.**
Voici le facteur **dont** **le fils est malade.**

Exercices

1. Mets *à*, *en*, *au* ou *aux* dans le blanc.
   Je voudrais envoyer une lettre...

1. _____ France	9. _____ Canada
2. _____ Irlande	10. _____ Montréal
3. _____ Portugal	11. _____ Allemagne
4. _____ Australie	12. _____ Etats-Unis
5. _____ Paris	13. _____ Grèce
6. _____ Suisse	14. _____ Italie
7. _____ Genève	15. _____ Japon
8. _____ Belgique	16. _____ Pays-Bas

2. Ecris ces verbes au futur et au conditionnel.

1. Tu donnes → *Tu donneras* → *Tu donnerais*
2. Il finit → _____ → _____
3. Je vends → _____ → _____
4. Je suis → _____ → _____
5. Elle a → _____ → _____
6. Nous buvons → _____ → _____
7. Ils prennent → _____ → _____
8. Vous voyez → _____ → _____
9. Tu vas → _____ → _____

36 Dialogues à la poste
Ecoute ton CD. Remplis les détails.

	What is being sent?	To where?	Cost?
1.			
2.			
3.			
4.			

Chico écrit une lettre

Chico a écrit une lettre à son nouveau correspondant, Luc, qui habite à Mulhouse en Alsace.

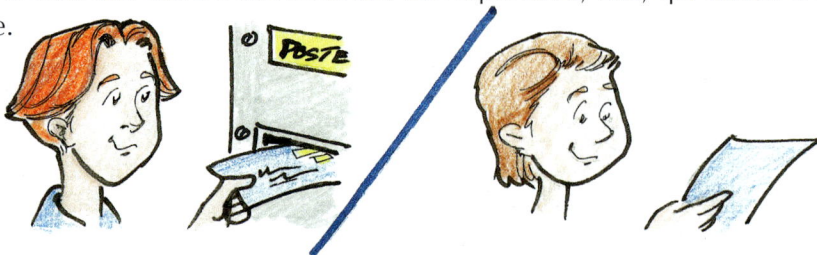

Chico est l'expéditeur de la lettre.   Luc est le destinataire de la lettre.

Avant d'aller à la Poste, Chico a écrit le nom et l'adresse de Luc avec beaucoup de soin. De cette façon, sa lettre arrivera sans délai chez son correspondant.

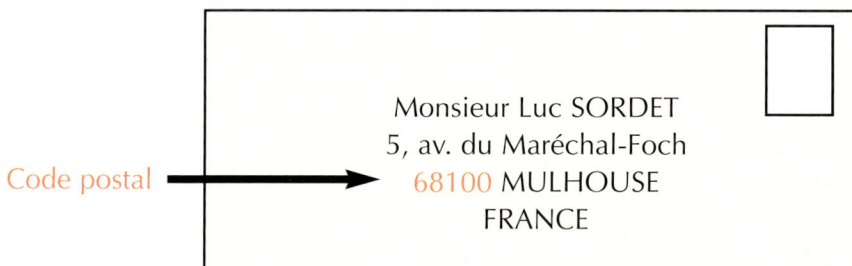

Monsieur Luc SORDET
5, av. du Maréchal-Foch
Code postal ➤ 68100 MULHOUSE
FRANCE

Des conseils pour l'expéditeur d'une lettre

Pour vous aider, la Poste vous conseille :
Ecrivez sur l'enveloppe ce qui est utile aux services des Postes

– le prénom et le nom (en capitales d'imprimerie) du destinataire
– l'adresse complète et exacte du destinataire
– le code postal qui satisfait aux normes du tri mécanisé
– au dos de l'enveloppe, le nom et l'adresse de l'expéditeur

Demandez à vos correspondants de vous communiquer le code postal précis.

Compréhension : réponds en anglais.

1. For whom is this advice intended?
2. What are the main features of a well-addressed envelope?
3. How should the recipient's surname be written?
4. What should be written on the back of the envelope?
5. What should letter-writers seek from their correspondants?

Les carte des départements

Il y a 95 départements en France.

Le code postal d'un département est donné par les deux premiers chiffres du code postal : 68 _ _ _

Les trois autres chiffres correspondent au code de la ville : _ _ 100

68100 = Mulhouse

Luc reçoit la lettre de Chico.
La lettre de Chico est arrivée vite et bien chez Luc ce matin. Luc ne tarde pas à répondre à Chico. Voici sa lettre : ➡

Mulhouse, le 8 août

Cher Chico,
Merci de ta lettre qui est arrivée chez moi ce matin. Je suis content d'apprendre que tu vas bien après ta récente maladie.

Je m'amuse bien pendant les grandes vacances. Je joue au tennis avec Nicole (ma petite amie) presque tous les jours.

Hier soir, je suis allé au cinéma voir un très bon film. Demain, j'irai en ville avec Nicole. Nous passerons quelques heures dans un café.
En attendant le plaisir de te lire,
Bien à toi,
Luc

✒ **Ecris une lettre à Chico ou à Luc.**
Give some details about yourself. Mention what you did yesterday and what you will do tomorrow.

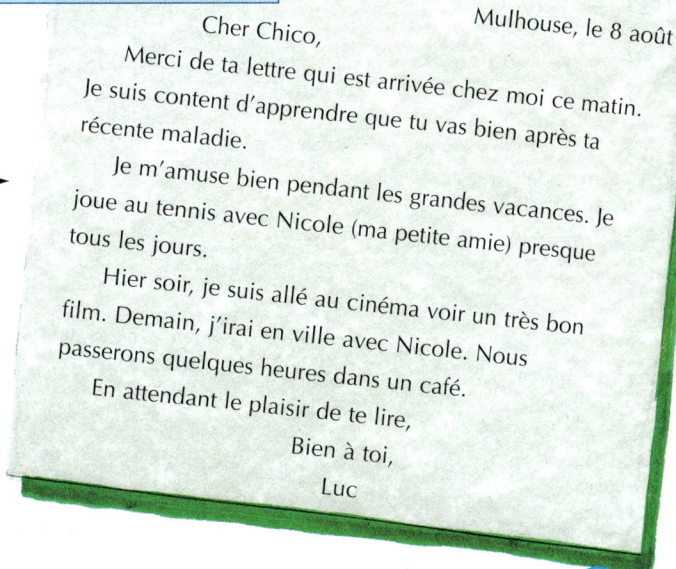

Vous désirez téléphoner...

Vous désirez téléphoner...

Vous désirez téléphoner, mais vous n'avez pas de téléphone portable !

Alors, utilisez l'une des 167 000 cabines placées dans les lieux publics :

– soit avec une télécarte qui vous permettra de téléphoner sans souci et sans monnaie à partir d'une cabine équipée d'un publiphone à cartes.

– soit avec des pièces de monnaie.

Télécarte 50

La télécarte

Servez-vous d'une télécarte.

C'est le moyen le plus pratique de téléphoner. Les télécartes s'achètent dans les bureaux de poste, les bureaux de tabac et les guichets SNCF. La télécarte de 50 unités coûte 7,50 €. La télécarte de 120 unités coûte 15 €.

TARIFS RÉDUITS :

• du lundi au samedi

  de 20h à 10h pour le Canada et les Etats-Unis.

  de 21h30 à 8h pour Israël et les pays africains d'expression française.

  de 23h à 8h pour l'Algérie, le Maroc et la Tunisie.

• de 23h à 9h30 pour le Portugal.

• du lundi au vendredi, de 21h30 à 8h, et le samedi, de 14h à 18h pour les autres pays de la CEE, la Suisse, l'Autriche et la Yougoslavie.

• Les dimanches et jours fériés : toute la journée pour ces mêmes pays.

– Une télécarte, s'il vous plaît.

– Grande ou petite ?

– Grande.

– Ça fait 15 €.

Compréhension : réponds en anglais.

1. What are the two ways to make a telephone call from a public phone?

2. Where are the three places that you can buy a phonecard?

3. How much does the cheaper phonecard cost?

4. When are there reduced phone charges to make a call from France to Ireland?

5. When are there reduced phone charges all day long?

Allô !

- Allô ! Je voudrais parler à Loulou.
- C'est de la part de qui ?
- Guillaume.
- Loulou n'est pas là en ce moment.
- Bon. Je rappellerai ce soir. Au revoir.
- Au revoir.

– Allô ! Est-ce que je peux parler à Yves ?
– C'est de la part de qui ?
– Sophie Ollier, une amie.
– Je suis désolée, mais Yves n'est pas là en ce moment. Vous voulez laisser un message ?
– Oui, Madame. Dites-lui que j'arriverai à la Gare du Nord demain matin à 11h30.

– Allô, c'est toi Martine ?
– Oui. Qui est à l'appareil ?
– C'est moi, Pierre ! Tu ne reconnais pas ma voix ?
– Ah oui, si, bien sûr !
– Je vais au cinéma ce soir, Martine.
   Tu voudrais venir avec moi ?
– Oui, d'accord. Où est-ce qu'on se retrouve ?
– Je viendrai te chercher chez toi à 7h.

– Allô ?
– Je voudrais parler à Madame Jurard.
– C'est de la part de qui ?
– Marcel Lefèvre.
– Attendez. Ne quittez pas.
   Je vous la passe.

Au téléphone

Phrases utiles

Allô !

Est-ce que je peux parler à... ?
Je voudrais parler à...

C'est... à l'appareil.

D'accord. Je le/la rappelle ce soir.

Allô, oui ?

C'est de la part de qui ?
Qui est à l'appareil ?

Ne quittez pas.   Je vous le/la passe.
Je vais le/la chercher.

Il/elle n'est pas là.
Vous pouvez rappeler plus tard ?
Vous voulez laisser un message ?

The verb 'to telephone' is *téléphoner à*.
> **Je *téléphone à* Pierre.**
> **Je *téléphone à* mon ami.**

Ecoute ces conversations au téléphone.
Listen to some telephone conversations.
Write down the reason why each call was made.

Reason for making the call?

1. _____
2. _____
3. _____
4. _____
5. _____

Vous êtes en France. Pour téléphoner à votre famille en Irlande :

1. Introduisez la télécarte.
2. Après la tonalité composez 00 (préfixe d'accès à l'international).
3. Composez 353 (l'indicatif du pays – Irlande).
4. Composez l'indicatif pour votre ville, par exemple (0)1 pour Dublin.
5. Finalement, composez le numéro d'appel de votre famille.

Explain the procedure for making a telephone call from France to Ireland.

Comment utiliser la Télécarte ?

Décrocher

Introduire la carte

Attendre la tonalité

Composer votre numéro

Communication

Pour appeler les services

A Paris

Vous faites un séjour à Paris. En consultant l'annuaire, vous voyez ces listes de numéros de téléphone.

POUR VOS DEPLACEMENTS

Autobus – métro :	**01.43.46.14.14**
SNCF :	**01.45.82.50.50**
Avion :	**01.45.35.61.61**
Etat des routes :	**01.48.58.33.33**
Informations sur la circulation des autoroutes :	**01.47.05.90.01**
Information boulevard périphérique :	**01.42.76.52.52**
Appel de taxis :	**01.47.39.47.39**

POUR CONNAITRE LE TEMPS

Région parisienne :	**01.43.69.00.00**
Autres régions :	**01.43.69.01.01**

POUR VOTRE HEBERGEMENT (hôtels – restaurants)

Office de Tourisme de Paris 127, avenue des Champs-Elysées :	**01.47.23.61.72**

POUR VOS LOISIRS

Manifestations et spectacles :	**01.47.20.94.94**
Allô spectacles à Paris et en Ile-de-France (expositions, films, pièces, concerts) :	**01.42.81.26.20**
Musées de la Ville de Paris :	**01.42.78.73.81**

Allô! Je voudrais parler à l'Horloge Parlante

Write down the number that you would dial for the following services:

Train times: _____

Traffic: _____

Accommodation: _____

Theatres: _____

Weather (outside Paris):_____

Police: _____

Fire-brigade: _____

Chemist:_____

Telephone information: _____

POUR FACILITER VOTRE SEJOUR

Renseignements téléphoniques : composer **le 12** sur votre téléphone.
Postes et télégraphes : un bureau est ouvert **24h/24**
   –52, rue du Louvre, Paris 1er arrondissement.
Banques: change fonctionnant tous les jours, de **6h 30 à 22h:**
THOMAS COOK, Gare du Nord, Paris 10e arrondissement.

POUR VOUS ASSISTER

Paris-Sécurité 24/24	**01.42.77.47.32**
Police-Secours : composer **le 17** sur votre téléphone.	
Police : il existe dans chaque arrondissement un Commissariat de police ouvert nuit et jour.	
Sapeurs-Pompiers : composer **le 18** sur votre téléphone.	
Service aide médicale d'urgence (SAMU)	**composer le 15**
SOS Médecins :	**01.43.77.77.77**
SOS Urgences Dentaires :	**01.45.35.41.41**
SOS Vétérinaires :	**01.48.32.93.30**
Pharmacie ouverte jour et nuit 84, avenue des Champs-Elysées.	tél : **01.56.62.02.41**

Conversations à la Poste
Parle avec un partenaire.

Pays	Cartes postales	Lettres	Colis (250–500g)	Colis (500–1kg)
France	0,41 €	0,46 €	1 €	1,10 €
Espagne Italie Allemagne Pays-Bas Irlande Grande Bretagne	0,46 €	0,50 €	1,60 €	3 €
Canada Etats-Unis Russie Australie	0,50 €	0,67 €	4 €	5 €

Choisis la bonne bulle pour chaque image.

5

1 (Deux timbres, s'il vous plaît.

2 (Ce colis pèse combien ?

3 (Qui est à l'appareil ?

4 (Donnez-moi un timbre à 50 centimes.

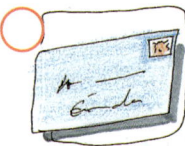

5 (Je suis facteur.

6 (Je voudrais toucher ce mandat.

Au bureau de poste
Ecoute les conversations. Ecris le nom qui convient dans chaque phrase.

1 _____ veut envoyer une carte postale.
2 _____ veut acheter deux timbres.
3 _____ veut envoyer un colis en Espagne.
4 _____ veut trouver la boîte aux lettres.
5 _____ veut acheter un carnet de timbres.
6 _____ veut envoyer un mandat postal en Irlande.

JULIEN   CARINE   SYLVIE   STÉPHANE   SOPHIE   CÉCILE

Remplis les blancs.

Pendant ses vacances à Biarritz, Hélène a écrit des cartes _____ à ses amis. Elle est sortie de l'Auberge de Jeunesse, les cartes postales à la main.
A la Poste, le distributeur automatique était en panne.
Alors elle s'est approchée du premier _____.

– Pardon, Monsieur, est-ce que vous vendez des _____ ?
– Non, Mademoiselle. Allez au guichet numéro trois.
– Merci.

Au guichet numéro trois, comme il y avait beaucoup de monde, elle a dû attendre.

– Bonjour, Mademoiselle. Vous _____ ?
– Dix timbres à 46c, s'il vous plaît.

Elle a collé les timbres _____ les cartes postales. Elle a trouvé la _____ aux lettres sur le trottoir devant la Poste. En y mettant les cartes postales, elle a _____ les mots : «Samedi : Levée Unique : 15h». Elle s'est fâchée un peu. Ses cartes postales resteraient là jusqu'à lundi.

Les emplois

19

In this section, you will...
- look at information about employment in France
- learn the names of jobs in French
- say what jobs your parents have
- say what career you would like to follow
- read some ads in the 'Situations Vacant' column
- listen to teenagers talk about part-time jobs
- learn how to write a letter applying for a job

In grammar, you will...
- study the verb **craindre** *(to fear)* and verbs which are conjugated like it

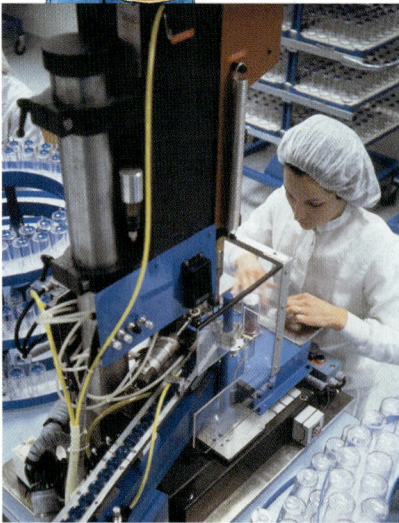

Il y a plus de 25 millions de Français actifs (les gens qui pratiquent une profession).

Les ouvriers, qui travaillent dans l'industrie, sont plus nombreux dans le Nord et l'Est.

Comme dans tous les autres pays, le chômage est un problème en France.

La France industrielle

La carte de la France peut être séparée en deux zones de superficies à peu près égales, par une ligne droite Le Havre/Marseille. Les régions situées à l'ouest de cette ligne produisent 30% de la production industrielle, les régions situées à l'est 70%. La région parisienne produit 25% de la production totale.

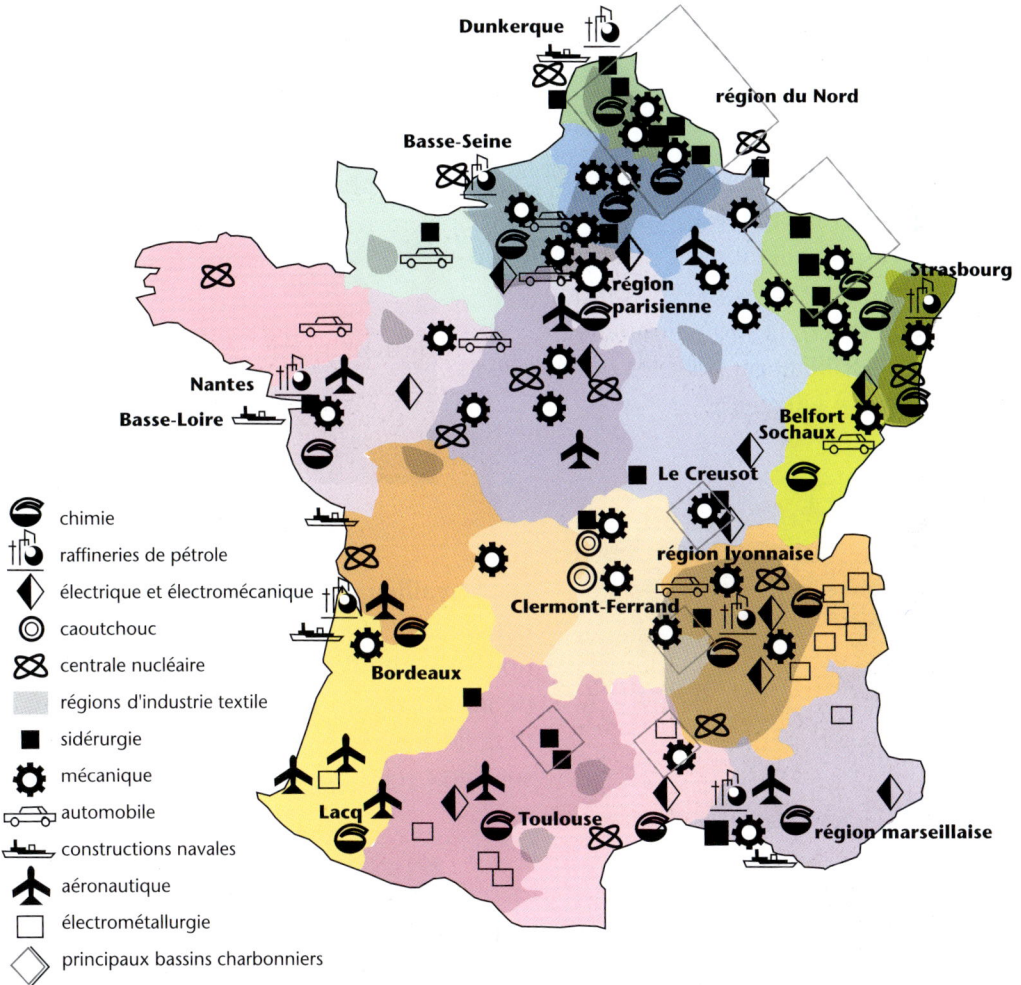

Légende :
- chimie
- raffineries de pétrole
- électrique et électromécanique
- caoutchouc
- centrale nucléaire
- régions d'industrie textile
- sidérurgie
- mécanique
- automobile
- constructions navales
- aéronautique
- électrométallurgie
- principaux bassins charbonniers

On trouve des centres industriels très importants aux alentours des grands ports : Le Havre/Rouen dans la vallée de la Seine, Nantes à l'embouchure de la Loire, Bordeaux sur la Gironde, et Marseille au bord de la mer Méditerranée.

Les Français actifs

Les ouvriers

Les ouvriers travaillent dans l'industrie – la plupart d'entre eux dans des usines. Sur 100 ouvriers, il y en a :

7 dans l'énergie (électricité, gaz)

9 dans l'industrie chimique

22 dans les textiles (laine, coton, soie)

35 dans la métallurgie (acier, fer)

27 dans des industries diverses.

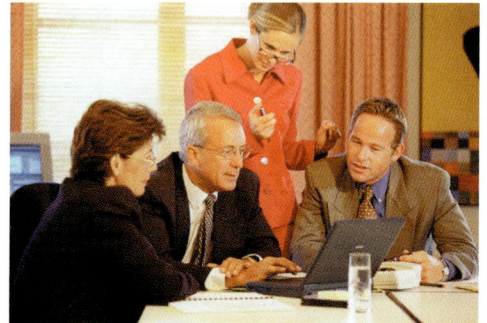

Les employés et les fonctionnaires

Les employés travaillent dans des bureaux ou dans le commerce. Ils sont environ deux millions en France. Les fonctionnaires travaillent pour l'Etat ou pour les collectivités locales (villes et villages).

Les travailleurs indépendents

Les artisans et les commerçants sont nombreux en France. Ils vivent du produit de leur travail. Il y a dans la construction plus de 300 000 artisans. Un commerçant sur deux vend des produits alimentaires.

Les professions libérales

Près de 300 000 Français exercent une profession libérale. Ils sont médecins, dentistes, architectes, professeurs, avocats, etc. Ce groupe, comme les autres, joue un rôle important dans la vie économique et sociale de la France.

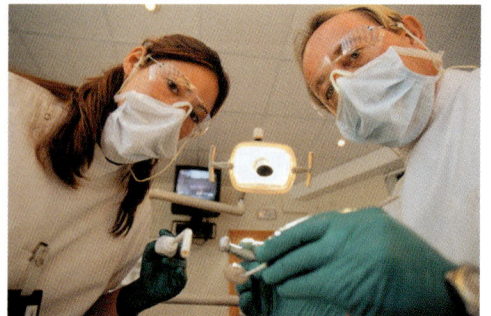

Les métiers

Mon père
est routier.

Ma mère
est journaliste.

Mon frère aîné
est facteur.

Ma sœur aînée
est mannequin.

Attention ! Note that the indefinite article (*un/une*) is not used when stating a person's job.

Ecoute cette liste de métiers.

architecte	*architect*	**instituteur/-trice**	*primary school teacher*
bibliothécaire	*librarian*	**journaliste**	*journalist*
boulanger/-ère	*baker*	**mécanicien/-ienne**	*mechanic*
chauffeur de taxi	*taxi driver*	**médecin**	*doctor*
chef de cuisine	*cook, chef*	**ménagère**	*housewife*
coiffeur/-euse	*hairdresser*	**menuisier**	*carpenter*
commis voyageur	*commercial traveller*	**notaire**	*solicitor*
comptable	*accountant*	**pharmacien/-ienne**	*chemist*
chauffeur de car	*coach driver*	**peintre**	*painter*
dentiste	*dentist*	**pilote**	*pilot*
électricien/-ienne	*electrician*	**plombier**	*plumber*
employé(e) de banque	*bank clerk*	**professeur**	*teacher*
fermier/-ière	*farmer*	**réceptionniste**	*receptionist*
fonctionnaire	*civil servant*	**représentant**	*sales rep*
gendarme	*policeman*	**routier**	*truck driver*
gérant	*manager*	**sapeur-pompier**	*fireman*
hôtesse de l'air	*air-steward*	**secrétaire**	*secretary*
hôtelier	*hotel keeper*	**soldat**	*soldier*
ingénieur	*engineer*	**vendeur/-euse**	*sales assistant*
infirmière	*nurse*	**vétérinaire**	*vet*

Quel est le métier de ton père ? ...de ta mère ?
Quel est le métier de ton frère aîné ? ...de ta sœur aînée ?

1. **Cette femme fait le plan d'une maison.**

   (a) Elle est comptable.
   (b) Elle est vendeuse.
   (c) Elle est architecte.
   (d) Elle est dentiste. ❏

2. **Cet homme conduit un camion.**

   (a) Il est routier.
   (b) Il est chauffeur de car.
   (c) Il est soldat.
   (d) Il est boulanger. ❏

3. **Cette femme travaille dans un hôpital.**

   (a) Elle est coiffeuse.
   (b) Elle est dentiste.
   (c) Elle est notaire.
   (d) Elle est infirmière. ❏

4. **Cet homme éteint des feux et il sauve des vies.**

   (a) Il est sapeur-pompier.
   (b) Il est électricien.
   (c) Il est gérant.
   (d) Il est gendarme. ❏

5. **Cette femme donne des leçons aux jeunes enfants.**

   (a) Elle est professeur.
   (b) Elle est institutrice.
   (c) Elle est bibliothécaire.
   (d) Elle est chômeuse. ❏

6. **Pierre ne travaille pas.**

   (a) Il est plombier.
   (b) Il est vendeur.
   (c) Il est chômeur.
   (d) Il est ingénieur. ❏

7. **Chantal travaille pour le gouvernement.**

   (a) Elle est vétérinaire.
   (b) Elle est pharmacienne.
   (c) Elle est fonctionnaire.
   (d) Elle est vendeuse. ❏

Exercices

1. Mets l'adjectif démonstratif (*ce, cet, cette* ou *ces*) dans le blanc.

1. _____ personne travaille bien.
2. _____ métier est intéressant.
3. _____ ingénieur est travailleur.
4. _____ institutrice est sympa.
5. _____ hommes sont journalistes.
6. Mon père travaille dans _____usine.
7. Ma mère travaille dans _____ hôtel.

8. _____ employé est honnête.
9. _____ groupe joue un rôle important.
10. _____ homme est gendarme.
11. Tout le monde respecte____ instituteur.
12. Vous travaillez dans _____ hôpital ?
13. _____ employés seront en retard.
14. Tu aimes _____ travail ?

Est-ce que je fais mon lit?
As-tu ta photo d'identité?

2. Ecris ces phrases à l'interrogatif.

1. Tu aimes ce boulot. → _____
2. Vous avez beaucoup d'ambition. → _____
3. Elle est respectée. → _____
4. Je suis ambitieux. → _____
5. Ils travaillent dans l'industrie. → _____
6. Tu étudies l'informatique. → _____
7. Il a une carte de la région. → _____
8. Vous sortez ce week-end. → _____

37 Quel est mon métier ?

Ecoute ton CD. Ecris en anglais le nom du métier.

	Name of profession
1.	
2.	
3.	
4.	
5.	

Quel est mon métier ?

J'ai un permis de conduire.
Je voyage beaucoup en camion.

Je livre des marchandises à
des magasins et à des usines.

Je suis routier.

Lis les descriptions. Relie les bonnes paires

Je travaille pour la Poste. Je me lève très tôt le matin. Je porte une sacoche et je distribue le courrier dans tout ce quartier.	Vous êtes pharmacien.
Je porte un uniforme bleu et, sur la tête, un képi. Je règle la circulation. J'arrête les voleurs et les gens qui ne respectent pas la loi.	Vous êtes facteur.
J'aime travailler avec les mains dans mon atelier. J'ai beaucoup d'outils. Je fais des meubles, surtout des placards pour la cuisine.	Vous êtes professeur.
Je travaille dans un magasin. Je porte un uniforme blanc. Beaucoup de clients arrivent chez moi avec une ordonnance. Je leur donne les médicaments prescrits par leur médecin.	Vous êtes gendarme.
Je travaille dans un lycée. J'enseigne les maths. Le soir, je corrige les devoirs. Pour ce métier, il faut avoir beaucoup de patience !	Vous êtes menuisier.

Ecoute la cassette. Devine les métiers !
«Quel est mon métier ?»

1. Vous êtes _____
2. Vous êtes _____
3. Vous êtes _____
4. Vous êtes _____
5. Vous êtes _____
6. Vous êtes _____

Je suis en grève!

Petites annonces

– Offres d'emploi –

Dame âgée recherche jardinier (entretien jardin potager et pelouse). Salaire intéressant. Références souhaitées. Tél. 03.63.07.21.48 pour rendez-vous.

Important magasin de chaussures recherche vendeuse qualifiée, dynamique. Bon salaire. Plein temps, salaire à négocier. Références essentielles. Tél. 05.89.41.70.26 Colmar.

Mannequins, féminin, masculin. Selection le vendredi 8 mai, de 10h à 15h. Défilés, photos. Se présenter 25, rue Thomann, Strasbourg.

Hôtel recherche réceptionniste parlant anglais et allemand. Bonne tenue. Envoyer CV détaillé à Hôtel le Mirage, 45, av. Hélène Boucher, 13800 Istres.

1. Compréhension : réponds en anglais.

1. (i) Who is looking for a gardener?
   (ii) What would the work involve?
2. (i) How would you apply for the job in the hotel.
   (ii) What qualifications are necessary?
3. (i) What does the shop in Colmar sell?
   (ii) What qualifications are necessary?
4. (i) What jobs are available in Strasbourg?
   (ii) When will the vacancies be filled?

– Demandes d'emploi –

Jeune fille, 22 ans, cherche emploi coiffeuse à partir du 1er septembre. Formation assurée. Temps complet ou partiel. Tél. 04.63.04.91.22

Jeune homme, 21 ans, sachant bricoler cherche emploi stable dans la construction (villa, piscine, rénovation, peinture, etc.) Mulhouse ou environs. Tel. 02.89.57.37.24 après 19h.

2. Compréhension : réponds en anglais.

1. (i) What job is the girl looking for?
   (ii) What would she accept?
2. (i) What sort of job is the young man looking for?
   (ii) What does he say he can do?

Métiers d'artisans

A quelques kilomètres au sud de Paris, à Jouy-en-Josas, entre une forêt et une petite rivière, se trouve la **Cour Roland**. Il y avait là un château et un parc avec de grands arbres. Il y a une dizaine d'années, on a démoli le château et il n'est plus resté que quelques vieilles maisons à l'entrée du parc.

Des jeunes de la région ont alors décidé de réparer ces maisons. Ils ont beaucoup travaillé et maintenant ces maisons sont comme neuves. La Cour Roland est devenue un «Centre culturel et artisanal».

François Bonin, le directeur, nous y accueille et nous explique :

«Nous avons de nombreux ateliers : poterie, menuiserie, dessin, sculpture, tissage, peinture sur soie.

Chaque semaine, l'après-midi ou le soir, nous donnons des cours dans nos ateliers pendant deux heures et demie, par petits groupes de dix personnes. A Pâques et pendant le mois de juillet, on peut venir ici suivre un stage pendant toute une semaine. Beaucoup de nos professeurs sont de vrais artisans et savent travailler comme on le faisait, il y a très longtemps.»

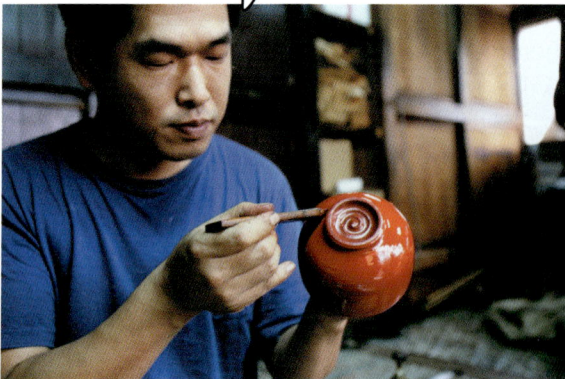

Moi, je préfère travailler avec les mains.

Compréhension : réponds en anglais.
1. Where exactly is the **Cour Roland** situated?
2. What happened there about 10 years ago?
3. Name four types of workshop that are there now.
4. What are we told about classes?
5. When can one do a week-long course there?
6. What information are we given about the teachers?

Les projets d'avenir des jeunes

Un magazine français a réalisé une enquête sur les projets d'avenir de ses jeunes lecteurs. On leur a posé deux questions. Voici les résultats de cette enquête.

1. **Qu'est-ce que vous aimeriez faire dans la vie ?**

2. **Après l'école, où voudriez-vous travailler ?**

– RÉPONSES –

«Je voudrais devenir...»		«Je voudrais travailler...»	
hôtesse de l'air	10%	dans un magasin	7%
ingénieur	7%	dans un bureau	8%
médecin	9%	dans un hôpital	11%
coiffeur/coiffeuse	3%	dans une usine	4%
journaliste	5%	en ville	44%
mannequin	14%	à la campagne	36%
professeur	2%	en plein air	22%
agent de police/femme-agent	6%	avec le public	47%
infirmière	9%	avec des animaux	17%
réceptionniste	7%	avec des enfants	20%
informaticien	8%	avec des personnes âgées	12%
pompier	13%	avec des ordinateurs	33%
fermier/fermière	5%	pour le gouvernement	9%
ouvrier/ouvrière	1%	à l'étranger	28%

Compréhension : remplis les détails en anglais.

1. The three most popular professions: (i) _____
   (ii) _____
   (iii) _____

2. The three least popular professions: (i) _____
   (ii) _____
   (iii) _____

3. Fill in the percentages for those who would like to work...
   (a) in a shop: _____ (d) with animals: _____
   (b) in a factory: _____ (e) with computers: _____
   (c) in the countryside: _____ (f) abroad: _____

Moi, je voudrais être...

Ecoute ces jeunes Français. Ils parlent de leurs ambitions. Remplis les blancs.

«Après mon Bac, je voudrais être employée comme _____ dans un magasin de vêtements. C'est un métier qui me plairait bien parce que je m'intéresse à la _____. Je gagnerais de l'argent. Après quelques années, j'ouvrirais ma propre _____ de mode. En tout cas, c'est mon ambition en ce moment.»

«Depuis mon enfance, j'ai toujours aimé les animaux : les chats, les chiens, mais surtout les _____. Alors, si je pouvais, je voudrais devenir _____. C'est un métier très intéressant. Le travail me plairait énormément. Comme je suis le fils d'un fermier, je continuerais de travailler à la _____.»

«Moi, je suis passionnée par les _____ et les avions. Alors c'est mon rêve de devenir _____. Comme ça, je pourrais voyager beaucoup et je verrais des _____ intéressants. Je trouverais facilement du travail. Je porterais un _____ uniforme. J'aurais des responsabilités. Oui, pour moi, ce serait idéal !»

«Je n'aime pas la vie en plein air et je n'aimerais pas passer le reste de ma vie dans un _____. Moi, je voudrais bien devenir _____. Je travaillerais dans cette ville au début mais après quelques années je trouverais une situation bien-payée à Paris ou peut-être à l'_____.»

Grammaire : verbes irréguliers

Je crains les chiens !

Craindre, *to fear*

je crains
tu crains
il
elle } craint
nous craignons
vous craignez
ils
elles } craignent

Peindre, *to paint*

je peins
tu peins
il
elle } peint
nous peignons
vous peignez
ils
elles } peignent

Je peins cette maison.

L'imparfait :	je craignais	je peignais
Le futur :	je craindrai	je peindrai
Le conditionnel :	je craindrais	je peindrais
Le passé composé :	j'ai craint	j'ai peint

Conjugated in the same way are:
joindre, *to join;* **éteindre,** *to extinguish;* **atteindre,** *to reach;* **se plaindre,** *to complain.*

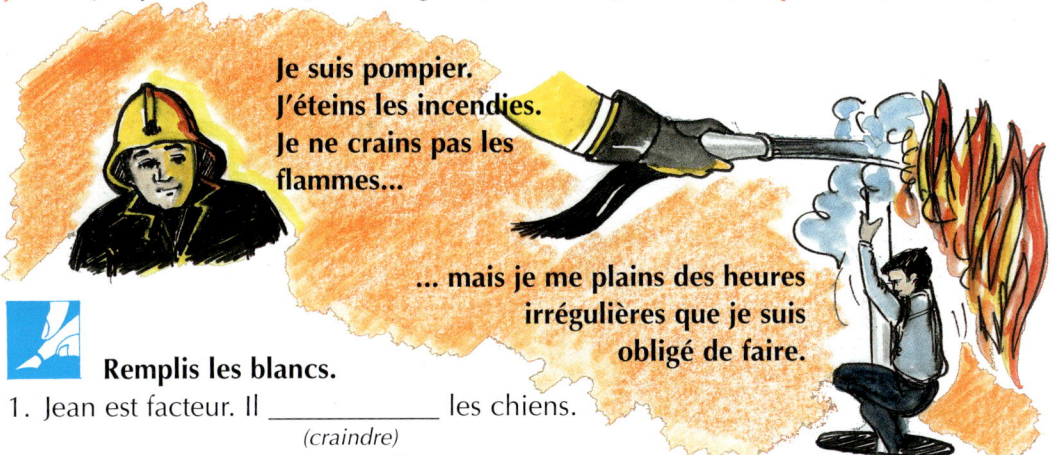

**Je suis pompier.
J'éteins les incendies.
Je ne crains pas les flammes...**

... mais je me plains des heures irrégulières que je suis obligé de faire.

Remplis les blancs.

1. Jean est facteur. Il _____ les chiens.
   (craindre)
2. Monique est peintre. Hier, elle _____ une maison.
   (peindre)
3. Les pompiers travaillent dur. Ils _____ l'incendie.
   (éteindre)
4. Quand j'étais jeune, je _____ les insectes.
   (craindre)
5. Hier soir, l'alpiniste _____ le sommet de la montagne.
   (atteindre)

Exercices

1. Ecris ces verbes au passé composé et à l'imparfait.

1. Je travaille → *J'ai travaillé*   *Je travaillais*

2. Il vend → _____   _____

3. Nous choisissons → _____   _____

4. Tu vois → _____   _____

5. Ils boivent → _____   _____

6. Tu vas → _____   _____

7. Elle tombe → _____   _____

8. Ils arrivent → _____   _____

2. Ecris ces verbes au futur et au conditionnel.

1. Tu chantes → *Tu chanteras*   *Tu chanterais*

2. Il finit → _____   _____

3. J'attends → _____   _____

4. Nous mettons → _____   _____

5. Elle prend → _____   _____

6. Vous allez → _____   _____

7. Ils font → _____   _____

8. Tu sais → _____   _____

38 **Dialogues au poste de police**
Ecoute ton CD. Qu'est-ce qu'on a perdu ?
People report items lost or stolen. Note the details.

	Item lost/stolen	Where?	Description of item
1.			
2.			
3.			
4.			

En lisant le journal...

LE CHÔMAGE

De plus en plus, l'ordinateur remplace l'ouvrier d'autrefois. C'est un triste fait de la vie moderne, surtout dans les pays hautement industrialisés, où nous avons un nombre toujours croissant de chômeurs.

Beaucoup de jeunes n'auront jamais l'occasion de travailler. Il faut faire face tout de suite à ce problème. A mon avis, il y a un seul remède : il faut pousser les gens à partager le travail qui existe.

Compréhension : réponds en anglais.

1. What, according to the writer, is a major cause of the unemployment problem?
2. What solution does the writer suggest for the problem?

MÉTRO, BOULOT, DODO

Huit heures. Comme tous les matins les gares de Paris sont pleines de monde : des trains venus de la banlieue ont amené à Paris des milliers de personnes. Mais leur voyage n'est pas fini... Il faut encore prendre le métro ou l'autobus pour arriver au travail. Une heure le matin, une heure le soir, c'est long ! C'est fatigant !

1. From where do the trains arrive with all the passengers?
2. Where are these people going?
3. How long does a person spend travelling each day?

DES CHANTIERS

Voudriez-vous reconstruire un village ou nettoyer une forêt ? Les chantiers permettent aux jeunes de tous les pays de se rencontrer, de travailler ensemble pendant deux ou trois semaines et de mieux se connaître.

Les chantiers internationaux accueillent des jeunes de plus de 18 ans. On est logé et nourri gratuitement. On travaille de 35 à 40 heures par semaine.

1. What work might a person be doing?
2. What are the advantages of taking part in these youth projects?
3. What are the conditions of work?

Tu as un petit boulot ?

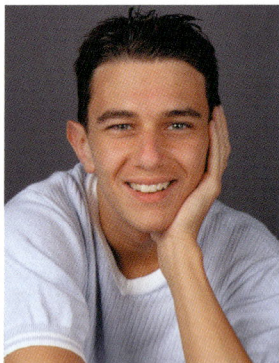

J'ai un petit boulot. Je travaille le samedi après-midi dans un supermarché. Le travail est ennuyeux et fatigant. Mais le salaire est assez bon. On me donne de temps en temps des primes. Avec cet argent, je vais au cinéma.

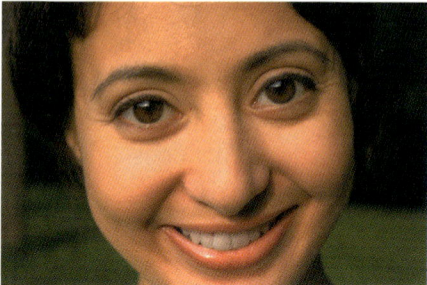

Moi, je fais du baby-sitting pour des voisins de temps en temps. Je m'occupe de la maison et des enfants quand les parents sortent. Le travail n'est pas difficile. En général, les parents sont généreux – je reçois 20 € à la fin de la soirée. Je dépense cet argent en m'achetant des vêtements.

Coche les cases ☑

Je travaille...
- ❑ dans un garage
- ❑ dans un magasin
- ❑ dans un restaurant
- ❑ Je fais du baby-sitting
- ❑ Je tonds des pelouses
- ❑ Je distribue des journaux
- ❑ Je fais des courses
- ❑ Je nettoie des voitures

Réponds à ces questions.

1. Est-ce que tu as un petit boulot ?
2. Où est-ce que tu travailles ?
3. Quand est-ce que tu travailles ?
4. Est-ce que le travail est intéressant ou ennuyeux ?
5. Est-ce que le travail est facile ou difficile ?
6. Que fais-tu exactement ?
7. Combien d'argent est-ce que tu reçois ?
8. Est-ce que tu dépenses cet argent ?
9. Qu'est-ce que tu achètes ?

Ecoute trois interviews.

	Delphine	Jean	Martine
Part-time job?	_____	_____	_____
Money received?	_____	_____	_____
How is money spent?	_____	_____	_____

On écrit une lettre à la recherche d'un poste

Sophie Dufour
1, rue Emile Fassin
13200 Arles

Arles, le 20 mai

Madame E. Legrand
Restaurant le Mirabeau
5, rue Molière
Tours

Madame,

J'ai lu dans les petites annonces que vous cherchez une serveuse pour votre restaurant. Je vous adresse donc ma candidature à ce poste.

J'ai 20 ans. Comme je m'intéresse à la cuisine, je voudrais travailler dans un restaurant. L'été dernier, j'ai travaillé à temps partiel dans un restaurant ici à Arles.

Pourriez-vous m'envoyer des renseignements sur le travail ? Quel serait le salaire ? Quelles seraient les heures de travail ?

Je vous prie de trouver ci-joint ma photo et mon CV. Veuillez agréer, Madame, l'expression de mes sentiments distingués.

Sophie Dufour

Compréhension : réponds en anglais.

1. How did Sophie Dufour find out about this job?
2. Why does she say she is interested in this job?
3. What experience has she?
4. What information does she seek?
5. What does she enclose with this letter of application?

Maintenant – à toi !

Famille française cherche jeune personne au pair pour s'occuper de 2 enfants. Ecrire avec CV et photo. Mme L. Steffen, 2 rue Voltaire, Lyon.

You have seen this advertisement in a newspaper. Apply for the job.

Give details of age, education, interests, experience. Ask about salary and hours of work. Don't forget to enclose C.V. and photo.

C'est quel métier ?
Ecoute la cassette et numérote les dessins.

Réponds à ces questions.

1. Quel est le métier de ta mère ?
2. Quel est le métier de ton père ?
3. Si tu as un frère aîné, qu'est-ce qu'il fait dans la vie ?
4. Si tu as une sœur aînée, qu'est-ce qu'elle fait dans la vie ?
5. Est-ce que tu as un petit boulot ?
6. Qu'est-ce que tu as l'intention de faire quand tu quitteras l'école ?

Révisions

Remplace les briques.

craindre

Je

crains

Il

craint

Nous

craignez

Ils

craignent

le présent

Je craindrai

Tu

craindra

Elle

craindrons

Vous

craindront

Elles

le futur

Lis ce passage. Réponds aux questions en anglais.

Je m'appelle Christine Authier. Je suis chanteuse depuis quatre ans. Avant, j'étais professeur d'anglais. Maintenant je passe de longues journées dans ma maison de Parthenay. J'écris mes chansons et je compose la musique. Je joue de la guitare. Gaël, mon musicien, joue aussi de la guitare, du violon, de l'accordéon, de l'harmonica et du piano.

Mes chansons racontent l'histoire des habitants de mon village, leur vie d'hier et d'aujourd'hui. Par exemple, il y a l'histoire de Clémence, une vieille dame : elle travaille beaucoup et, un jour, elle décide de ne plus rien faire, de prendre des vacances ! Alors, son mari, le vieil Honoré, est obligé d'apprendre à faire la cuisine et le ménage, d'aller faire le marché ! Et c'est assez amusant. Ou l'histoire plus triste de Franchik, le bûcheron. Il ne vit pas dans le Poitou mais dans les Vosges, une région de France pleine de grandes forêts. Alors, il part souvent travailler pendant des mois sans rentrer à la maison. Sa femme, Marie, et ses enfants l'attendent longtemps. Ou l'histoire de Jacquot, le menuisier : il fait des chaises – à trois pieds !

1. Before she became a singer, what did Christine work at?
2. Her songs tell stories. Where do they come from?
3. In the story about Clémence, what does Clémence decide to do one day?
4. What must Clémence's husband learn to do?
5. Why does Franchik leave home?
6. What does Jacquot make?

Bonne route !

20

In this section, you will...
- look at French makes of cars
- name different parts of the car
- look at the categories of roads in France
- study roadsigns
- find out what to do if your car breaks down
- read about an organisation which helps motorists
- learn some road-safety advice
- read some accounts of road accidents

In grammar, you will...
- learn the irregular verb **conduire** *(to drive)*
- study the Demonstrative Pronoun **(celui)**

Citroën, Peugeot, Renault – voici les noms de trois marques de voitures françaises.

Il y a en France aujourd'hui, en moyenne, une automobile pour quatre habitants. Le réseau routier est excellent.

C'est quelle marque de voiture ?

1. Ecoute la cassette.

«Mon père a une Peugeot 405. C'est une très bonne voiture : elle est assez grande, très confortable et elle ne consomme pas trop d'essence. Elle est rouge – c'est ma couleur préférée. Quand je serai grande, j'achèterai une telle voiture.»

PEUGEOT

«Ma mère conduit très bien. Elle a une Renault Mégane. Elle aime bien cette marque de voiture : elle est très agréable à conduire. Elle a cinq vitesses. Le coffre est assez grand : c'est très pratique quand nous partons en vacances en été. A propos, toutes les marques d'auto sont féminines en français.»

RENAULT

CITROËN

«Ma sœur, Françoise, conduit une vieille Citroën 2 CV. C'est une voiture formidable ! Elle n'est pas grande. Elle ne tombe jamais en panne et elle consomme très peu d'essence. Cette marque de voiture est très populaire en France. Quand j'aurai mon permis de conduire, j'en achèterai une.»

Verbe irrégulier

Conduire (to drive)

Je conduis
Tu conduis
Il ⎫
Elle ⎭ conduit
Nous conduisons
Vous conduisez
Ils ⎫
Elles ⎭ conduisent

2. Ecoute trois autres personnes.
Listen to 3 people. Fill in the details.

	Make of car	Age of car	Colour of car
1.			
2.			
3.			

L'automobile

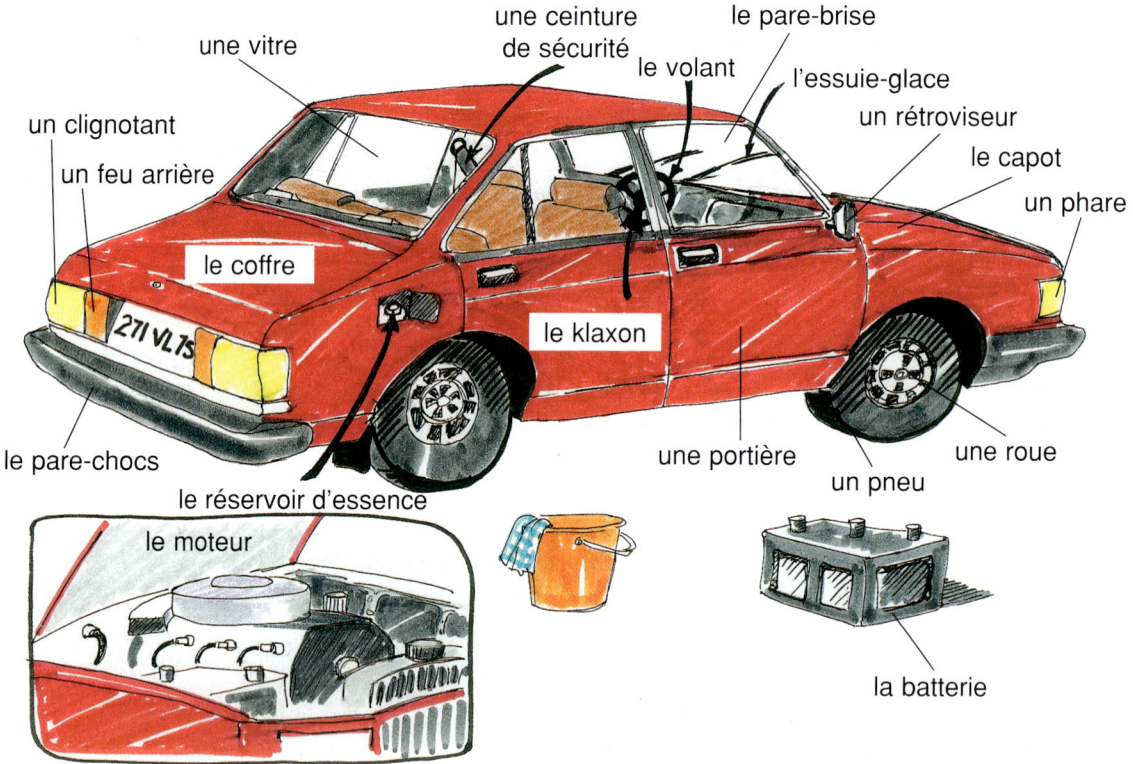

une ceinture de sécurité
le pare-brise
une vitre
le volant
l'essuie-glace
un rétroviseur
un clignotant
le capot
un feu arrière
un phare
le coffre
le klaxon
271 VL 75
le pare-chocs
une portière
une roue
le réservoir d'essence
un pneu
le moteur
la batterie

**Pierre est mécanicien. Il travaille au garage.
Il lit la liste ci-dessous. Ecoutez-le.**

1. une roue
2. un pneu
3. le capot
4. un clignotant
5. le coffre
6. l'essuie-glace
7. le pare-brise
8. le pare-chocs
9. un phare
10. la plaque d'immatriculation
11. le moteur
12. une portière
13. une ceinture de sécurité
14. un rétroviseur
15. un feu arrière
16. la batterie
17. le klaxon
18. le volant
19. une vitre
20. le réservoir d'essence

Sur les routes de France

AUTOROUTES À PÉAGE	
Paris/Bordeaux	32 €
Paris/Caen	8 €
Paris/Calais	12 €
Paris/Clermont-Ferrand	17 €
Paris/Lyon	16 €
Paris/Metz	13 €
Paris/Lille	7 €
Paris/Mulhouse	18 €
Paris/Rennes	13 €
Paris/Rouen	4 €
Paris/Strasbourg	20 €
Paris/Tours	12 €
Lyon/Genève	9 €
Lyon/Grenoble	7 €
Lyon/Marseille	13 €
Bordeaux/Toulouse	10 €

Les routes sont classées en trois catégories :

– **les autoroutes** (A sur une carte) qui sont presque toutes à péage.

– **les routes nationales** (N sur une carte) où la circulation est importante.

– **les routes départementales** (D sur une carte) qui sont très bonnes – et on y rencontre moins de poids lourds.

Pour éviter les embouteillages, avant de commencer son voyage en auto, on peut téléphoner aux centres de circulation routière des gendarmeries ou écouter les bulletins spécialisés de la radio. De cette façon, on pourra choisir les itinéraires les moins encombrés.

Priorité à droite

Attention ! En France, si vous arrivez à un carrefour, vous devez laisser le passage à un véhicule venant de votre droite : il a la priorité.

Le véhicule qui vient de droite est toujours prioritaire sauf si vous voyez le signal «Passage protégé». Celui-ci vous indique que vous êtes sur une route à grande circulation : vous avez alors la priorité.

PRIORITÉ À DROITE

PASSAGE PROTÉGÉ

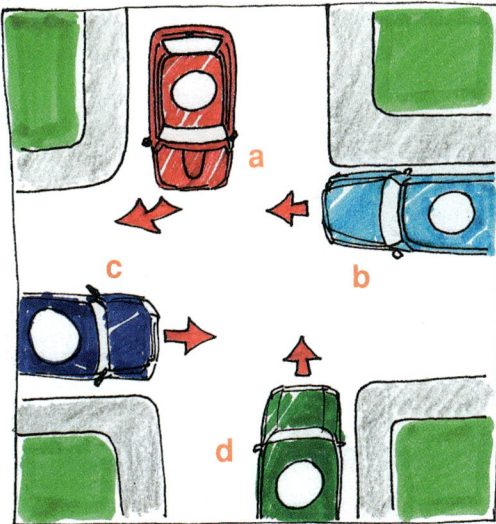

Compréhension : réponds en anglais.

1. How is a motorway marked on a map?
2. What is the difference between a 'national' and 'départemental' road?
3. What is the toll-charge for the journey Paris/Lyon?
4. How can you find out information which will help you to avoid traffic-jams?
5. Which cars have priority at the junction shown on the illustration?

La route française

Ecoute la cassette et remplis les blancs.

En arrivant en France, on remarque tout de suite qu'on roule à droite et non pas à _____ comme chez nous. Pour l'automobiliste irlandais qui voyage en France, c'est la chose la plus importante à noter. Quand on dépasse une autre voiture, ou un _____, il faut être très vigilant – car la route n'est pas très visible, surtout par temps de pluie.

Tout en voyageant, l'automobiliste verra des panneaux très _____. En voici quelques exemples :

«Sens interdit», qui veut dire que c'est une _____ dans laquelle la circulation est interdite. «Stationnement interdit», qui veut dire qu'il est défendu d'y stationner.

«Priorité à droite», qui veut _____ qu'il faut donner la priorité à un véhicule venant de la _____.

La plupart des autoroutes françaises sont à péage : c'est-à-dire, il _____ payer pour s'en servir. Mais en roulant très vite, on gagne du temps et on ne paie pas les frais d'une _____ à l'hôtel.

Si on ne veut pas rouler sur les autoroutes, on peut se servir des routes nationales ou des routes départementales. Ces deux catégories de routes sont _____. Mais en traversant les villes, on court le risque d'être pris dans un _____.

Signaux routiers

Après avoir étudié les signaux routiers ci-dessus, numérote les explications ci-dessous.

(**4**) virage à droite

( ) accès interdit

( ) double virage

( ) direction obligatoire

( ) chaussée glissante

( ) chutes de pierres

( ) travaux

( ) cédez le passage

( ) passage d'animaux sauvages

( ) passage pour piétons

( ) arrêt à l'intersection

( ) circulation dans les deux sens

( ) passage à niveau

( ) signalisation lumineuse

( ) descente dangereuse

( ) projection de gravillon

Pour aider l'automobiliste étranger en France

CARTES DÉTAILLÉES
La France
en
40 cartes
1/200 000

Avez-vous une carte pour Biarritz et la région sud-ouest ?

Oui, Madame. C'est la carte numéro 78.

Compréhension : réponds en anglais.
Write down a list of the information that you can get on the Michelin Minitel service.

1. _____

2. _____

3. _____

4. _____

MUSÉE HENRI MALARTRE • VILLE DE LYON • ROCHETAILLÉE s/SAÔNE
FRANCE

36 15 MICHELIN...

Votre itinéraire détaillé, affiché sur votre Minitel:

... Kilométrages
et temps de parcours,

coût des péages,

hôtels, restaurants, campings,

sites touristiques

...Vos itinéraires en Europe

Bonne route !

C'est très ennuyeux d'être pris dans un embouteillage. Et dans les embouteillages, les Français ne restent pas longtemps calmes ! Très vite, on commence à s'irriter. On se fâche contre les autres automobilistes. On appuie sur le klaxon.

Cet été, **Bison Futé** attend trois millions de voitures et 10 millions de voyageurs sur les routes entre le 11 et le 14 juillet.

Bison Futé invite les voyageurs à ne pas partir samedi, mais dimanche. De cette façon, on pourra éviter les premiers bouchons du week-end qui sont toujours très mauvais.

Points d'accueil Bison Futé

On trouvera les points d'accueil **Bison Futé** sur les principales routes : plus de 80 dans toute la France. Des hôtesses pourront vous aider pour tous les petits imprévus ou pour les renseignements dont vous pourriez avoir besoin : emplacements des bouchons du moment, possibilités d'hôtels, réservation par téléphone, adresses de garages, de médecins. Tous ces services sont gratuits. N'hésitez pas à vous y arrêter.

BISON FUTÉ

Avant de partir en week-end ou en vacances, retrouvez les prévisions et les conseils donnés par BISON FUTÉ pour mieux préparer votre itinéraire sur : **3615 ROUTE**
... LA ROUTE A SUIVRE

sécurité routière

Compréhension : réponds à ces questions en anglais.

1. What does a French motorist do when stuck in a traffic-jam? *(3 items)*

   (i) _____ (ii) _____ (iii) _____

2. What does **Bison Futé** advise motorists to do the weekend of the national holiday?

   (i) _____ (ii) _____ (iii) _____

3. Why would a motorist stop at a **Bison Futé** information station? *(3 items)*

   (i) _____ (ii) _____ (iii) _____

Au garage

Phrases utiles

1. Ma voiture est en panne.
2. Pouvez-vous m'aider, s'il vous plaît ?
3. Pouvez-vous réparer ma voiture ?
4. Le moteur ne marche pas.
5. La batterie est à plat.
6. C'est sous le capot.
7. Ce sont les freins, je crois.
8. Le pare-brise est cassé.
9. Envoyez le camion de dépannage.
10. Je suis en panne sèche.
11. Pouvez-vous envoyer un mécanicien ?
12. J'ai un pneu crevé.
13. Je n'ai pas de cric.
14. Pouvez-vous recharger la batterie ?
15. Voulez-vous vérifier la pression des pneus ?
16. Voulez-vous vérifier le niveau d'huile ?

Après avoir étudié la liste de phrases ci-dessus, numérote les dessins ci-dessous.

En panne

1. Ecoute ces dialogues.

– Allô ! C'est le garagiste ? Ma voiture est en panne.
– Qu'est-ce qu'il y a ?
– Je ne sais pas exactement – mais je pense que c'est le carburateur.
– C'est quelle marque de voiture ?
– C'est une Renault 5. Pouvez-vous envoyer un mécanicien ? C'est un cas d'urgence.
– Où êtes-vous ?
– Sur la Route Nationale 23 à deux kilomètres de la ville.
– Bon. Attendez là. L'auto est de quelle couleur ?
– Elle est bleue. Je vous attends. Merci, Monsieur.

– Allô ! Ici le garage Méon.
– Ma voiture est en panne, Monsieur.
– Qu'est-ce qu'il y a, Madame ?
– La batterie ne fonctionne plus, Monsieur. Elle est à plat, je crois.
– Où se trouve votre voiture ?
– Devant le cinéma, place de la République.
– C'est quelle marque de voiture, Madame ?
– Une Citroën 2 CV.
– Alors, ce n'est pas grave, Madame. Je vais envoyer un mécanicien avec une nouvelle batterie.

2. Ecoute sur la cassette trois autres conversations. Réponds aux questions en anglais.

What is wrong with the car?	Where is the car?
1. _____	_____
2. _____	_____
3. _____	_____

Le sécurité routière

Un très grand nombre d'accidents de la route se produisent en France tous les ans : environ 10 000 morts et plus de 300 000 blessés.

Ces accidents sont de plus en plus nombreux pendant les départs en vacances. A cause de l'imprudence de beaucoup de chauffeurs, les accidents se multiplient. D'après un spécialiste de la sécurité routière, neuf sur dix de ces accidents pourraient être évités.

Tout récemment, le gouvernement français a lancé une campagne pour la sécurité des automobilistes et des motocyclistes.

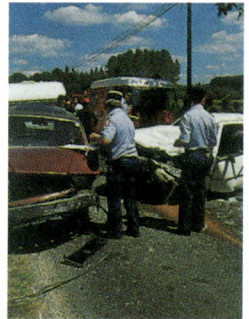

Pour l'automobiliste :
- Portez toujours votre ceinture de sécurité.
- Vérifiez régulièrement la pression des pneus.
- Faites vérifier vos freins au garage.
- Respectez les limitations de vitesse (130 km/h sur les autoroutes).
- Les enfants ne doivent pas monter à l'avant de l'automobile.
- Evitez la fatigue : ne restez pas trop longtemps au volant.
- Ecoutez les informations routières.

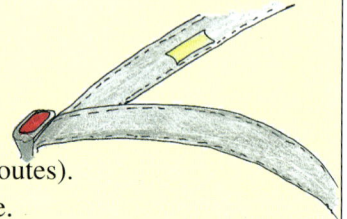

Pour le motocycliste :
- Portez toujours votre casque.
- Portez des vêtements clairs.
- Nettoyez souvent vos feux avant et arrière.
- Roulez avec votre code allumé même de jour.

Compréhension : réponds aux questions en anglais.

1. When do many road accidents occur? _____

2. According to the specialist in road safety, what amount of road accidents could be avoided? _____

3. What is the first advice given to the motorist? _____

4. What should the motorist have checked at the garage? _____

5. Write down 3 items of advice given to the motorcyclist: _____
   _____

Des accidents de la route

Ce matin, vers 8h40, un piéton a été renversé par un autocar à un passage clouté, place de la Libération à Drôme. Monsieur Henri Bernard, 60 ans, menuisier, a été légèrement blessé à la tête. Il a été transporté à l'hôpital.

Jeudi après-midi, à 15h10, un accident s'est produit au carrefour de la rue Charles de Gaulle et l'avenue de la Paix à Mansigné. Une camionnette est entrée en collision avec une motocyclette, pilotée par M. Jean Duhumel, étudiant, 20 ans. M. Duhumel a été sérieusement blessé à la poitrine. La police recherche des témoins.

Samedi soir, à 20h15, sur l'Autoroute A7 entre Orange et Monteux, une Citroën Xsara est entrée en collision avec un camion. Le chauffeur de la voiture et un de ses passagers ont trouvé la mort. Le conducteur du camion a été hospitalisé à Orange, grièvement blessé aux jambes. D'après des témoins, la visibilité était mauvaise à cause du brouillard épais sur l'autoroute.

Hier matin, vers 9h30 un accident s'est produit sur la N13 à 10 kilomètres de Caen. Une Peugeot 206, qui se dirigeait vers Evreux, a heurté une Renault 19. Le chauffeur de la Peugeot a été gravement blessé à la jambe alors que le chauffeur de la Renault a été légèrement blessé au bras.

Compréhension : réponds en anglais.

For each of the accidents described above, write down:
- where and when the accident took place
- who or what was involved
- the nature of the injuries sustained.

Ecoute la cassette. On décrit des accidents de la route. Réponds en anglais.

	When did it occur?	Vehicles involved?	Injuries?
1.			
2.			
3.			
4.			

Grammaire : le pronom démonstratif

The Demonstrative Pronoun has four forms:

	Masculine	Feminine
Singular	*celui*	*celle*
Plural	*ceux*	*celles*

It will always be followed by one of the following:

 (i) a relative pronoun (**qui, que**)

 (ii) de

(iii) -ci or **-là**

Meaning

 (i) Followed by a relative pronoun, it means 'the one', 'the ones', 'those':
Il achète **celui qui** est nouveau. Il n'achète pas **ceux qui** sont vieux.
He's buying the one which is new. He's not buying the ones that are old.

 (ii) Followed by *de*, it expresses the possessive case (_____'s in English):
J'ai trouvé ma voiture, mais je ne peux pas trouver **celle de** ma femme.
I have found my car, but I can't find my wife's.

(iii) Followed by *-ci* or *-là*, it means 'this one', 'these', 'that one', 'those':
N'achetez pas **celle-ci**. Elle est en panne. Achetez **celle-là**.
Don't buy this one. It is broken down. Buy that one.

Note: **Celui-ci** can also mean 'the latter'.
   Celui-là can mean 'the former'.
   Voici Marie et Pierre. **Celui-ci** est sportif. **Celle-là** est paresseuse.

Remplis chaque blanc par le pronom démonstratif qui convient.

1. Voilà deux vélos. Je préfère _____ qui est rouge.

2. Je n'aime pas la voiture de mon père. Je préfère _____ de ma mère.

3. Ne prenez pas celui-ci. Prenez _____.

4. J'ai un frère et une sœur. Celui-là a 10 ans et _____ 13 ans.

La voiture de l'avenir

Elle s'appelle **Citela** et elle a été mise au point par la firme française Peugeot.

C'est une voiture écologique. Elle est électrique et, par conséquent, ne pollue pas l'atmosphère. Son moteur est conçu pour faire un million de kilomètres et sa batterie a une durée de 10 ans. Elle peut atteindre une vitesse de 110 km/h et elle est pratique pour la ville. En effet, elle ne fait que 2,96 mètres de long et 1,55 mètre de large.

Citela a été conçue de façon à pouvoir changer de carrosserie quand on veut : elle peut ainsi devenir voiture de sport, véhicule utilitaire ou voiture familiale très facilement. De plus, elle est recyclable parce qu'elle est facile à démonter et constituée de nombreuses pièces en plastique.

La **Renault-Matra Zoom** est révolutionnaire. Son profil est la première surprise. Conçue pour deux personnes, elle est spacieuse.

Le moteur électrique fonctionne sans aucun bruit. La suspension et la visibilité sont idéales et, à plus de 100km/h avec une tenue de route impeccable, l'impression de sécurité est totale.

Un ordinateur de bord gère lui-même la vitesse et la dépense énergétique pour rouler pendant cent kilomètres sans faire le plein d'électricité. La **Zoom** se recharge sur une prise de 220 volts pour 5 euros.

Voiture de poche, écologique, recyclable, intelligente : avec la **Zoom**, Renault-Matra introduit la voiture de l'avenir.

Compréhension : réponds en anglais.

Give three reasons why each car deserves the title 'Car of the Future'.

Citela: 1. _____

2. _____

3. _____

Zoom: 1. _____

2. _____

3. _____

1. Coup de téléphone
   Ecoute la cassette et remplis les blancs.

– Allô ! C'est le garage Vincent ?
– Oui, Madame.
– Ma voiture est _____ panne, Monsieur. Est-ce que
  vous pourriez envoyer un _____ ?
– Elle est où, votre voiture ?
– Elle est rue Flaubert, devant le _____.
– Et c'est quelle marque de voiture ?
– C'est une _____. Elle a cinq ans.
– Vous avez eu un accident, Madame ?
– Mais non. C'est le moteur, je crois. Il ne marche plus.
– Bon. Attendez là, Madame. Je vais envoyer le _____
  de dépannage. Il sera là dans _____ minutes.
– Merci, Monsieur. Je vous attends.

2. Deux accidents de la route. Remplis les détails en anglais.

	1	2
When did the accident occur?	_____	_____
Where?	_____	_____
What vehicles were involved?	(i) _____	_____
	(ii) _____	_____
What caused the accident?	_____	_____
Describe the injuries.	_____	_____

3. Numérote les dessins pour les mettre dans le bon ordre.

Un accident de la route

Martine était très fière de sa Toyota neuve. Il y a deux semaines, elle conduisait sur la Route Nationale 137 entre Rennes et St-Guinox. Près de Tinténiac, elle a quitté cette route et elle s'est engagée dans une voie étroite à travers les bois et les champs du paysage breton.

Tout à coup, elle a remarqué sous la pluie une voiture renversée de l'autre côté de la route. Il y avait deux ou trois personnes autour. Martine a ralenti. Elle s'est arrêtée au bord de la route derrière une camionnette. Elle est descendue.

Un homme disait : «Je l'ai vu venir. Il filait à une allure folle. Il venait droit sur moi. Je suis monté sur l'herbe. Au dernier moment, il a freiné – mais sa voiture a dérapé sur la route mouillée. Elle a heurté l'arrière de ma voiture et elle s'est renversée.»

Cinq minutes plus tard, l'ambulance est arrivée. On a transporté le blessé à l'hôpital.

Compréhension : réponds en anglais.

1. Why was Martine proud of her Toyota? _____

2. In what part of France was she driving? _____

3. What was the weather like? _____

4. What did she do when she saw the crashed car? _____

5. According to the motorist, what caused the accident? _____

Remplace les briques.

Je conduis très vite.

Conduire

Je — conduis

Tu

conduit

Elle _____

Nous

conduisez

Ils

conduisent

Le cinéma et la télévision

21

In this section, you will...

- look at a survey for the cinema in France
- study the names for various types of film
- listen to people state their preferences in film
- look at advertising material for some films
- see if you can recognise film-titles in French
- learn about French television channels
- give your choice of favourite TV programmes
- fill in a questionnaire on your TV viewing
- look at how an evening's programmes are listed

In grammar, you will...

- study the irregular verb **s'asseoir** *(to sit down)*
- learn how to use *être assis* to express the state of being seated

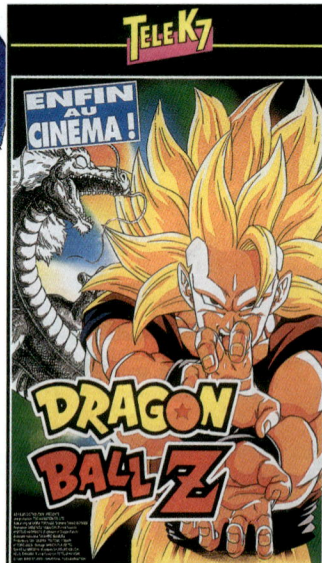

Le cinéma a une place très importante dans la vie des Français. 28% d'entre eux vont au cinéma au moins une fois par semaine. La distraction préférée des Français, c'est la télévision. 92% d'entre eux la regardent régulièrement.

Les Français et le cinéma

Ecoute la cassette. On parle du cinéma.

«J'aime bien le cinéma. J'y vais le samedi soir accompagnée de mon petit ami, Paul. Je préfère les films d'aventure : la photographie est toujours excellente. J'aime aussi les dessins animés. Ils sont drôles.»

«Le week-end, je vais au cinéma. Je fais la queue au guichet et je prends un billet pour le balcon. Le film commence à 8h. J'adore les films d'espionnage ou de guerre. Je n'aime pas les films américains qui sont sous-titrés.»

«Je vais au cinéma de temps en temps, à peu près une fois par mois. Je m'intéresse surtout aux films de science-fiction. Ils sont toujours bons. Je n'aime pas tellement les westerns – surtout quand ils sont doublés en français !»

«Près de chez moi, il y a un cinéma, mais j'y vais assez rarement : à peu près deux ou trois fois par an. Je préfère les films d'amour ou les film sur l'histoire. Je n'aime pas les films d'épouvante : ils me font peur.»

SONDAGE
«Allez-vous au cinéma ?»

	en%
Assez souvent (au moins une fois par semaine)	28,3
De temps en temps (au moins une fois par mois)	44,6
Rarement (au moins une fois par an)	22,4
Jamais	4,7

Quels genres de films préfère-t-on ?

Les films de science-fiction 11%

Les films de guerre 6%

Les dessins animés 20%

Les films d'amour 11%

Les films d'espionnage 9%

Les westerns 5%

Les films sur l'histoire 4%

Les films de fantaisie 14%

Les films d'épouvante 18%

Les comédies musicales 2%

Maintenant à toi ! Quels genres de films est-ce que tu préfères ?
Un élève pose la question. Un autre élève y répond.

Des interviews

Un journaliste a interviewé quatre jeunes personnes âgées de 14 à 20 ans. Il leur a posé plusieurs questions sur le cinéma et leur choix de films. Ecoute ces interviews et réponds aux questions.

	Marie	Luc	Anne	Gilles
When does he/she go to the cinema?	_____	_____	_____	_____
With whom?	_____	_____	_____	_____
Favourite type of film?	_____	_____	_____	_____
Any type of film not liked?	_____	_____	_____	_____

Jean-Hugues Anglade est un comédien français. Il joue dans le film, **Gawin**.

Gawin, c'est le nom d'un extra-terrestre imaginaire. Félix, un enfant, aime ce film. Félix est très malade. Il veut rencontrer Gawin.

Le père de Félix (Jean-Hugues Anglade) se déguise en Gawin et il achète une fausse soucoupe volante. Le déguisement est excellent. Félix veut aller avec Gawin dans les étoiles...

Compréhension : réponds en anglais.

1. Who is Gawin?
2. What does Félix want to do?
3. What does Félix's father buy?
4. Where does Félix want to go with Gawin?

• *Jean-Hugues Anglade*

La diversité et la richesse du cinéma se voient à Paris.

Celui qui aime le cinéma est sûr d'y trouver un film qui lui plaira. Avec ses 300 salles, Paris offre un très grand choix de films – français ou étrangers, nouveaux ou anciens.

Si vous ne savez pas où aller, achetez une revue de cinéma ou lisez les critiques dans les journaux.

Vous trouverez les revues de cinéma chez les marchands de journaux. Vous y verrez tous les films qui passent à Paris et quelques mots sur chacun d'eux. En voici quelques exemples.

Les parapluies de Cherbourg
Guy travaille dans un garage, Geneviève dans un magasin de parapluies. Ils s'aiment mais voilà qu'il doit partir pour l'Algérie faire son service dans l'armée. Ils se quittent. Le temps passe. Quand il rentre, les choses ont changé...

A bout de souffle
Un film de Jean-Luc Godard. Michel arrive à Paris dans une voiture volée. Il tue un policier. Il fait la connaissance d'une jeune Américaine qui vend des journaux sur les Champs-Elysées. Elle dit à la police où il se trouve. Mais elle le prévient...

Deux flics à Miami
Barbara Garrow est une très jolie femme. Elle est menacée par des racketeurs. Il lui faut une grande somme d'argent. Elle réunit une partie de la somme et elle va chez un «bookmaker». Mais elle est surveillée par les deux flics...

Chariots de feu
Un film en couleurs, réalisé en Grande-Bretagne en 1981. C'est la biographie sportive de Hugh Hudson qui nous décrit la carrière de deux grands sportifs. Un film très passionnant.

Compréhension : réponds aux questions en anglais.

1. Why is Paris the ideal place for the person who likes cinema? *(2 reasons)*
2. How can you find out about the films that are showing in Paris? *(2 ways)*
3. In one of the films reviewed, why are the police looking for Michel? *(2 reasons)*
4. In what kind of shop does Geneviève work?
5. Why are the police watching Barbara Garrow?
6. What is the film that was made in Britain about?

Le film de la semaine

ON AIME
🐭 un peu
🐭🐭 bien
🐭🐭🐭 beaucoup
🐭🐭🐭🐭 passionnément

Le Jardin Secret
Durée: 1h42
🐭🐭🐭 Un film pour toute la famille

NOTRE AVIS :
Le Jardin Secret est un joli film sur l'amitié, l'amour de la vie, et l'espoir. Interpreté par trois jeunes comédiens talentueux, il s'adresse en priorité aux jeunes de moins de 14 ans.

L'HISTOIRE :
Mary, devenue orpheline après un terrible tremblement de terre en Inde, est recueillie par son oncle, Lord Craven. Celui-ci habite en Angleterre dans un manoir lugubre.
Là, Marie se lie d'amitié avec Dickon, le frère de la servante. Ensemble, ils vont découvrir un jardin secret, laissé à l'abandon depuis des années. Ils décident de lui redonner vie et d'y emmener Colin, le fils de Lord Craven, qui passe ses jours enfermé dans sa chambre...

• Colin, Mary et Dickon dans le jardin secret

LE TOURNAGE DU FILM :
Le jardin du film a été créé en studio. Le paysagiste a semé du gazon et des fleurs sauvages. Une ménagerie a été réunie pour les besoins du film. Tu peux apercevoir des agneaux, chèvres, écureuils, corbeaux, oies, canards, rouges-gorges, lapins et renards !

Compréhension : réponds aux questions en anglais.
1. What rating does this film get?
2. How did Mary become an orphan?
3. Who is Dickon?
4. In what state was the garden when it was discovered by the children?
5. What is unusual about Colin?
6. Name three animals and three birds that were brought to the studio for the making of the film.

On va au cinéma

Dans la Rue

– Salut, Anne. Je vais au cinéma ce soir. Tu veux venir ?
– Oui, je veux bien. On passe quel film ?
– C'est *Le flic de Beverly Hills*.
– Moi, j'adore les films policiers. On se retrouve où ?
– Devant le cinéma à huit heures moins le quart.
– D'accord. A ce soir, Jules !

Au guichet

– Est-ce que le film a commencé ?
– Non, il commence dans cinq minutes.
– Et ce film, c'est un film américain, je crois.
– Oui, mais il est doublé en français.
– Alors, deux places au balcon, s'il vous plaît.
– Voilà. Ça fait 8 €.

A l'entr'acte

– Vous désirez, Mademoiselle ?
– Deux cocas, s'il vous plaît.
– Voilà. C'est tout ?
– Donnez-moi aussi un paquet de cacahuètes.
– Bon. Deux cocas et des cacahuètes, ça fait 3,60 €.
– Voilà. Merci, Madame.

Devant le cinéma

– Il t'a plu, ce film ?
– Oui, il était très bien. Et toi, tu l'as aimé ?
– Oui, je l'ai trouvé très intéressant.
– Quelle heure est-il maintenant ?
– Il est dix heures et demie.
– Oh là là ! Je dois rentrer. J'ai encore des devoirs à faire.

Ecoute les conversations ci-dessus. Puis écoute les conversations quand Luc et Karine vont au cinéma. Réponds à ces questions.

1. What type of film did Luc and Karine go to?
2. How much did 2 tickets in the stalls cost?
3. What did they buy at the interval?
4. What time was it when they left the cinema?

Maintenant à toi !

Ecris des réponses à ces questions.

1. Tu vas souvent au cinéma ?
2. Avec qui est-ce que tu y vas ? (seul ? / avec un ami ?/ avec ton père ou ta mère ?)
3. Est-ce que tu préfères les places au balcon ou à l'orchestre ?
4. Quel genre de film préfères-tu ?
5. Y a-t-il un genre de film que tu n'aimes pas ?
6. Quel film as-tu vu récemment ?
7. A quelle heure est-ce que la séance a commencé ?
8. A quelle heure est-ce que la séance a fini ?
9. Qu'est-ce que tu as fait après être sorti(e) du cinéma ?

Coche les cases (✔) si tu as vu des films dans cette liste.

❏ *Une femme en Afrique*
❏ *La forêt d'émeraude*
❏ *Retour vers le futur*
❏ *Rambo II, la mission*
❏ *Les dents de la mer*

❏ *Aliens le retour*
❏ *Blanche-Neige*
❏ *Le flic de Beverly Hills*
❏ *Un poisson nommé Wanda*
❏ *Qui veut la peau de Roger Rabbit ?*

Choisis l'un des films dans cette liste que tu as vu.
Réponds à ces questions.

1. Quand est-ce que tu l'as vu ?
2. Tu l'as aimé ?
3. C'est quel genre de film ?
4. Y a-t-il un film dans la liste que tu aimerais voir ?

Attention ! On tourne !

Ecoute la cassette et remplis les blancs.

NOTRE FILM I

A la Ferté-Bernard, une petite _____ française, le collège a passé une année scolaire pas comme les autres. Les élèves de _____ ont vécu une aventure particulière. En effet, pendant plusieurs mois, toute une équipe de _____ a envahi l'école.

NOTRE FILM II

C'est une surprise pour tout le monde : depuis des _____, un metteur en scène a essayé de trouver des acteurs pour son prochain _____.

Comme il prépare un film sur les enfants, il veut de jeunes acteurs. Il est donc parti à la Ferté-Bernard. Et là, il les trouve ! A la surprise de tout le monde, _____ des rôles principaux du film sont donnés à des élèves du collège.

NOTRE FILM III

Tout le monde va participer au film. Tous les _____ sont très enthousiastes. Les emplois du temps sont modifiés et chacun découvre le métier du cinéma.

NOTRE FILM IV

On tourne pendant des heures six jours par semaine pendant _____ semaines. En fin de journée, tout le monde est épuisé. Mais pour tous les élèves du collège, c'est un rêve qui est devenu réalité.

NOTRE FILM V

Voici le témoignage d'un des élèves-acteurs : «C'est un film pour tous les publics, pour les grands et les _____. Le premier jour du tournage, j'avais très peur à l'idée d'être filmé par ce petit carré noir (la caméra).»

Grammaire : s'asseoir/être assis

You need to be very careful when translating the word 'sitting' as it can refer to the **action of sitting down** or to the **state of being seated**.

s'asseoir is used to express the action.
être assis is used to express the state.

The verb *s'asseoir* is very irregular:

Présent

Je m'assieds
Tu t'assieds
Il s'assied
Elle s'assied
Nous nous asseyons
Vous vous asseyez
Ils s'asseyent
Elles s'asseyent

Futur

Je m'assiérai
Tu t'assiéras
Il s'assiéra
Elle s'assiéra
Nous nous assiérons
Vous vous assiérez
Ils s'assiéront
Elles s'assiéront

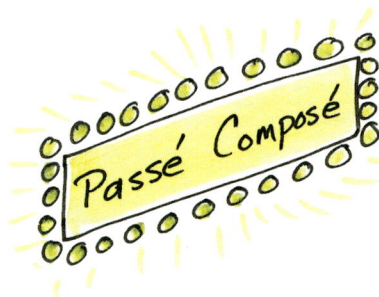

Passé Composé

Je me suis assis(e)
Tu t'es assis(e)
Il s'est assis
Elle s'est assise
Nous nous sommes assis(es)
Vous vous être assis(es)
Ils se sont assis
Elles se sont assises

Impératif

Assieds-toi !
Asseyons-nous !
Asseyez-vous !

être assis: To express the state of being seated, use the verb *être* (in whatever tense is needed) followed by *assis* (treated as an adjective).

Anne **est assise** devant le feu.

Hier mes sœurs **étaient assises** devant la télé à 6h.

Traduis les mots entre parenthèses.

1. Je *(sit down)* _____ dans un fauteuil.
2. Ma mère *(is sitting)* _____ près de la fenêtre.
3. Le garçon *(sat down)* _____ sur l'herbe.
4. Demain, elle *(will sit down)* _____ à son bureau.
5. Françoise et Hélène *(were sitting)* _____ dans le salon.
6. Ma mère est entrée et elle *(sat down)* _____.

La télévision

Il y a cinq grandes chaînes de télévision
en France :
– **TF 1**
– **France 2**
– **France 3**
– **France 5**
– **Canal Plus**

D'après un sondage récent, la télévision est le loisir préféré de presque tout le monde.
Sur 100 personnes interrogées, 92 disent : «J'adore la télévision !» Ils la regardent en
moyenne 2,3 heures par jour !

Qu'est-ce qu'ils regardent ? Ils regardent les films, les émissions sportives, les dessins
animés, les feuilletons (français et américains), les documentaires, les émissions sur la
musique, les informations et la météo.

Et toi, qu'est-ce que tu regardes à la télévision ?
Quelles sont tes émissions préférées ? Coche les cases. ☑

❏ les émissions sportives
❏ les émissions pour les jeunes
❏ les émissions sur les animaux
❏ les dessins animés
❏ les jeux
❏ les feuilletons
❏ les documentaires
❏ les discussions
❏ les comédies
❏ les concerts

❏ les pièces de théâtre
❏ les variétés
❏ les informations
❏ la météo
❏ la publicité
❏ les films policiers
❏ les films d'aventures
❏ les films de guerre
❏ les films d'amour
❏ les films d'épouvante

*Je préfère
les feuilletons.*

*Moi,
je préfère les
documentaires.*

Enquête sur la télévision

Cochez les cases (✔) dans ce questionnaire.

GRAND QUESTIONNAIRE
La jeunesse et la télévision

1 Combien de téléviseurs y a-t-il chez vous ?
- ❏ un
- ❏ deux
- ❏ trois

2 Dans quelle pièce est-il (ou sont-ils) ?
- ❏ le salon
- ❏ la cuisine
- ❏ le living
- ❏ votre chambre

3 D'habitude, chez vous, qui allume la télé le soir ?
- ❏ votre père
- ❏ votre mère
- ❏ votre frère/sœur
- ❏ vous-même

4 Préférez-vous regarder la télévision...
- ❏ seul ?
- ❏ avec un copain/une copine ?
- ❏ en famille ?

5 Combien d'heures par jour, en moyenne, passez-vous à regarder la télé ?
- ❏ une heure
- ❏ deux heures
- ❏ trois heures

6 Quand est-ce que vous regardez le plus fréquemment la télé ?
- ❏ le week-end
- ❏ pendant la semaine
- ❏ pendant les grandes vacances
- ❏ à Noël

7 Aimez-vous regarder la publicité ?
- ❏ un peu
- ❏ beaucoup
- ❏ très peu
- ❏ pas du tout

8 Selon vous, quelle est l'émission la plus importante ?
- ❏ les informations
- ❏ la météo
- ❏ les documentaires
- ❏ les discussions

9 Quelle est votre émission préférée ?
- ❏ les films
- ❏ les feuilletons
- ❏ les jeux
- ❏ les émissions sportives

10 Pour vous, la télévision est un moyen...
- ❏ de vous amuser
- ❏ de vous informer
- ❏ de vous reposer
- ❏ de découvrir d'autres cultures

Dans les journaux...

Pour ou contre ?

Regarder la télévision tous les jours ? Incroyable ! 90% de nos jeunes lecteurs sont contre, 5% pour, et 5% pour et contre.

CONTRE

Pierre, Bordeaux
(16 ans)
«Regarder la télé, d'accord, mais pas tous les jours. Sinon, nous n'avons plus de temps pour aller dehors et faire des jeux. Et puis, ça peut nous faire mal aux yeux.»

POUR

Louise, Tours
(15 ans)
«Parfois, on ne sait pas quoi faire dehors... et il y fait très froid en hiver ! Il vaut mieux rester bien au chaud devant la télé à regarder des émissions intéressantes.»

POUR ET CONTRE

Jean, Avignon
(18 ans)
«D'un côté, ça détend de regarder la télévision le soir : on est épuisé après une longue journée à l'école. D'un autre côté, les trois quarts du temps, si on regarde la télévision, on ne fait pas ses devoirs.»

1. Compréhension : réponds en anglais.

1. What do 90% of readers think?
2. Why is Pierre against watching too much television? *(2 reasons)*
3. Why is Louise in favour of television? *(2 reasons)*
4. Why is Jean in favour of watching TV in the evening? And why is he against it?

LE TÉLÉVISEUR DE L'AVENIR

*Un super téléviseur sera en vente dans les prochains mois. Tu pourras y suivre deux émissions en même temps : sans lâcher ton feuilleton préféré sur **TF1**, tu pourras regarder, dans un petit coin de l'écran, le match de foot qui se déroule sur **France 2**. Et tu pourras agrandir la partie de l'image qui t'intéresse le plus.*

2. Compréhension : réponds en anglais.
What two advantages will the new, super television set have over our present ones?

Une soirée devant la télé

Regardez les émissions sur trois chaînes de télévision.

– TF1 –

17.30 Les femmes et la mode.
18.00 Actualités et météo.
18.20 Feuilleton. *Dallas* (sous-titres français)
19.10 Jeu : Des Chiffres et des Lettres.
19.45 Mon jardin. Conseils de jardinage.
20.15 Allons au marché ! Le magazine qui vous aide à faire vos courses.
20.40 Photos de vacances. Tunisie.
21.00 Journal.
21.25 Votre courrier. Votre point de vue sur nos émissions.
21.40 *Célébrity*. Série.
22.35 Les parcs régionaux : le parc naturel des Pyrénées.
23.05 CINÉMA. *La nuit américaine* (1973) de François Truffaut.

– France 3 –

18.00 Actualités régionales.
18.20 Dessins animés pour les jeunes téléspectateurs.
18.45 *Dynastie*. Feuilleton américain.
19.40 Les enfants du rock.
20.15 *Télé-Gym*. Retrouvez et gardez la forme avec Monique.
21.00 Journal et météo.
21.30 CINÉMA. *Les vacances de Monsieur Hulot* (1953). M. Hulot (Jacques Tati) est un Français comme on en voit beaucoup – mais il lui arrive de drôles de choses.
23.25 Prélude à la nuit. Cinq fugues de Bach et de Mozart.

– France 2 –

17.50 *Blanche Neige*. Dessin animé de Walt Disney.
18.00 Télé-santé. Aujourd'hui, les accidents domestiques.
18.30 Télévision régionale.
18.45 Les animaux du monde. Ce soir, les gorilles.
19.20 Télé-informatique. Que peut-on faire avec un ordinateur familial ?
20.00 *La Lorgnette*. Variétés de province.
21.00 Informations et météo.
22.25 Téléfilm pour tous. *Ma petite mini*.
23.05 *Thalassa*. Magazine de la mer.

Compréhension : réponds aux questions en anglais.

1. At what time could you see a serial on France 3?
2. When could you see the weather forecast on France 3?
3. What information are we given about Monsieur Hulot (France 3, 9.30p.m.)?
4. At what time is there a quiz show on TF1?
5. What type of programme is on TF1 at 9.25p.m.?
6. What animal is featured on France 2 at 6.45p.m.?
7. What is the topic of the programme on France 2 at 7.20p.m.?
8. At what time is the news on France 2?

Révisions

1. Remplis les blancs dans le passage suivant.

C'était le week-end. Martine à demandé à son petit ami, Pierre, ce qu'il voulait faire pour s'amuser. Celui-ci _____ lu les annonces dans le journal pour voir ce qu'il y avait à faire. Il a regardé _____ liste des cinémas.

Il a enfin trouvé _____ bon film de guerre dans un cinéma qui n'était pas loin. Comme Martine aime aussi ce genre _____ film, ils ont décidé d'y aller.

En arrivant au cinéma, Pierre a acheté _____ billets au balcon. Le film _____ très bon.

A la fin du film les deux ont quitté le _____. Ils sont rentrés tout de suite chez Martine pour voir une émission _____ la télé.

2. S'asseoir/être assis(e)

Remplis les blancs dans les phrases suivantes.

Use **s'asseoir** or **être assis**, depending on whether it's an action or state that is being described.

1. Pierre est fatigué. Il est _____ devant la télé.

2. Tous les jours, à six heures, Marie s' _____ dans un fauteuil.

3. Hier soir, comme il faisait beau, ma mère était _____ dans le jardin jusqu'à 8 heures.

4. Jeudi dernier, les deux garçons _____ assis devant le feu pendant des heures.

5. Demain, je m' _____ devant la télé et je regarderai un bon film.

6. Jeudi prochain, à midi, elles seront _____ dans leur salle de classe.

Révisions

«Mes émissions préférées à la télé.»
Ecoute la cassette. Six Français parlent de leurs émissions préférées.

Favourite type of programme?

Karine _____

Yannick _____

Candice _____

Hervé _____

Ingrid _____

Grégory _____

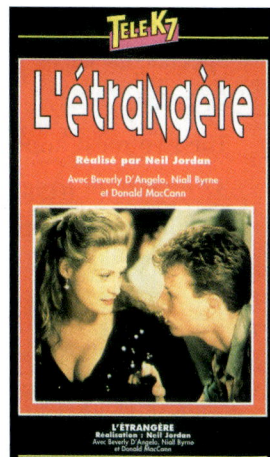

Cinéma Gaumont
Bd. des Capucines, Paris SALLE 5

Films Classiques
Cette semaine...

LE PETIT SOLDAT (1961)
Un film de Jean-Luc Godard

Vendredi, samedi, dimanche à 18h.
Jeudi à 18h15.
Tarifs réduits pour les moins de 18 ans,
les étudiants, les plus de 60 ans.

---

1. **Compréhension :**
réponds en anglais.

1. For how long is this film showing?
2. At what time does it start on Thursday?
3. Who will get reduced price tickets?

---

2. Associations : relie les bonnes paires

Vous allez souvent au cinéma ? •   • J'adore les feuilletons.
Est-ce que vous regardez la télévision ? •   • J'y vais deux fois par mois.
Quel genre de film préférez-vous ? •   • Je suis allé au cinéma.
A la télé, quelle est votre émission préférée ? •   • Je la regarde rarement.
Qu'est-ce que vous avez fait hier ? •   • Nous en avons deux.
Vous aimez les films d'épouvante ? •   • J'aime bien les westerns.
Combien de téléviseurs avez-vous ? •   • Non. Je les déteste.

375

Les verbes

This verb table section is laid out as follows:

- **Three groups of regular verbs**
- **Special -ER verbs**
- **Reflexive verbs**
- **The two most important irregular verbs: *être* and *avoir***
- **32 important irregular verbs listed alphabetically**
- **Two impersonal verbs**

REGULAR VERBS

1. -ER Verbs

About 4,000 verbs, ending in -ER in the infinitive, are conjugated like the following verb **donner** *(to give)*.

Présent :			*Imparfait :*			*Passé composé :*		
Je	donne		Je	donnais		J'ai		donné
Tu	donnes		Tu	donnais		Tu as		donné
Il / Elle	} donne		Il / Elle	} donnait		Il / Elle	} a	donné
Nous	donnons		Nous	donnions		Nous	avons	donné
Vous	donnez		Vous	donniez		Vous	avez	donné
Ils / Elles	} donnent		Ils / Elles	} donnaient		Ils / Elles	} ont	donné

Impératif :		*Futur :*			*Conditionnel :*		
donne !		Je	donnerai		Je	donnerais	
donnons !		Tu	donneras		Tu	donnerais	
donnez !		Il / Elle	} donnera		Il / Elle	} donnerait	
		Nous	donnerons		Nous	donnerions	
Participe présent :	donnant	Vous	donnerez		Vous	donneriez	
		Ils / Elles	} donneront		Ils / Elles	} donneraient	

2. -IR Verbs

About 300 verbs, ending in -IR in the infinitive, are conjugated like **finir** *(to finish)*.

Présent :	Je	finis	Imparfait :	Je	finissais	Passé	J'ai	fini
	Tu	finis		Tu	finissais	composé :	Tu as	fini
	Il			Il			Il	
	Elle	} finit		Elle	} finissait		Elle	} a fini
	Nous	finissons		Nous	finissions		Nous avons	fini
	Vous	finissez		Vous	finissiez		Vous avez	fini
	Ils			Ils			Ils	
	Elles	} finissent		Elles	} finissaient		Elles	} ont fini

Impératif :	finis !	Futur :	Je	finirai	Conditionnel :	Je	finirais
	finissons !		Tu	finiras		Tu	finirais
	finissez !		Il			Il	
			Elle	} finira		Elle	} finirait
			Nous	finirons		Nous	finirions
Participe			Vous	finirez		Vous	finiriez
présent :	finissant		Ils			Ils	
			Elles	} finiront		Elles	} finiraient

3. -RE Verbs

About 60 verbs, ending in -RE in the infinitive, are conjugated like **vendre** *(to sell)*.

Présent :	Je	vends	Imparfait :	Je	vendais	Passé	J'ai	vendu
	Tu	vends		Tu	vendais	composé :	Tu as	vendu
	Il			Il			Il	
	Elle	} vend		Elle	} vendait		Elle	} a vendu
	Nous	vendons		Nous	vendions		Nous avons	vendu
	Vous	vendez		Vous	vendiez		Vous avez	vendu
	Ils			Ils			Ils	
	Elles	} vendent		Elles	} vendaient		Elles	} ont vendu

Impératif :	vends !	Futur :	Je	vendrai	Conditionnel :	Je	vendrais
	vendons !		Tu	vendras		Tu	vendrais
	vendez !		Il			Il	
			Elle	} vendra		Elle	} vendrait
Participe			Nous	vendrons		Nous	vendrions
présent :	vendant		Vous	vendrez		Vous	vendriez
			Ils			Ils	
			Elles	} vendront		Elles	} vendraient

SPECIAL -ER VERBS

Some -ER verbs require a **change to the stem** in certain instances.

1. Verbs ending in -cer: e.g. commencer *(to begin)*

Présent :			*Imparfait :*			*Impératif :*	
	Je	commence		Je	commençais		commence !
	Tu	commences		Tu	commençais		commençons !
	Il } Elle }	commence		Il } Elle }	commençait		commencez !
	Nous	commençons		Nous	commencions		
	Vous	commencez		Vous	commenciez		
	Ils } Elles }	commencent		Ils } Elles }	commençaient	*Participe présent :*	commençant

Similarly, **lancer** *(to throw)*, **placer** *(to put)*, **menacer** *(to threaten)*.

2. Verbs ending in -ger: e.g. manger *(to eat)*

Présent :			*Imparfait :*			*Impératif :*	
	Je	mange		Je	mangeais		mange !
	Tu	manges		Tu	mangeais		mangeons !
	Il } Elle }	mange		Il } Elle }	mangeait		mangez !
	Nous	mangeons		Nous	mangions		
	Vous	mangez		Vous	mangiez		
	Ils } Elles }	mangent		Ils } Elles }	mangeaient	*Participe présent :*	mangeant

Similarly, **nager** *(to swim)*, **ranger** *(to tidy)*, **changer** *(to change)*.

3. Jeter *(to throw)*

Présent :			*Futur :*			*Conditionnel :*		
	Je	jette		Je	jetterai		Je	jetterais
	Tu	jettes		Tu	jetteras		Tu	jetterais
	Il } Elle }	jette		Il } Elle }	jettera		Il } Elle }	jetterait
	Nous	jetons		Nous	jetterons		Nous	jetterions
	Vous	jetez		Vous	jetterez		Vous	jetteriez
	Ils } Elles }	jettent		Ils } Elles }	jetteront		Ils } Elles }	jetteraient

Impératif : jette !
jetons !
jetez !

In all other tenses, treat **jeter** as a regular -ER verb.

4. Appeler *(to call)*

	Présent :			Futur :			Conditionnel :	
	J'	appelle		J'	appellerai		J'	appellerais
	Tu	appelles		Tu	appelleras		Tu	appellerais
	Il } Elle }	appelle		Il } Elle }	appellera		Il } Elle }	appellerait
	Nous	appelons		Nous	appellerons		Nous	appellerions
	Vous	appelez		Vous	appellerez		Vous	appelleriez
	Ils } Elles }	appellent		Ils } Elles }	appelleront		Ils } Elles }	appelleraient

Impératif : appelle !
appelons !
appelez !   In all other tenses, treat **appeler** as a regular -ER verb.

5. Some -ER verbs take a grave accent: e.g. mener *(to lead)*

	Présent :			Futur :			Conditionnel :	
	Je	mène		Je	mènerai		Je	mènerais
	Tu	mènes		Tu	mèneras		Tu	mènerais
	Il } Elle }	mène		Il } Elle }	mènera		Il } Elle }	mènerait
	Nous	menons		Nous	mènerons		Nous	mènerions
	Vous	menez		Vous	mènerez		Vous	mèneriez
	Ils } Elles }	mènent		Ils } Elles }	mèneront		Ils } Elles }	mèneraient

Impératif : mène !
menons !
menez !   Similarly, **acheter** *(to buy)*, **lever** *(to raise)*, **se promener** *(to walk)*, **peser** *(to weigh)*.

6. Verbs ending in -yer: e.g. payer *(to pay)*

	Présent :			Futur :			Conditionnel :	
	Je	paie		Je	paierai		Je	paierais
	Tu	paies		Tu	paieras		Tu	paierais
	Il } Elle }	paie		Il } Elle }	paiera		Il } Elle }	paierait
	Nous	payons		Nous	paierons		Nous	paierions
	Vous	payez		Vous	paierez		Vous	paieriez
	Ils } Elles }	paient		Ils } Elles }	paieront		Ils } Elles }	paieraient

Impératif : paie !
payons !
payez !   Similarly, **essayer** *(to try)*, **nettoyer** *(to clean)*, **effrayer** *(to frighten)*.

REFLEXIVE VERBS

A reflexive verb can be recognised by the *se (s')* in front of the infinitive. This table shows how the pronouns are used. Many reflexive verbs are regular -ER verbs.

Se laver *(to wash)*

Présent :				*Imparfait :*		
Je	me	lave		Je	me	lavais
Tu	te	laves		Tu	te	lavais
Il / Elle	se	lave		Il / Elle	se	lavait
Nous	nous	lavons		Nous	nous	lavions
Vous	vous	lavez		Vous	vous	laviez
Ils / Elles	se	lavent		Ils / Elles	se	lavaient

Impératif :			*Passé composé :*		
lave-toi !			Je	me suis	lavé(e)
lavons-nous !			Tu	t'es	lavé(e)
lavez-vous !			Il	s'est	lavé
			Elle	s'est	lavée
			Nous	nous sommes	lavé(e)s
			Vous	vous êtes	lavé(e)(s)
			Ils	se sont	lavés
			Elles	se sont	lavées

Futur :				*Conditionnel :*		
Je	me	laverai		Je	me	laverais
Tu	te	laveras		Tu	te	laverais
Il / Elle	se	lavera		Il / Elle	se	laverait
Nous	nous	laverons		Nous	nous	laverions
Vous	vous	laverez		Vous	vous	laveriez
Ils / Elles	se	laveront		Ils / Elles	se	laveraient

The most common reflexive verbs are:

se réveiller	to wake up	se promener	to walk
se lever	to get up	s'asseoir	to sit down
s'habiller	to dress	se reposer	to rest
se coucher	to go to bed	s'amuser	to amuse oneself
s'approcher	to approach	se blesser	to hurt oneself
s'arrêter	to stop	se trouver	to be situated
se dépêcher	to hurry	se fâcher	to get angry

IRREGULAR VERBS: <u>ÊTRE</u> AND <u>AVOIR</u>

The two most important verbs in French are irregular. They are **être** *(to be)* and **avoir** *(to have)*.

ÊTRE *(to be)*

Présent :			*Imparfait :*			*Passé composé :*		
Je	suis		J'	étais		J'ai		été
Tu	es		Tu	étais		Tu as		été
Il / Elle	est		Il / Elle	était		Il / Elle	a	été
Nous	sommes		Nous	étions		Nous avons		été
Vous	êtes		Vous	étiez		Vous avez		été
Ils / Elles	sont		Ils / Elles	étaient		Ils / Elles	ont	été

Impératif :		*Futur :*		*Conditionnel :*	
sois !		Je	serai	Je	serais
soyons !		Tu	seras	Tu	serais
soyez !		Il / Elle	sera	Il / Elle	serait
Participe présent :	étant	Nous	serons	Nous	serions
		Vous	serez	Vous	seriez
		Ils / Elles	seront	Ils / Elles	seraient

AVOIR *(to have)*

Présent :			*Imparfait :*			*Passé composé :*		
J'	ai		J'	avais		J'ai		eu
Tu	as		Tu	avais		Tu as		eu
Il / Elle	a		Il / Elle	avait		Il / Elle	a	eu
Nous	avons		Nous	avions		Nous avons		eu
Vous	avez		Vous	aviez		Vous avez		eu
Ils / Elles	ont		Ils / Elles	avaient		Ils / Elles	ont	eu

Impératif :		*Futur :*		*Conditionnel :*	
aie !		J'	aurai	J'	aurais
ayons !		Tu	auras	Tu	aurais
ayez !		Il / Elle	aura	Il / Elle	aurait
Participe présent :	ayant	Nous	aurons	Nous	aurions
		Vous	aurez	Vous	auriez
		Ils / Elles	auront	Ils / Elles	auraient

IRREGULAR VERBS

1. ALLER (to go)

	Présent :			*Imparfait :*			*Passé composé :*		
	Je	vais		J'	allais		Je	suis	allé(e)
	Tu	vas		Tu	allais		Tu	es	allé(e)
	Il			Il			Il	est	allé
	Elle	} va		Elle	} allait		Elle	est	allée
	Nous	allons		Nous	allions		Nous	sommes	allé(e)s
	Vous	allez		Vous	alliez		Vous	êtes	allé(e)(s)
	Ils			Ils			Ils	sont	allés
	Elles	} vont		Elles	} allaient		Elles	sont	allées

Impératif : va !
allons !
allez !

Participe présent : allant

Futur : J' irai
Conditionnel : J' irais

2. S'ASSEOIR (to sit down)

	Présent :			*Imparfait :*			*Passé composé :*		
	Je m'	assieds		Je m'	asseyais		Je me suis		assis(e)
	Tu t'	assieds		Tu t'	asseyais		Tu t'es		assis(e)
	Il			Il			Il s'est		assis
	Elle	} s' assied		Elle	} s' asseyait		Elle s'est		assise
	Nous nous	asseyons		Nous nous	asseyions		Nous nous sommes		assis(es)
	Vous vous	asseyez		Vous vous	asseyiez		Vous vous êtes		assis(e)(s)
	Ils			Ils			Ils se sont		assis
	Elles	} s' asseyent		Elles	} s' asseyaient		Elles se sont		assises

Impératif : assieds-toi !
asseyons-vous !
asseyez-vous !

Participe présent : s'asseyant

Futur : Je m' assiérai
Conditionnel : Je m' assiérais

3. BOIRE (to drink)

	Présent :			*Imparfait :*			*Passé composé :*		
	Je	bois		Je	buvais		J'ai		bu
	Tu	bois		Tu	buvais		Tu as		bu
	Il			Il			Il		bu
	Elle	} boit		Elle	} buvait		Elle	} a	bu
	Nous	buvons		Nous	buvions		Nous avons		bu
	Vous	buvez		Vous	buviez		Vous avez		bu
	Ils			Ils			Ils		bu
	Elles	} boivent		Elles	} buvaient		Elles	} ont	bu

Impératif : bois !
buvons !
buvez !

Participe présent : buvant

Futur : Je boirai
Conditionnel : Je boirais

4. CONDUIRE *(to drive)*

Présent :			*Imparfait :*			*Passé composé :*		
	Je	conduis		Je	conduisais		J'ai	conduit
	Tu	conduis		Tu	conduisais		Tu as	conduit
	Il Elle }	conduit		Il Elle }	conduisait		Il Elle }	a conduit
	Nous	conduisons		Nous	conduisions		Nous avons	conduit
	Vous	conduisez		Vous	conduisiez		Vous avez	conduit
	Ils Elles }	conduisent		Ils Elles }	conduisaient		Ils Elles }	ont conduit

Impératif : conduis !
conduisons !
conduisez !

Participe présent : conduisant

Futur : Je conduirai
Conditionnel : Je conduirais

5. CONNAÎTRE *(to know)*

Présent :			*Imparfait :*			*Passé composé :*		
	Je	connais		Je	connaissais		J'ai	connu
	Tu	connais		Tu	connaissais		Tu as	connu
	Il Elle }	connaît		Il Elle }	connaissait		Il Elle }	a connu
	Nous	connaissons		Nous	connaissions		Nous avons	connu
	Vous	connaissez		Vous	connaissiez		Vous avez	connu
	Ils Elles }	connaissent		Ils Elles }	connaissaient		Ils Elles }	ont connu

Impératif : connais !
connaissons !
connaissez !

Participe présent : connaissant

Futur : Je connaîtrai
Conditionnel : Je connaîtrais

6. COURIR *(to run)*

Présent :			*Imparfait :*			*Passé composé :*		
	Je	cours		Je	courais		J'ai	couru
	Tu	cours		Tu	courais		Tu as	couru
	Il Elle }	court		Il Elle }	courait		Il Elle }	a couru
	Nous	courons		Nous	courions		Nous avons	couru
	Vous	courez		Vous	couriez		Vous avez	couru
	Ils Elles }	courent		Ils Elles }	couraient		Ils Elles }	ont couru

Impératif : cours !
courons !
courez !

Participe présent : courant

Futur : Je courrai
Conditionnel : Je courrais

7. CRAINDRE *(to fear)*

Présent :			Imparfait :			Passé composé :			
Je	crains		Je	craignais		J'ai		craint	
Tu	crains		Tu	craignais		Tu as		craint	
Il / Elle	craint		Il / Elle	craignait		Il / Elle	a	craint	
Nous	craignons		Nous	craignions		Nous avons		craint	
Vous	craignez		Vous	craigniez		Vous avez		craint	
Ils / Elles	craignent		Ils / Elles	craignaient		Ils / Elles	ont	craint	

Impératif : crains ! craignons ! craignez !

Participe présent : craignant

Futur : Je craindrai
Conditionnel : Je craindrais

8. CROIRE *(to believe)*

Présent :			Imparfait :			Passé composé :			
Je	crois		Je	croyais		J'ai		cru	
Tu	crois		Tu	croyais		Tu as		cru	
Il / Elle	croit		Il / Elle	croyait		Il / Elle	a	cru	
Nous	croyons		Nous	croyions		Nous avons		cru	
Vous	croyez		Vous	croyiez		Vous avez		cru	
Ils / Elles	croient		Ils / Elles	croyaient		Ils / Elles	ont	cru	

Impératif : crois ! croyons ! croyez !

Participe présent : croyant

Futur : Je croirai
Conditionnel : Je croirais

9. DEVOIR *(to have to, to owe)*

Présent :			Imparfait :			Passé composé :			
Je	dois		Je	devais		J'ai		dû	
Tu	dois		Tu	devais		Tu as		dû	
Il / Elle	doit		Il / Elle	devait		Il / Elle	a	dû	
Nous	devons		Nous	devions		Nous avons		dû	
Vous	devez		Vous	deviez		Vous avez		dû	
Ils / Elles	doivent		Ils / Elles	devaient		Ils / Elles	ont	dû	

Impératif : dois ! devons ! devez !

Participe présent : devant

Futur : Je devrai
Conditionnel : Je devrais

10. DIRE *(to say, to tell)*

Présent :		
Je	dis	
Tu	dis	
Il Elle	}	dit
Nous	disons	
Vous	dites	
Ils Elles	}	disent

Imparfait :		
Je	disais	
Tu	disais	
Il Elle	}	disait
Nous	disions	
Vous	disiez	
Ils Elles	}	disaient

Passé composé :		
J'ai		dit
Tu as		dit
Il Elle	} a	dit
Nous avons		dit
Vous avez		dit
Ils Elles	} ont	dit

Impératif : dis !
disons !
dites !

Participe présent : disant

Futur : Je dirai
Conditionnel : Je dirais

11. DORMIR *(to sleep)*

Présent :		
Je	dors	
Tu	dors	
Il Elle	}	dort
Nous	dormons	
Vous	dormez	
Ils Elles	}	dorment

Imparfait :		
Je	dormais	
Tu	dormais	
Il Elle	}	dormait
Nous	dormions	
Vous	dormiez	
Ils Elles	}	dormaient

Passé composé :		
J'ai		dormi
Tu as		dormi
Il Elle	} a	dormi
Nous avons		dormi
Vous avez		dormi
Ils Elles	} ont	dormi

Impératif : dors !
dormons !
dormez !

Participe présent : dormant

Futur : Je dormirai
Conditionnel : Je dormirais

12. ÉCRIRE *(to write)*

Présent :		
J'	écris	
Tu	écris	
Il Elle	}	écrit
Nous	écrivons	
Vous	écrivez	
Ils Elles	}	écrivent

Imparfait :		
J'	écrivais	
Tu	écrivais	
Il Elle	}	écrivait
Nous	écrivions	
Vous	écriviez	
Ils Elles	}	écrivaient

Passé composé :		
J'ai		écrit
Tu as		écrit
Il Elle	} a	écrit
Nous avons		écrit
Vous avez		écrit
Ils Elles	} ont	écrit

Impératif : écris !
écrivons !
écrivez !

Participe présent : écrivant

Futur : J' écrirai
Conditionnel : J' écrirais

13. FAIRE *(to make, to do)*

Présent :			*Imparfait :*			*Passé composé :*		
Je	fais		Je	faisais		J'ai	fait	
Tu	fais		Tu	faisais		Tu as	fait	
Il Elle	} fait		Il Elle	} faisait		Il Elle	} a	fait
Nous	faisons		Nous	faisions		Nous avons	fait	
Vous	faites		Vous	faisiez		Vous avez	fait	
Ils Elles	} font		Ils Elles	} faisaient		Ils Elles	} ont	fait

Impératif : fais !
faisons !
faites !

Participe présent : faisant

Futur : Je ferai
Conditionnel : Je ferais

14. LIRE *(to read)*

Présent :			*Imparfait :*			*Passé composé :*		
Je	lis		Je	lisais		J'ai	lu	
Tu	lis		Tu	lisais		Tu as	lu	
Il Elle	} lit		Il Elle	} lisait		Il Elle	} a	lu
Nous	lisons		Nous	lisions		Nous avons	lu	
Vous	lisez		Vous	lisiez		Vous avez	lu	
Ils Elles	} lisent		Ils Elles	} lisaient		Ils Elles	} ont	lu

Impératif : lis !
lisons !
lisez !

Participe présent : lisant

Futur : Je lirai
Conditionnel : Je lirais

15. METTRE *(to put)*

Présent :			*Imparfait :*			*Passé composé :*		
Je	mets		Je	mettais		J'ai	mis	
Tu	mets		Tu	mettais		Tu as	mis	
Il Elle	} met		Il Elle	} mettait		Il Elle	} a	mis
Nous	mettons		Nous	mettions		Nous avons	mis	
Vous	mettez		Vous	mettiez		Vous avez	mis	
Ils Elles	} mettent		Ils Elles	} mettaient		Ils Elles	} ont	mis

Impératif : mets !
mettons !
mettez !

Participe présent : mettant

Futur : Je mettrai
Conditionnel : Je mettrais

16. MOURIR *(to die)*

Présent :			*Imparfait :*			*Passé composé :*		
Je	meurs		Je	mourais		Je suis	mort(e)	
Tu	meurs		Tu	mourais		Tu es	mort(e)	
Il Elle	}	meurt	Il Elle	}	mourait	Il est	mort	
						Elle est	morte	
Nous	mourons		Nous	mourions		Nous sommes	mort(e)s	
Vous	mourez		Vous	mouriez		Vous êtes	mort(e)(s)	
Ils Elles	}	meurent	Ils Elles	}	mouraient	Ils sont	morts	
						Elles sont	mortes	

Impératif :	*Participe présent :*	*Futur :*	*Conditionnel :*
meurs !	mourant	Je mourrai	Je mourrais
mourons !			
mourez !			

17. NAÎTRE *(to be born)*

Présent :			*Imparfait :*			*Passé composé :*		
Je	nais		Je	naissais		Je suis	né(e)	
Tu	nais		Tu	naissais		Tu es	né(e)	
Il Elle	}	naît	Il Elle	}	naissait	Il est	né	
						Elle est	née	
Nous	naissons		Nous	naissions		Nous sommes	né(e)s	
Vous	naissez		Vous	naissiez		Vous êtes	né(e)(s)	
Ils Elles	}	naissent	Ils Elles	}	naissaient	Ils sont	nés	
						Elles sont	nées	

Participe présent :	*Futur:*	*Conditionnel :*
naissant	Je naîtrai	Je naîtrais

18. OUVRIR *(to open)*

Présent :			*Imparfait :*			*Passé composé :*		
J'	ouvre		J'	ouvrais		J'ai	ouvert	
Tu	ouvres		Tu	ouvrais		Tu as	ouvert	
Il Elle	}	ouvre	Il Elle	}	ouvrait	Il Elle	} a	ouvert
Nous	ouvrons		Nous	ouvrions		Nous avons	ouvert	
Vous	ouvrez		Vous	ouvriez		Vous avez	ouvert	
Ils Elles	}	ouvrent	Ils Elles	}	ouvraient	Ils Elles	} ont	ouvert

Impératif :	*Participe présent :*	*Futur :*	*Conditionnel :*
ouvre !	ouvrant	J' ouvrirai	J' ouvrirais
ouvrons !			
ouvrez !			

19. PARTIR *(to leave)*

Présent :			*Imparfait :*			*Passé composé :*		
Je	pars		Je	partais		Je suis	parti(e)	
Tu	pars		Tu	partais		Tu es	parti(e)	
Il	} part		Il	} partait		Il est	parti	
Elle			Elle			Elle est	partie	
Nous	partons		Nous	partions		Nous sommes	parti(e)s	
Vous	partez		Vous	partiez		Vous êtes	parti(e)(s)	
Ils	} partent		Ils	} partaient		Ils sont	partis	
Elles			Elles			Elles sont	parties	

Impératif: pars !
partons !
partez !

Participe présent : partant

Futur : Je partirai
Conditionnel : Je partirais

20. POUVOIR *(to be able)*

Présent :			*Imparfait :*			*Passé composé :*		
Je	peux*		Je	pouvais		J'ai	pu	
Tu	peux		Tu	pouvais		Tu as	pu	
Il	} peut		Il	} pouvait		Il	} a	pu
Elle			Elle			Elle		
Nous	pouvons		Nous	pouvions		Nous avons	pu	
Vous	pouvez		Vous	pouviez		Vous avez	pu	
Ils	} peuvent		Ils	} pouvaient		Ils	} ont	pu
Elles			Elles			Elles		

Puis-je ? is the interrogative form

Participe présent : pouvant

Futur : Je pourrai
Conditionnel : Je pourrais

21. PRENDRE *(to take)*

Présent :			*Imparfait :*			*Passé composé :*		
Je	prends		Je	prenais		J'ai	pris	
Tu	prends		Tu	prenais		Tu as	pris	
Il	} prend		Il	} prenait		Il	} a	pris
Elle			Elle			Elle		
Nous	prenons		Nous	prenions		Nous avons	pris	
Vous	prenez		Vous	preniez		Vous avez	pris	
Ils	} prennent		Ils	} prenaient		Ils	} ont	pris
Elles			Elles			Elles		

Impératif : prends !
prenons !
prenez !

Participe présent : prenant

Futur : Je prendrai
Conditionnel : Je prendrais

22. RECEVOIR *(to receive)*

Présent :			*Imparfait :*			*Passé composé :*		
Je	reçois		Je	recevais		J'ai		reçu
Tu	reçois		Tu	recevais		Tu as		reçu
Il Elle }	reçoit		Il Elle }	recevait		Il Elle } a		reçu
Nous	recevons		Nous	recevions		Nous avons		reçu
Vous	recevez		Vous	receviez		Vous avez		reçu
Ils Elles }	reçoivent		Ils Elles }	recevaient		Ils Elles } ont		reçu

Impératif : reçois !
recevons !
recevez !

Participe présent : recevant

Futur : Je recevrai
Conditionnel : Je recevrais

23. RIRE *(to laugh)*

Présent :			*Imparfait :*			*Passé composé :*		
Je	ris		Je	riais		J'ai		ri
Tu	ris		Tu	riais		Tu as		ri
Il Elle }	rit		Il Elle }	riait		Il Elle } a		ri
Nous	rions		Nous	riions		Nous avons		ri
Vous	riez		Vous	riiez		Vous avez		ri
Ils Elles }	rient		Ils Elles }	riaient		Ils Elles } ont		ri

Impératif : ris !
rions !
riez !

Participe présent : riant

Futur : Je rirai
Conditionnel : Je rirais

24. SAVOIR *(to know)*

Présent :			*Imparfait :*			*Passé composć :*		
Je	sais		Je	savais		J'ai		su
Tu	sais		Tu	savais		Tu as		su
Il Elle }	sait		Il Elle }	savait		Il Elle } a		su
Nous	savons		Nous	savions		Nous avons		su
Vous	savez		Vous	saviez		Vous avez		su
Ils Elles }	savent		Ils Elles }	savaient		Ils Elles } ont		su

Impératif : sache !
sachons !
sachez !

Participe présent : sachant

Futur : Je saurai
Conditionnel : Je saurais

25. SENTIR *(to feel, to smell)*

Présent :	Je	sens	*Imparfait :*	Je	sentais	*Passé composé :*	J'ai	senti

Présent :
Je sens
Tu sens
Il
Elle } sent
Nous sentons
Vous sentez
Ils
Elles } sentent

Imparfait :
Je sentais
Tu sentais
Il
Elle } sentait
Nous sentions
Vous sentiez
Ils
Elles } sentaient

Passé composé :
J'ai senti
Tu as senti
Il
Elle } a senti
Nous avons senti
Vous avez senti
Ils
Elles } ont senti

Impératif :
sens !
sentons !
sentez !

Participe présent : sentant

Futur : Je sentirai
Conditionnel : Je sentirais

26. SERVIR *(to serve)*

Présent :
Je sers
Tu sers
Il
Elle } sert
Nous servons
Vous servez
Ils
Elles } servent

Imparfait :
Je servais
Tu servais
Il
Elle } servait
Nous servions
Vous serviez
Ils
Elles } servaient

Passé composé :
J'ai servi
Tu as servi
Il
Elle } a servi
Nous avons servi
Vous avez servi
Ils
Elles } ont servi

Impératif :
sers !
servons !
servez !

Participe présent : servant

Futur : Je servirai
Conditionnel: Je servirais

27. SORTIR *(to go out)*

Présent :
Je sors
Tu sors
Il
Elle } sort
Nous sortons
Vous sortez
Ils
Elles } sortent

Imparfait :
Je sortais
Tu sortais
Il
Elle } sortait
Nous sortions
Vous sortiez
Ils
Elles } sortaient

Passé composé :
Je suis sorti(e)
Tu es sorti(e)
Il est sorti
Elle est sortie
Nous sommes sorti(e)s
Vous êtes sorti(e)(s)
Ils sont sortis
Elles sont sorties

Impératif :
sors !
sortons !
sortez !

Participe présent : sortant

Futur : Je sortirai
Conditionnel : Je sortirais

28. SUIVRE *(to follow)*

Présent :	Je	suis	Imparfait :	Je	suivais	Passé composé :	J'ai	suivi
	Tu	suis		Tu	suivais		Tu as	suivi
	Il / Elle	suit		Il / Elle	suivait		Il / Elle	a suivi
	Nous	suivons		Nous	suivions		Nous avons	suivi
	Vous	suivez		Vous	suiviez		Vous avez	suivi
	Ils / Elles	suivent		Ils / Elles	suivaient		Ils / Elles	ont suivi

Impératif : suis ! suivons ! suivez !

Participe présent : suivant

Futur : Je suivrai
Conditionnel : Je suivrais

29. TENIR *(to hold)*

Présent :	Je	tiens	Imparfait :	Je	tenais	Passé composé :	J'ai	tenu
	Tu	tiens		Tu	tenais		Tu as	tenu
	Il / Elle	tient		Il / Elle	tenait		Il / Elle	a tenu
	Nous	tenons		Nous	tenions		Nous avons	tenu
	Vous	tenez		Vous	teniez		Vous avez	tenu
	Ils / Elles	tiennent		Ils / Elles	tenaient		Ils / Elles	ont tenu

Impératif : tiens ! tenons ! tenez !

Participe présent : tenant

Futur : Je tiendrai
Conditionnel : Je tiendrais

30. VENIR *(to come)*

Présent :	Je	viens	Imparfait :	Je	venais	Passé composé :	Je suis	venu(e)
	Tu	viens		Tu	venais		Tu es	venu(e)
	Il / Elle	vient		Il / Elle	venait		Il est	venu
							Elle est	venue
	Nous	venons		Nous	venions		Nous sommes	venu(e)s
	Vous	venez		Vous	veniez		Vous êtes	venu(e)(s)
	Ils / Elles	viennent		Ils / Elles	venaient		Ils sont	venus
							Elles sont	venues

Impératif : viens ! venons ! venez !

Participe présent : venant

Futur : Je viendrai
Conditionnel : Je viendrais

31. VOIR *(to see)*

Présent :			Imparfait :			Passé composé :		
	Je	vois		Je	voyais		J'ai	vu
	Tu	vois		Tu	voyais		Tu as	vu
	Il Elle	} voit		Il Elle	} voyait		Il Elle	} a vu
	Nous	voyons		Nous	voyions		Nous avons	vu
	Vous	voyez		Vous	voyiez		Vous avez	vu
	Ils Elles	} voient		Ils Elles	} voyaient		Ils Elles	} ont vu

Impératif :	Participe présent :	Futur :	Conditionnel :
vois ! voyons ! voyez !	voyant	Je verrai	Je verrais

32. VOULOIR *(to want, to wish)*

Présent :			Imparfait :			Passé composé :		
	Je	veux		Je	voulais		J'ai	voulu
	Tu	veux		Tu	voulais		Tu as	voulu
	Il Elle	} veut		Il Elle	} voulait		Il Elle	} a voulu
	Nous	voulons		Nous	voulions		Nous avons	voulu
	Vous	voulez		Vous	vouliez		Vous avez	voulu
	Ils Elles	} veulent		Ils Elles	} voulaient		Ils Elles	} ont voulu

Participe présent :	Futur :	Conditionnel :
voulant	Je voudrai	Je voudrais

IMPERSONAL VERBS

1. FALLOIR *(to have to, to be necessary)*

Présent :	Imparfait :	Futur :
Il faut	Il fallait	Il faudra
	Passé composé : Il a fallu	Conditionnel : Il faudrait

2. PLEUVOIR *(to rain)*

Présent :	Imparfait :	Futur :
Il pleut	Il pleuvait	Il pleuvra
	Passé composé : Il a plu	Conditionnel : Il pleuvrait

Lexique

A

a *(avoir)* (he/she) has
à to, at, in
abattre to knock down
une **abeille** bee
abîmer to damage, to spoil
un **abonnement** subscription
aboyer to bark
l' **abri** *(m)* shelter
un **abricot** apricot
un **accueil** welcome
accueillir to welcome
les **achats** *(m)* purchases
acheter to buy
l' **acier** *(m)* steel
actif(-ve) active
les **actualités** *(f)* news
une **addition** bill
adresser to address, to direct
une **affiche** sign, notice
affliger to afflict
affreux(-se) dreadful, horrible
une **agglomération** built-up area
un **agneau** lamb
une **agrafeuse** stapler
agrandir to make bigger
agréable pleasant
agréer to accept
un **agriculteur** farmer
ai *(avoir)* (I) have
aider to have
une **aiguille** needle
un **aiguillon** sting
l' **ail** *(m)* garlic
aîné(e) elder, older
ajouter to add
les **alentours** *(m)* surroundings
alimentaire *(adj.)* food

une **alimentation** grocery shop
l' **Allemagne** *(f)* Germany
aller to go
un **aller retour** return ticket
un **aller simple** single ticket
allumer to light, to turn on (TV)
une **allure** speed
alors then, so
alors que while
une **alouette** lark
un **alpiniste** mountain-climber
amasser to store up
une **ambiance** atmosphere
ambitieux(-se) ambitious
aménagé(e) laid out, fitted
l' **aménagement** *(m)* fitting-out
amener to bring
un(e) **ami(e)** friend
l' **amour** *(f)* love
un **an** year
un **ananas** pineapple
ancien(-ienne) old
un **âne** donkey
l' **Angleterre** *(f)* England
les **animaux** *(m)* animals
animé(e) lively, busy
une **année** year
un **anniversaire** birthday
une **annonce** advertisement
un **annuaire** directory
antivenimeux antivenom
août August
apercevoir to notice
une **apparence** appearance
à l' **appareil** on the 'phone
un **appareil photo** camera
apporter to bring
apprendre to learn
appuyer to press, to push down

	après after	
un	**arbre** tree	
un	**arc-en-ciel** rainbow	
l'	**argent** *(m)* money, silver	
une	**armée** army	
d'	**arrache-pied** (to work) relentlessly	
un	**arrêt d'autobus** bus stop	
l'	**arrière** *(m)* rear	
	arriver to arrive	
	arriver à to succeed, to manage	
un	**arrondissement** district	
un	**artichaut** artichoke	
un	**artisan** craft worker	
	artisinal handcraft	
s'	**asseoir** to sit down	
	assez enough, quite	
une	**assiette** plate	
	assis(e) sitting, seated	
	assister à to attend	
un	**atelier** workshop	
	atteindre to reach	
	attendre to wait for	
	attention ! be careful!	
	attraper to catch	
	au *(à + le)* to the	
une	**auberge** hostel, inn	
	aucun none, not any	
	aujourd'hui today	
	aussi also	
	aussi... que as... as	
un	**auteur** author	
un	**autobus** bus	
un	**autocar** coach, bus	
un	**autocollant** sticker	
	autre other	
	autrefois in the past	
l'	**Autriche** *(f)* Austria	
	aux *(à + les)* to the	
à l'	**avance** in advance	
	avant before	
	avant-hier day before yesterday	

	avec with
l'	**avenir** *(m)* future
un	**avis** opinion
les	**avis d'obsèques** death notices
un	**avocat** lawyer, barrister
	avoir to have
	avons *(avoir)* (we) have
	avril April
	ayez *(avoir)* have

B

le	**baby-foot** table football
le	**Baccalauréat** final year exam
les	**bagages** *(m)* luggage
le	**bagagiste** porter
la	**bague** ring
la	**baguette** long thin loaf
se	**baigner** to go swimming
le	**bain de soleil** sunbathing
les	**baisers** *(m)* kisses
se	**balader** to stroll
le	**baladeur** walkman
	Balance Libra
	balayer to sweep
	baliser to mark out
la	**banane** banana
le	**banc** seat, bench
les	**bandes dessinées** *(f)* cartoons
la	**barrière** gate
	bas/basse low
le	**bas** stocking
le	**basket** basketball
les	**baskets** *(f)* runners
la	**basse-cour** farmyard
le	**bassin** pond
le	**bateau** boat
le	**bateau-mouche** river boat
le	**bâtiment** building
	bâtir to build
se	**battre** to fight

	bavard chatty	au	**bord de** beside
	bavarder to chat	la	**bouche** mouth
	beau fine, handsome	le	**boucher** butcher
	beaucoup (de) many	la	**boucherie** butcher's shop
	Bélier Aries	le	**bouchon** traffic jam
	belle beautiful, pretty		**bouger** to move
le	**besoin** need	le	**boulanger** baker
la	**bêtise** prank	la	**boulangerie** bakery
la	**betterave** beetroot	les	**boules** (f) bowls
le	**beurre** butter	le	**boulodrome** bowling pitch
le	**bibliothécaire** librarian	le	**boulot** job
la	**bibliothèque** library	la	**boum** party
	bien well		**bourru** surly, gruff
	bientôt soon	la	**Bourse** Stock Exchange
à	**bientôt !** see you soon!	la	**boussole** compass
la	**bienvenue** welcome	au	**bout de** at the end of
la	**bière** beer	la	**bouteille** bottle
le	**bifteck** steak	la	**boutique** shop
le	**bijou** jewel	le	**bouton** button
	bilingue bilingual	les	**boutons** (m) spots
le	**billet** ticket, note	la	**boxe** boxing
	bis twice	la	**brasserie** café, pub
	Bison Futé motoring organisation		**bref/brève** brief
	blanc(-che) white	la	**Bretagne** Brittany
le	**blé** wheat		**breton** Breton
se	**blesser** to hurt oneself	le	**Brevet** intermediate exam
le	**bloc sanitaire** washrooms	le	**bricolage** D.I.Y.
le	**bœuf** beef		**brièvement** briefly
	boire to drink	le	**brin** blade (of grass)
le	**bois** wood, timber	le	**briquet** lighter
la	**boisson** drink	se	**bronzer** to get a tan
la	**boîte** box	la	**brosse à dents** toothbrush
la	**boîte aux lettres** letter box	le	**bruit** noise
la	**boîte de nuit** night club		**brûler** to burn
	bon/bonne good		**bruyant** noisy
le	**bonbon** sweet	le	**bûcheron** woodcutter
	bondé(e) packed, crowded	la	**bulle** bubble
	bondir to jump	le	**bulletin** report, form
	bon marché cheap	le	**buraliste** tobacconist
de	**bonne heure** early	le	**bureau** office, desk

C

	ça this, that, it	
les	**cacahuètes** (f) peanuts	
le	**cachet** tablet	
le	**cadeau** present	
	cadet(-ette) younger	
le	**cahier** copy-book	
le	**caillou** pebble	
la	**caisse** check-out	
le	**calcul** sum, arithmetic	
le	**caleçon de bain** swimming togs	
la	**caméra** camera (cinema, TV)	
le	**camion** lorry	
la	**camionnette** van	
la	**campagne** countryside, campaign	
le	**canard** duck	
la	**candidature** application	
la	**canne à pêche** fishing rod	
le	**canotage** rowing, canoeing	
le	**capot** bonnet (of car)	
	car because, for	
le	**car** coach	
le	**carillon** bells, chimes	
le	**carnet** notebook	
	carré square	
le	**carrefour** crossroads	
la	**carrière** career	
la	**carrosserie** body (of car)	
le	**cartable** schoolbag	
la	**carte** map, card	
la	**cascade** waterfall	
la	**case** square, pigeonhole	
le	**casque** crash helmet	
	casser to break	
le	**cassis** blackcurrant	
le	**cauchemar** nightmare	
	ça va ? how are things?	
	ça va OK, things are fine	
la	**cave** cellar	
	ce, cet, cette this, that	

	ceci this	
	céder to yield	
la	**ceinture** belt	
	cela that	
	célèbre famous	
	célibataire single	
	celui-ci, celle-ci this one	
	celui-là, celle-là that one	
les	**cendres** (f) cinders, ashes	
le	**cendrier** ashtray	
	cent one hundred	
une	**centaine de** about a hundred	
la	**cerise** cherry	
	ces these, those	
	chacun each one	
la	**chaîne** TV channel	
la	**chaise** chair	
la	**chaleur** heat	
	chaleureux(-se) warm	
la	**chambre** bedroom	
le	**chameau** camel	
le	**champ** field	
le	**champignon** mushroom	
la	**chance** luck	
la	**chanson** song	
	chanter to sing	
un(e)	**chanteur(-euse)** singer	
le	**chantier** building site	
	chaque each, every	
la	**charcuterie** pork butcher's	
le	**charcutier** pork butcher	
le	**chariot** trolley	
la	**chasse** hunting, shooting	
le	**chat** cat	
	châtain chestnut brown (hair)	
le	**château** castle	
	chaud hot, warm	
le	**chauffage** heating	
se	**chauffer** to warm oneself	
la	**chaussée** roadway	
la	**chaussure** shoe	

le	**chemin**	road
le	**chemin de fer**	railway
la	**chemise**	shirt
	cher, chère	dear
	chercher	to look for
le	**cheval**	horse
la	**cheville**	ankle
la	**chèvre**	goat
	chez	at the house of
	chic	stylish
la	**chimie**	chemistry
	chimique	chemical
les	**chips** *(m)*	crisps
	choisir	to choose
le	**choix**	choice
le	**chômage**	unemployment
le	**chômeur**	unemployed person
la	**chose**	thing
le	**chou**	cabbage
mon	**chou**	my dear
la	**choucroute**	sauerkraut
	chouette	smashing! great!
le	**chou-fleur**	cauliflower
la	**chute**	fall
	ci-dessous	below
	ci-dessus	above
le	**cidre**	cider
	ci-joint	enclosed
	cinq	five
	cinquante	fifty
	cinquième	fifth
la	**circulation**	traffic
le	**cirque**	circus
les	**ciseaux** *(m)*	scissors
le	**citadin**	city dweller
le	**citron**	lemon
le	**citron pressé**	lemon juice
le	**clapier**	hutch
la	**clé**	key
la	**clef**	key
un(e)	**client(e)**	customer

le	**clignotant**	indicator (of car)
la	**cloche**	bell
le	**clocher**	steeple
le	**coca**	Coke
la	**coccinelle**	ladybird
	cocher	to tick
le	**code**	dipped headlights
le	**cœur**	heart
le	**coffre**	boot (of car)
un(e)	**coiffeur(-euse)**	hairstylist
la	**coiffure**	hair style
le	**coin**	corner
en	**colère**	angry
le	**colis**	parcel
	collectif(-ve)	group (activity)
la	**collectivité**	group
	coller	to stick, to glue, to detain
la	**colline**	hill
à	**colombage**	half-timbered (house)
	combien	how much, how many
le	**combiné**	telephone receiver
le	**comédien**	actor
	comme	like, as
	comment	how
le	**commerçant**	shopkeeper
le	**commerce**	business
les	**commissions** *(f)*	messages
le	**commis voyageur**	sales rep.
	complet(-ète)	full
	complètement	completely
	composer	to dial
	compréhensif(-ve)	understanding
	comprendre	to understand
le	**comprimé**	tablet
	compris	included
le	**comptable**	accountant
	compter	to count
le	**concombre**	cucumber
un(e)	**conducteur(-trice)**	driver
	conduire	to drive
la	**confiserie**	sweetshop

la **confiture** jam
le **confluent** meeting (of rivers)
le **confort** comfort
le **congé** holiday
la **connaissance** knowledge
connaître to know
consciencieux(-se) conscientious
conseiller to advise
les **conseils** *(m)* advice
les **conserves** *(f)* tinned food
consommer to use up
constamment constantly
contre against
le **contrôle** checking, test
convenir à to suit
le **copain** friend (male)
la **copine** friend (female)
le **coquillage** sea shell
la **coquille** shell
le **corbeau** crow
la **corbeille** basket
le **corps** body
la **correspondance** connecting train
corriger to correct
le **côté** side
à **côté de** beside
la **côtelette** chop
le **coton hydrophile** cotton wool
la **cotisation** subscription
le **cou** neck
se **coucher** to go to bed
le **coude** elbow
la **couleur** colour
le **couloir** corridor
le **coup d'œil** glance
le **coup de main** helping hand
le **coup de téléphone** 'phone call
la **cour** school yard
courir to run
le **cours** class period
au **cours de** in the course of

la **course** race
les **courses** *(f)* messages, shopping
le **courrier** post, mail
court short
à **court de** short of (money)
le **couteau** knife
coûter to cost
la **couverture** blanket
cracher to spit out
craindre to fear
le **crayon** pencil
la **crèche** day nursery
la **crémerie** dairy
la **crêpe** pancake
crever to burst, to puncture
le **cric** jack
crier to shout
les **critiques** *(f)* reviews
croire to believe
croissant increasing
le **croissant** breadroll
les **crudités** *(f)* salads
la **cueillette** picking (of fruit)
cueillir to pick, to gather
la **cuiller** spoon
la **cuillerée** spoonful
la **cuisine** kitchen, cooking
la **cuisse** leg (of frog)
cultiver to grow (crops)

D

d'accord O.K.
dans in
d'après according to
dater to date
de of, from
se **débarrasser de** to get rid of
de bonne heure early
debout standing
le **début** beginning

	décevant disappointing	
	découvrir to discover	
	décrire to describe	
	décrocher to pick up ('phone)	
	déçu(e) disappointed	
le	**défaut** fault	
	défendre to defend, to forbid	
le	**défilé** (fashion) parade	
les	**dégâts** (m) damage	
	dégrader to damage	
se	**déguiser** to disguise oneself	
	dehors outside	
	déjeuner to dine	
le	**déjeuner** lunch	
le	**délai** delay	
	demain tomorrow	
	déménager to move house	
la	**demeure** residence	
et	**demi(e)** half past	
la	**demi-pension** half board	
un(e)	**demi-pensionnaire** school luncher	
	démolir to demolish	
la	**dent** tooth	
le	**dentifrice** toothpaste	
le	**départ** departure	
le	**département** French county	
se	**dépêcher** to hurry	
	dépenser to spend	
se	**déplacer** to move	
le	**dépliant** leaflet, brochure	
	déplier to unfold	
	déprimé(e) depressed	
	depuis since	
	déranger to disturb, to bother	
	dernier(-ière) last	
	dernièrement lately, recently	
se	**dérouler** to take place	
	derrière behind	
	des some	
	des (de + les) of the	
	descendre to descend	

	désolé(e) sorry	
le	**dessin** drawing	
	dessiner to draw	
les	**dessins animés** (m) cartoons	
le	**destinataire** receiver of letter	
à	**destination de** (train) going to	
se	**détendre** to relax	
la	**détente** relaxation	
	détruire to destroy	
	deux two	
	deuxième second	
	devant in front of	
	devenir to become	
	deviner to guess	
	devoir to have to, must	
les	**devoirs** (m) homework	
	difficile difficult	
	dimanche Sunday	
	dîner to have dinner	
le	**dîner** dinner	
	dire to say, to tell	
	diriger to manage (a business)	
se	**diriger vers** to head towards	
	disparaître to disappear	
	disponible available	
le	**disque** record	
la	**distraction** hobby, pastime	
	distrait absent-minded	
	distribuer to give out (copies)	
	divers varied, various	
	diversifié varied	
	dix ten	
	dixième tenth	
une	**dizaine de** about ten	
le	**dodo** sleep	
le	**doigt** finger	
le	**domicile** residence	
	donner to give	
	donner sur to look onto	
	dont of which, whose	
	doré golden	

	dormir to sleep	
le	**dortoir** dormitory	
le	**dos** back	
	doublé dubbed (film)	
la	**douche** shower	
	doué gifted, talented	
	doux(-ce) sweet, gentle	
une	**douzaine de** dozen, about twelve	
le	**drap** sheet	
le	**drapeau** flag	
	dresser to set up (tent)	
se	**dresser** to stand up	
	droit straight	
à	**droite** to the right	
	drôle funny, amusing	
	du some, any	
	du *(de + le)* of the	
	dur hard, tough	
la	**durée** duration, length	
	durer to last	

E

l'	**eau** *(f)* water	
les	**échecs** *(m)* chess	
une	**école** school	
	écologique ecological	
	écouter to listen to	
un	**écran** screen	
	écrire to write	
un	**écureuil** squirrel	
par	**effraction** breaking in	
	égal equal	
	également also	
l'	**égalité** *(f)* equality	
une	**église** church	
un(e)	**élève** pupil	
	élever to bring up	
	elle she	
	elles they (f)	
	emballer to wrap	

l'	**embarras** *(m)* great variety (choice)	
une	**embouchure** mouth of river	
un	**embouteillage** traffic jam	
	embrasser to kiss	
une	**émission** programme (TV)	
	emmener to take (somebody)	
	empêcher to prevent	
un	**emplacement** site (in campsite)	
les	**emplettes** *(f)* messages	
un	**emploi du temps** timetable (school)	
un	**emploi** job	
un(e)	**employé(e)** clerk	
	emprunter to borrow	
	en in	
	en from it, some of it, some of them	
	encombré cluttered, crowded	
	encore still, yet, again	
l'	**encre** *(f)* ink	
s'	**endormir** to go to sleep	
un	**endroit** spot, place	
un(e)	**enfant** child	
	enfermer to shut	
	enfler to swell	
	enlever to take off, to remove	
	ennuyeux(-se) boring	
une	**enquête** survey	
	enragé (dog) with rabies	
une	**enseigne** sign	
	enseigner to teach	
	ensemble together	
	ensuite then, next	
	entendre to hear	
	entre between	
	entrer (dans) to enter	
une	**entrée** entrance	
l'	**entretien** *(m)* upkeep	
une	**entrevue** interview	
	envahir to invade	
	environ about	
les	**environs** *(m)* surroundings	
	envoyer to send	

	épais(-sse)	thick
une	épaule	shoulder
une	épicerie	grocery shop
un	épicier	grocer
une	époque	time, era
l'	épouvante *(f)*	horror (film)
	épuisé(e)	exhausted
une	équipe	team
	équiper	to equip
l'	équitation *(f)*	horse-riding
une	erreur	mistake
	es *(être)*	(you) are
l'	escalier	stairs
une	escalope	cutlet
un	escargot	snail
l'	escargoterie *(f)*	snailery
l'	escrime *(f)*	fencing
un	espace vert	green area
l'	Espagne *(f)*	Spain
	espérer	to hope
l'	espionnage *(m)*	spy (film)
l'	espoir *(m)*	hope
	essayer	to try
l'	essence *(f)*	petrol
un	essuie-glace	windscreen wiper
	essuyer	to wipe, to dry
	est *(être)*	(he/she) is
l'	est *(m)*	east
	et	and
un	étage	floor, storey
un	étalage	display, stall
un	état	state, condition
les	Etats-Unis *(m)*	United States
	et avec ça ?	anything else?
	été *(être)*	been
l'	été *(m)*	summer
	éteindre	to put out (fire)
	éternuer	to sneeze
	êtes *(être)*	(you) are
une	étoile	star

	étonné(e)	surprised
les	études *(f)*	studies
un(e)	étudiant(e)	student
	étudier	to study
à l'	étranger	abroad
	être	to be
	eu *(avoir)*	had
	eux	them
	évidemment	evidently
	éviter	to avoid
un	exemplaire	copy of newspaper
	exigeant	demanding
l'	expéditeur *(m)*	sender of letter
une	expérience	experiment
	expliquer	to explain
une	exposition	exhibition

F

la	fabrication	manufacture
	fabriquer	to manufacture
	fâché(e)	angry
se	fâcher	to get angry
	facile	easy
la	façon	manner, way
le	facteur	postman
	facultatif(-ve)	optional
	faible	weak
la	faïence	earthenware
la	faim	hunger
	faire	to make, to do
les	faits divers *(m)*	news items
la	falaise	cliff
la	famille	family
la	farine	flour
	fatigant	tiring
	fatigué(e)	tired
il	faut	it is necessary
le	fauteuil	armchair
	faux(-sse)	false
la	femme	woman, wife

la	**fenêtre**	window
le	**fer**	iron
jour	**férié**	public holiday
la	**ferme**	farm
	fermer	to close
	fermer à clef	to lock
un(e)	**fermier(-ière)**	farmer
la	**fête**	feast, holiday
	fêter	to celebrate
le	**feu**	fire, light
le	**feu arrière**	rear light
les	**feux rouges** (m)	traffic lights
le	**feu d'artifice**	fireworks
la	**feuille**	leaf, page
le	**feuilleton**	serial, soap (TV)
le	**feutre**	felt-tip marker
	février	February
la	**fiche**	form
	fier(-ière)	proud
la	**fièvre**	fever, temperature
la	**figure**	face
la	**fille**	girl, daughter
le	**film d'épouvante**	horror film
le	**fils**	son
la	**fin**	end
	finir	to finish
la	**fleur**	flower
un(e)	**fleuriste**	florist
le	**fleuve**	river
le	**flic**	cop, policeman
le	**flipper**	pinball
le	**flirt**	boyfriend
la	**flûte**	flute, long loaf
	folle	mad, silly
le	**fonctionnaire**	civil servant
	fondre	to melt
la	**fontaine**	fountain
la	**forêt**	forest
la	**formation**	education, training
la	**forme**	shape
	formidable	marvellous

	fort	strong
à	**fort tirage**	wide circulation
	fou, folle	mad, silly
la	**foule**	crowd
	frais, fraîche	fresh
les	**frais** (m)	expenses
la	**fraise**	strawberry
la	**framboise**	raspberry
	freiner	to put on brakes
les	**freins** (m)	brakes
le	**frère**	brother
le	**frigo**	fridge
	frisé	curly
les	**frites** (f)	chips
	froid	cold
le	**fromage**	cheese
la	**frontière**	border
	frotter	to rub
la	**fumée**	smoke
	fumer	to smoke
un(e)	**fumeur(-euse)**	smoker
	furieux(-se)	furious, angry

G

	gagner	to win, to earn
le	**gant**	glove
le	**garçon**	boy, waiter
	garder	to keep, to mind
la	**gare**	station
le	**gaspillage**	wasting
la	**gastronomie**	good food
	gastronomique (adj.)	good food
le	**gâteau**	cake
	gâter	to spoil
à	**gauche**	to the left
le	**gaz butane**	camping gas
le	**gazon**	lawn
	Gémeaux	Gemini
le	**gendarme**	policeman

	généreux(-se) generous	
	génial fantastic	
le	**genou** knee	
le	**genre** type, sort	
les	**gens** people	
	gentil(-ille) nice, kind	
	gentiment kindly	
le	**gérant** manager	
	gérer to manage	
le	**gigot** leg (of lamb/mutton)	
la	**girafe** giraffe	
le	**gîte** holiday house	
la	**glace** ice, ice-cream, mirror	
le	**glaçon** ice cube	
	glisser to slide	
la	**gomme** rubber	
la	**gorge** throat	
le	**gorille** gorilla	
	gourmand greedy	
le	**gourmet** food lover	
	goûter to taste	
	grand big, tall	
	grandir to grow up	
la	**grasse matinée** to lie in	
se	**gratter** to scratch	
	gratuit free	
le	**gravillon** loose chippings	
le	**grec** Greek	
la	**grenadine** grenadine	
la	**grenouille** frog	
la	**grenouillerie** frog farm	
	grièvement seriously	
la	**grille** grid	
	grimper to climb	
la	**grippe** flu	
	gris grey	
	gros(-sse) big, fat	
les	**gros titres** *(m)* headlines	
la	**guêpe** wasp	
la	**guerre** war	
le	**guichet** ticket office	
le	**gymnase** gymnasium	

H

s'	**habiller** to get dressed
un	**habitant** inhabitant
	habiter to live in
d'	**habitude** usually
	haché minced (meat)
une	**H.L.M.** council flat
un	**haricot vert** French bean
	haut tall, high
en	**haut de** at the top of
	hebdomadaire weekly
l'	**hébergement** *(m)* accommodation
	héberger to put up, to lodge
un	**hectare** hectare (2.5 acres)
l'	**herbe** *(f)* grass
l'	**heure** *(f)* time
à l'	**heure** on time
	heureusement fortunately
	heureux(-se) happy
	heurter to collide with
un	**hibou** owl
	hier yesterday
une	**hirondelle** swallow
l'	**histoire** *(f)* story, history
l'	**hiver** *(m)* winter
un	**homme** man
la	**honte** shame
un	**horaire** timetable (train/bus)
une	**horloge** clock
	hors de out of
un	**hors-d'œuvre** starter
	Hôtel-Dieu hospital
l'	**huile** *(f)* oil
	huit eight
un	**hypermarché** hypermarket

I

	ici here
une	**idée** idea

	il he			**jeter** to throw
	ils they (m)		le	**jeu** game
	il y a there is/are, ago		le	**jeu de dames** draughts
une	**image** picture			**jeudi** Thursday
un	**immeuble** block of flats			**jeune** young
un	**imperméable** raincoat		la	**jeunesse** youth
n'	**importe quel** any... at all			**je vous en prie** not at all
	imprévu unforeseen		la	**Joconde** Mona Lisa
l'	**imprudence** (f) carelessness			**joindre** to join
un	**incendie** fire			**joli(e)** pretty
	inconnu unknown			**jouer** to play
	incroyable incredible		le	**jouet** toy
l'	**indicatif** (m) dialling code		le	**jour** day
	indiquer to point out		le	**journal** newspaper
une	**infirmière** nurse		le	**journal intime** diary
	infliger to inflict		la	**journée** day
l'	**informatique** (f) computer studies			**joyeux(-se)** happy
les	**informations** (f) news			**juillet** July
un	**ingénieur** engineer			**juin** June
	insonorisé soundproofed			**jumeau(-elle)** twin
un	**instituteur** teacher (m)		le	**jus de fruit** fruit juice
une	**institutrice** teacher (f)			**jusqu'à** as far as
	insuffisant insufficient			
des	**interdictions** (f) banning of		**K**	
	interdire to forbid			
	interdit forbidden		un	**kangourou** kangaroo
	intéressant interesting		le	**képi** policeman's cap
s'	**intéresser à** to be interested in		le	**kiosque** kiosk, news-stand
l'	**intérêt** (m) interest		le	**klaxon** horn (of car)
	intitulé entitled			
s'	**irriter** to get annoyed		**L**	
un	**itinéraire** route, journey			

J

				la the
				la her, it
				là there
				là-bas over there
ne	**jamais** never		le	**lac** lake
le	**jambon** ham			**lâcher** to let go of
	janvier January			**laid** ugly
le	**jardin** garden		la	**laine** wool
le	**jardinage** gardening			**laisser** to leave
	je I			

le	**lait** milk	
le	**lait solaire** suntan lotion	
la	**laitue** lettuce	
	lancer to throw	
la	**langue** language, tongue	
le	**lapin** rabbit	
la	**larme** tear	
le	**lavabo** washbasin	
la	**lavande** lavender	
se	**laver** to wash oneself	
	le the	
	le him, it	
le	**lèche-vitrine** window shopping	
un(e)	**lecteur(-trice)** reader	
la	**lecture** reading	
la	**légende** key to map	
les	**légumes** (m) vegetables	
le	**lendemain** the next day	
	lent slow	
	lentement slowly	
	les the	
	les them	
la	**lessive** washing clothes	
	leur to them	
	leur(s) their	
la	**levée** postal collection	
	lever to lift, to raise	
se	**lever** to get up	
la	**liberté** freedom	
un(e)	**libraire** bookseller	
la	**librairie** bookshop	
	libre free	
	lier to link up	
le	**lieu** place	
la	**ligne** line	
	lire to read	
le	**lit** bed	
le	**living** living-room	
le	**livre** book	
la	**livre** pound	
le	**livre de poche** paperback	

	livrer to deliver	
la	**location** hiring, renting	
le	**logement** accommodation	
	loger to house, to put up	
la	**loi** law	
	loin (de) far (from)	
les	**loisirs** (m) leisure activities	
le	**long de** along	
	louer to rent	
le	**loup** wolf	
	lourd heavy	
le	**loyer** rent	
	lugubre gloomy	
	lui to him, to her	
la	**lumière** light	
	lundi Monday	
la	**lune** moon	
la	**lune de miel** honeymoon	
les	**lunettes** (f) glasses	
la	**lutte** struggle	
le	**lycée** secondary school	
le	**lycéen** secondary school pupil (m)	
la	**lycéenne** secondary school pupil (f)	

M

	ma my	
le	**magasin** shop	
	mai May	
le	**maillot** jersey	
la	**main** hand	
	maintenant now	
la	**Mairie** town-hall	
	mais but	
la	**maison** house	
la	**Maison des Jeunes** Youth Centre	
	mal badly	
le	**mal** pain	
	malade ill	
la	**maladie** illness	
	malgré despite	

le	**mandat-poste** postal order	
	manger to eat	
la	**manie** obsession	
le	**mannequin** model	
	manquer to miss	
le	**manteau** coat	
la	**maquette** model	
le	**maquillage** make-up	
le	**marchand** stallholder	
les	**marchandises** (f) goods, produce	
le	**marché** market	
bon	**marché** cheap	
	mardi Tuesday	
la	**marée basse** low tide	
la	**marée haute** high tide	
le	**mari** husband	
la	**marque** brand, make	
	mars March	
	marron brown	
le	**marteau** hammer	
le	**matériel** equipment	
la	**matière** subject	
le	**matin** morning	
	mauvais bad	
le	**mécanicien** mechanic	
le	**médecin** doctor	
le	**médicament** medicine	
la	**méduse** jellyfish	
le	**mégot** cigarette butt	
	meilleur better	
le	**meilleur** the best	
	même same	
le	**ménage** household	
la	**ménagère** housewife	
le	**Menhir** standing stone	
	mensuel monthly	
la	**menthe** mint	
le	**menton** chin	
le	**menuisier** carpenter	
la	**mer** sea	
	mercredi Wednesday	

la	**mère** mother	
le	**merle** blackbird	
	mes my	
la	**métallurgie** metallurgical industry	
la	**météo** weather forecast	
le	**métier** job, trade	
le	**metteur en scène** film director	
	mettre to put (on)	
se	**mettre à** to begin	
	meublé furnished	
les	**meubles** (m) furniture	
	mi- half, mid-	
	midi noon	
le	**Midi** South of france	
le	**miel** honey	
	mieux better	
	mil thousand (in dates)	
au	**milieu de** in the middle of	
	mille one thousand	
un	**millier** about a thousand	
	minuit midnight	
la	**mi-trimestre** mid-term	
	mixte co-ed (school)	
	moche awful, ugly	
la	**mode** fashion	
	moi me, I	
	moi-même myself	
	moins less	
le	**mois** month	
la	**moitié** half	
	mon my	
le	**monde** world	
le	**moniteur** supervisor (m)	
la	**monitrice** supervisor (f)	
la	**monnaie** change	
la	**montagne** mountain	
	monter to go up	
la	**montre** watch	
	montrer to show	
se	**moquer de** to make fun of	
le	**morceau** piece	

	mordre to bite	
la	**mort** death	
	mortel fatal	
le	**mot** word	
les	**mots-clés** *(m)* key words	
les	**mots croisés** *(m)* crosswords	
le	**moteur** engine	
la	**moto** motorbike	
le	**mouchoir** handkerchief	
la	**mouette** seagull	
	mouillé(e) wet, drenched	
le	**moulin** mill	
	mourir to die	
la	**mousse** moss, foam, mousse	
le	**moyen** means, way	
	moyen(-enne) average	
le	**moyen âge** Middle Ages	
le	**musée** museum	

N

	nager to swim
	naître to be born
la	**naissance** birth
la	**nappe** tablecloth
la	**natation** swimming
	nautique water (skiing)
	né(e) *(naître)* (was) born
	ne... guère scarcely
	ne... jamais never
	ne... ni... ni neither... nor
	ne... pas not
	ne... personne nobody
	ne... plus no more, no longer
	ne... que only
	ne... rien nothing
la	**neige** snow
	neiger to snow
	nettoyer to clean
	neuf nine
	neuf(-ve) brand new

	neuvième ninth
le	**neveu** nephew
le	**nez** nose
	n'importe quel any... at all
le	**niveau** level
les	**noces d'argent** *(f)* silver wedding
	Noël Christmas
	noir black, dark
la	**noix** nut
le	**nom** name, noun
	nombreux(-ses) numerous
	non no
le	**non-fumeur** non-smoker
le	**nord** north
la	**Norvège** Norway
	nos our
le	**notaire** solicitor
la	**note** mark (in exam)
	notre our
	nourrir to feed
la	**nourriture** food
	nous we
	nous us, to us
	nouveau (-elle) new
le	**nuage** cloud
la	**nuit** night
	nul, nulle useless
le	**numéro** number
	numéroter to number
la	**nuque** nape (of the neck)

O

un	**objet** object
	obligatoire compulsory
	obligé(e) forced, obliged
une	**occasion** opportunity
	occupé(e) busy
s'	**occuper de** to look after
un	**œil** eye
une	**odeur** smell, scent

un	**œuf** egg	
les	**offres d'emploi** (f) situations vacant	
	offrir to offer	
une	**oie** goose	
un	**oignon** onion	
un	**oiseau** bird	
	ombragé(e) shaded	
un	**omnibus** slow train	
	on one	
un	**oncle** uncle	
	ont (avoir) (they) have	
	onze eleven	
l'	**or** (m) gold	
un	**orage** storm	
l'	**orchestre** (m) stalls (in cinema)	
un	**ordinateur** computer	
une	**ordonnance** prescription	
des	**ordures** (f) rubbish	
une	**oreille** ear	
les	**oreillons** (m) mumps	
l'	**orge** (f) barley	
un	**orteil** toe	
un	**os** bone	
	ou or	
	où where	
	oublier to forget	
l'	**ouest** west	
un	**ours** bear	
un	**outil** tool	
	ouvert open	
un	**ouvre-boîte** tin opener	
un(e)	**ouvrier(-ière)** worker	
	ouvrir to open	

P

le	**pain** bread
le	**pain grillé** toast
le	**pamplemousse** grapefruit
la	**pancarte** banner
le	**panier** basket

en	**panne** broken down
en	**panne sèche** (car) out of petrol
le	**panneau** sign, notice
le	**pansement** dressing, bandage
le	**paon** peacock
la	**papeterie** stationer's shop
	Pâques Easter
le	**paquet** parcel, packet
	par through, by
	paraître to appear
le	**parasol** beach umbrella
le	**parapluie** umbrella
le	**Pardon** festival
le	**pare-brise** windscreen
	parfois sometimes
le	**parfum** perfume, fragrance
	parler to speak
	parmi among
la	**parole** word
	partir to set out
à	**partir de** from
	partout everywhere
le	**passage à niveau** level crossing
	passer to pass, to sit (exam)
se	**passer** to take place
	passionnant exciting
être	**passionné par** interested in
	passionnément passionately
	patauger to wade
le	**patinage** skating
	patiner to skate
la	**patinoire** skating rink
les	**patins à roulettes** (m) skates
la	**patisserie** cake shop
un(e)	**patissier(-ière)** confectioner
le	**pays** country
le	**paysage** scenery
le	**paysagiste** landscape painter
les	**Pays-Bas** (m) the Netherlands
le	**Pays de Galles** Wales
à	**péage** toll (road)

la	**peau**	skin
une	**pêche**	peach
la	**pêche**	fishing
	pêcher	to fish
le	**pêcheur**	fisherman
le	**pédalo**	pedal-boat
	pédestre	pedestrian
le	**peigne**	comb
	peindre	to paint
le	**peintre**	painter
la	**peinture**	painting
la	**pelle**	spade
la	**pellicule**	photographic film
la	**pelouse**	lawn
	pendant	during
la	**pendule**	clock
le	**pense-bête**	check-list
	penser	to think
la	**pension**	accommodation
un(e)	**pensionnaire**	boarder
	percer	to pierce
	perdre	to lose
le	**père**	father
le	**père aubergiste**	hostel warden
le	**permis de conduire**	driving licence
	perplexe	puzzled
le	**perroquet**	parrot
la	**perruque**	wig
la	**perte**	loss
	peser	to weigh
	petit(e)	small
le	**petit ami**	boyfriend
la	**petite amie**	girlfriend
le	**petit déjeuner**	breakfast
	peu	little
	peut-être	perhaps
la	**peur**	fear
	peux *(pouvoir)*	(I/you) can
le	**phare**	lighthouse, headlight
la	**pharmacie**	chemist's shop
un(e)	**pharmacien(-ienne)**	chemist

le	**phoque**	seal
le	**photographe**	photographer
la	**photographie**	photography
la	**phrase**	sentence
la	**pierre**	stone
la	**pièce**	room, coin, play
à	**pied**	on foot
le	**pied**	foot
le	**piéton**	pedestrian
la	**pile**	battery
	piloté par	driven by
le	**pinceau**	paint-brush
le	**pingouin**	penguin
le	**pique-nique**	picnic
le	**piquet**	peg
la	**pîqure**	sting
	pire	worse
la	**piscine**	swimming pool
la	**piste**	track, ski slope
la	**piste cyclable**	cycling track
	pittoresque	picturesque
le	**placard**	cupboard
la	**place**	seat, square
la	**plage**	beach
se	**plaindre**	to complain
	plaire à	to please
le	**plaisir**	pleasure
le	**plan**	map, plan
la	**plaque d'immatriculation**	reg. no.
	plat	flat
le	**plat**	course (in meal)
le	**pneu**	tyre
la	**poche**	pocket
le	**poids**	weight
le	**poids lourd**	lorry
le	**poignet**	wrist
la	**poire**	pear
le	**poirier**	pear tree
le	**pois**	pea
le	**poisson**	fish
le	**poissonnier**	fishmonger

	Poissons Pisces	
la	**poitrine** chest	
le	**poivron** pepper	
	poli(e) polite	
	poliment politely	
	polyvalent of various uses	
la	**pommade** cream, ointment	
la	**pomme** apple	
la	**pomme de terre** potato	
le	**pommier** apple tree	
le	**pont** bridge	
la	**porte** door	
le	**portefeuille** wallet	
	porter to wear, to carry	
le	**portier** porter	
la	**portière** car door	
	poser to ask (question)	
le	**poste** job, TV set	
la	**poste** post office	
	potable drinkable	
le	**potage** soup	
	potager vegetable (garden)	
la	**poubelle** dustbin, rubbish bin	
le	**pouce** thumb	
le	**poulet** chicken	
le	**pouls** pulse	
	pour for	
le	**pourboire** tip	
	pourquoi why	
	pousser to push, to grow	
	pouvoir to be able	
la	**prairie** meadow	
	pratique handy, practical	
	pratiquer to play (a sport)	
	préféré(e) favourite	
	premier(-ière) first	
	prendre to take	
le	**prénom** first name	
	près de near	
	presque almost	
	pressé(e) in a hurry	

le	**presse-citron** lemon squeezer	
la	**pression** pressure	
	prévenir to warn	
	prêt ready	
	prévu planned	
la	**prime** bonus	
le	**printemps** Spring	
	privé(e) private	
le	**prix** price, prize	
	prochain next	
	produire to produce	
se	**produire** to occur	
les	**produits** (m) produce	
le	**professeur** teacher	
le	**profil** outline, shape	
le	**projet** project, plan	
la	**promenade** walk, outing	
se	**promener** to walk	
à	**propos** by the way	
	propre own, clean	
en	**provenance de** (train) coming from	
la	**province** the provinces	
le	**proviseur** headmaster	
les	**provisions** (f) groceries	
	provoquer to cause	
à	**proximité** nearby	
	public(-ique) public	
la	**publicité** advertising	
	puis-je ? can I?	
	puisque since	
	punir to punish	
la	**punition** punishment	

Q

le	**quai** platform	
	quand when	
	quand même nevertheless	
	quarante forty	
le	**quart** quarter	
le	**quartier** district	

quatorze fourteen
quatre four
que which, that, whom
quel which, what
qu'est-ce que... ? what...?
quelques some, a few
quelquefois sometimes
la queue tail, queue
qui who, which
la quincaillerie hardware shop
la quinzaine fortnight
quinze fifteen
quitter to leave
quotidien(-ienne) daily
le quotidien daily newspaper

R

raccrocher to hang up phone
la racine root
le radis radish
la rage rabies
raide straight (hair)
le raisin grapes
raison (to be) right
ralentir to slow down
le ramassage picking
ramasser to pick, to gather
la rame metro train
la randonnée walk, ramble
ranger to tidy
le rapide express train
rapidement quickly
se rappeler to remember
les rapports (m) relations
se raser to shave
rattacher to join
le rayon shelf, department (in shop)
réaliser to make (a film)
le recensement census
la recette recipe

recevoir to receive
le réchaud à gaz gas stove
les recherches (f) research
reconstruire to rebuild
la récréation school break
recueillir to collect, to gather
récupérer to recover
le rédacteur editor
redoubler to repeat a year
réduire to reduce
regarder to look at
une règle rule, ruler
régler to rule, to settle
le règlement rule, regulation
la reine queen
relier to join up
remarquer to notice
le remède remedy
la remontée ski-lift
remplir to fill
la rémunération payment
le renard fox
rencontrer to meet
le rendez-vous meeting
se rendre à to go to
renommé(e) famous
les renseignements (m) information
la rentrée return to school
rentrer to return
renverser to knock down
le renvoi suspension
le repas meal
répondre reply
le repos rest
reposant relaxing
se reposer to rest
le représentant sales rep.
le réseau network
respiratoire breathing
rester to stay
restreint limited

en	**retard**	late
la	**retenue**	detention
	retirer	to remove
se	**retrouver**	to meet
le	**rétroviseur**	rear-view mirror
	réussir	to succeed
	réunir	to collect, to gather
le	**rêve**	dream
se	**réveiller**	to wake up
	rêver	to dream
le	**réverbère**	street light
au	**revoir !**	good bye!
la	**revue**	magazine
le	**rez-de-chaussée**	ground floor
le	**rhume**	cold
	rigolo(-ote)	funny
	rire	to laugh
le	**risque**	risk
la	**rivière**	river
le	**riz**	rice
la	**robe**	dress
le	**robinet**	tap
le	**rocher**	rock
le	**roi**	king
le	**roman**	novel
	rond	round
	rosé	pinkish(wine)
le	**rôti**	roast
la	**roue**	wheel
	rouge	red
la	**rougeole**	measles
le	**rouge-gorge**	robin
	rougir	to blush
	rouler	to roll, to go
la	**route**	road
le	**routier**	truck driver
	roux(-sse)	red-haired
la	**rue**	street
la	**ruelle**	alleyway
le	**ruisseau**	stream

S

	sa	his, her
le	**sable**	sand
le	**sac**	bag
le	**sac à dos**	rucksack
le	**sac de couchage**	sleeping bag
la	**sacoche**	postbag
	sage	well-behaved
le	**saignement**	bleeding
	saigner	to bleed
	sain	healthy
	saisir	to grab
	sale	dirty
	salir	to make dirty
la	**salle**	classroom
la	**salle d'attente**	waiting room
le	**salon**	sitting room
	salut !	hello!
	samedi	Saturday
	sans	without
la	**santé**	health
le	**sapeur-pompier**	fireman
	satisfait	satisfied
la	**saucisse**	sausage
le	**saucisson**	salami
	sauf	except
le	**saumon**	salmon
	sauter	to jump
	sauvage	wild
	savoir	to know
le	**savon**	soap
la	**séance**	film showing
le	**seau**	bucket
	sec, sèche	dry
le	**secourisme**	first aid
au	**secours !**	help!
	seize	sixteen
le	**séjour**	stay, holiday
le	**sel**	salt

la	**semaine**	week
	semer	to sow
le	**sens**	direction
le	**sens interdit**	no entry
le	**sens unique**	one way street
le	**sentier**	path
	sentir	to feel, to smell
	sept	seven
le	**serpent**	snake
un(e)	**serveur(-euse)**	waiter, waitress
la	**serviette**	towel, schoolbag
	servir	to serve
se	**servir de**	to make use of
	ses	his, her
	seul	alone
	seulement	only
	si	if
le	**siècle**	century
le	**siège**	seat
le	**singe**	monkey
	sinon	otherwise
le	**sirop**	syrup
	six	six
le	**ski nautique**	water skiing
la	**sœur**	sister
la	**soie**	silk
la	**soif**	thirst
le	**soin**	care
le	**soir**	evening
	sois ! *(être)*	be!
	soixante	sixty
le	**soldat**	soldier
les	**soldes** *(m)*	sale
le	**soleil**	sun
la	**somme**	sum, amount
	sommes *(être)*	(we) are
le	**sommet**	summit
	son	his, her
le	**sondage**	survey
le	**son et lumière**	display

	sont *(être)*	(they) are
la	**sortie**	exit
les	**sorties** *(f)*	outings
	sortir	to go out
la	**souche**	stump of tree
le	**souci**	worry
la	**soucoupe**	saucer
	soudain	suddenly
	souhaiter	to wish
	souffrir	to suffer
	sourire	to smile
la	**souris**	mouse
	sous	under
le	**sous-sol**	basement
	sous-titré	sub-titled (film)
	souterrain	underground
se	**souvenir de**	to remember
le	**sparadrap**	sticking plaster
le	**spectacle**	show
le	**stade**	stadium
le	**stage**	course
la	**station**	metro station, resort
	stationner	to park
le	**stationnement**	parking
	sucer	to suck
le	**sud**	south
	suis *(être)*	(I) am
	suis *(suivre)*	(I) follow
	suivant	next, following
	suivre	to follow
la	**superficie**	area
	supplémentaire	extra
	sur	on
	sûr(e)	sure, certain
le	**surligneur**	highlighter
la	**surprise-partie**	surprise party
	surtout	especially
	surveiller	to supervise
	sympa	nice
le	**syndicat d'initiative**	tourist office

T

	ta your	
le	**tabac** tobacco	
le	**tableau** picture	
la	**taille** size	
le	**taille-crayon** pencil parer	
le	**talon** heel	
	tant de so many	
la	**tante** aunt	
le	**tapis** carpet	
	tard late	
	tarder to delay	
le	**tarif** price	
la	**tartine** slice of bread	
la	**tasse** cup	
	tâter to feel	
le	**taureau** bull	
	Taureau Taurus	
	tel, telle such, like	
le	**téléviseur** TV set	
	tellement so much	
le	**témoignage** evidence	
le	**témoin** witness	
le	**temps** weather	
de	**temps en temps** sometimes	
à	**temps partiel** part-time	
	tenir to hold	
se	**tenir** to stand up	
	tenter to attempt	
la	**tenue** dress	
se	**terminer** to finish	
le	**terrain** pitch, ground	
la	**terre** earth, ground	
	tes your	
la	**tête** head	
le	**thé** tea	
le	**tiers** third	
le	**timbre** stamp	
	timide shy	
le	**tir à l'arc** archery	

le	**tire-bouchon** bottle opener
	tirer to pull
le	**tissage** weaving
le	**titre** title, headline
	toi you
le	**toit** roof
la	**tomate** tomato
	tomber to fall
	ton your
	tondre to mow
la	**tortue** tortoise
	tôt soon
	toucher to cash (a cheque)
	toujours always
la	**tour** tower
le	**tour** tour
le	**tournage** shooting of film
	tourner to shoot film
le	**tournesol** sunflower
la	**Toussaint** All Saint's Day
	tousser to cough
	tout(e) all
	tout de suite immediately
	tout le monde everybody
la	**toux** cough
	traire to milk (a cow)
la	**tranche** slice
	tranquille quiet
le	**transat** deckchair
	transpirer to perspire
le	**travail** work
	travailler to work
	travailleur(-euse) hard-working
les	**travaux** (m) works
à	**travers** through
	traverser to cross
	treize thirteen
	trente thirty
	très very
	trier to sort (post)
le	**trimestre** term

	trinquer to clink glasses
	triste sad
	trois three
les	**trois quarts** three quarters
	trop too much, too many
le	**trottoir** footpath
le	**trou** hole
la	**trousse** kit
	trouver to find
se	**trouver** to be situated
	tu you
	tuer kill

U

	un(e) a, one
la	**«une»** the front page
	unique only (child)
une	**usine** factory
	utile useful
	utiliser to use
	utilitaire adaptable

V

	va *(aller)* (he/she) goes
les	**vacances** *(f)* holidays
le	**vacancier** holiday-maker
la	**vache** cow
la	**vague** wave
	vais *(aller)* (I) go
la	**vaisselle** washing up
	valable valid
la	**valise** suitcase
	valoir to be worth
la	**varicelle** chickenpox
les	**variétés** *(f)* variety show
	vas *(aller)* (you) go
il	**vaut mieux** it is preferable
le	**veau** veal, calf
le	**véhicule** vehicle

le	**vélo** bicycle
un(e)	**vendeur(-euse)** seller
	vendre to sell
	vendredi Friday
	venir to come
le	**vent** wind
en	**vente** on sale
le	**ventre** stomach
la	**verdure** greenery
le	**verger** orchard
	vérifier to check
la	**vérité** truth
le	**verre** glass
	vers towards, about (time)
	Verseau Aquarius
	verser to pour
	vert green
la	**veste** jacket
le	**vestiaire** cloakroom
le	**vestibule** hallway
le	**veston** jacket
les	**vêtements** *(m)* clothes
	veuillez *(vouloir)* please
	veut *(vouloir)* (he/she) wishes
la	**viande** meat
	vide empty
la	**vie** life
	Vierge Virgo
	vieux, vieille old
la	**vigne** vines
le	**vignoble** vineyard
	vilain nasty, mean
la	**ville** town
le	**vin** wine
	vingt twenty
le	**virage** corner
le	**visage** face
	vite quick, quickly
la	**vitesse** speed
les	**vitesses** *(f)* gears
la	**vitrine** shop window

vivre to live
voici here is/are
la **voie** road, way
voilà there is/are
la **voile** sailing
voir to see
le **voisin** neighbour
voisin(e) neighbouring
la **voiture** car
le **vol** flight, theft
le **volant** steering wheel
voler to fly, to steal
le **voleur** thief
vomir to vomit
vont *(aller)* (they) go
vos your
votre your
vouloir to want
vous you, to you

le **voyage** journey
voyager to travel
le **voyageur** traveller
voyons ! *(voir)* let's see!
vrai true
vraiment truly
la **vue** sight, view

Y

y to it, there
y a-t-il ? is/are there?
le **yaourt** yogurt
les **yeux** *(m)* eyes

Z

zut ! damn it!